여성평생교육에 관한

교육인류학

리포트

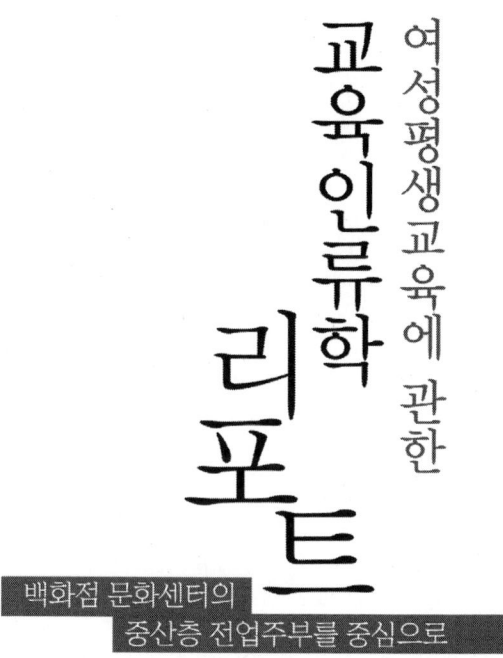

여성평생교육에 관한

# 교육인류학 리포트

## 백화점 문화센터의 중산층 전업주부를 중심으로

배수옥 지음

이담
Books

# 머리말

## 여성평생교육의 가능성과 한계

2005년 8월 논문을 쓰고 졸업했다. 그리고 이제야 책으로 내게 되었다. 그 서평을 긴 세월의 간극을 두고 쓰려니 약간 새롭다. 그러나 이 논문에 담았던 나의 고민과 생각들은 아직도 내 생활 속에 잔존하고 있다.

졸업 후 「중산층 전업주부들의 학습공간으로서 백화점 문화센터에 관한 문화기술적연구」 논문을 내면서, 사람들에게 "제 논문의 핵심은 앞의 성찰 부분만 보시면 됩니다"라고 말했다. 이 논문에서 내가 담고 싶었던 중산층 전업주부들의 고민과 갈등은 내가 직접 체험할 수 있는 시간들이 있었기에 가능한 고백들이었다.

1980년대 대학을 다니고 자신감을 키우고, 내 이름 석 자를 걸고 살 수 있으리라는 확신이 결혼과 함께 무너져 내리고, 대신 전업주부의 삶을 살게 된 이 시대 주부들의 모습을 내 논문에서 서정인, 윤수진, 권주희와 같은 구체적 인물로 형상화하였다. 특히, 평생교육기관에 대한 선행연구들의 처방적 관심과는 달리, 문화센터 '중국요리'와

'수채화반' 수업의 참여관찰과 제보자들과의 심층면담을 통해 문화센터 학습에서 교육과 문화의 관계를 규명하고자 노력하였다.

　중산층 전업주부들이 백화점 문화센터에 오는 동기는 '일', 또는 '취미'로 구분할 수 있다. '일' 삼아 다니는 학습자들은 한 강좌를 지속적으로 수강하고 추후 진로, 직업과 연결시키려는 노력을 한다. '취미' 삼아 문화센터를 다니는 사람들은 다양한 강좌를 선별적으로 단기간 수강하고 추후 진로나 직업과 연계에 관심이 없다. 문화센터에서 학습을 '일'로 보는 적극적인 수강생들을 중심으로 '학습공동체'의 지향을 갖는 '학습동아리'를 형성한다. '전시회'를 개최하는 '미술반'이 그 예가 될 수 있다. 문화센터 학습에 참여하면서 중산층 전업주부들은 결혼 후 자녀 교육에 경도되었던 생각을 수정하고, 자신을 위한 시간과 노력을 구체화시킨다. 이 과정에서 '성찰'을 통한 '주체' 회복 과정을 경험한다.

　이 연구는 교육학 박사논문이고, 교육학의 시각에서 접근하였지만, 그 내용에서는 충분히 여성학적 시각을 담고 있다. 그러나 특정 여성학 이론을 기초로 한다거나 하지 않고, 우리 시대 나와 비슷한 삶을 사는 '아줌마'들에 대한 '문화적 보고서'라 할 수 있다. 내가 만난 아줌마들은 '남자'와 '여자', 그리고 '아줌마'로 폄하될 수 있는 상대가 아니었다. 자신이 처한 삶의 구조에서 자신의 발전을 위해 자기 목소리를 갖고자 노력하는 존재였다. 그 노력의 일환으로 그들은 접근 가능성이 높은 백화점 문화센터를 선택하여 자신의 삶의 지평을 넓히는 노력을 마다하지 않았다. 그 결과와 상관없이 그들의 삶은 가치로 충만하다.

　성인교육(Andragogy)의 확대, 개편으로 평생교육(Lifelong Education)

의 등장은 교육학사에서 '교수자 중심의 패러다임'을 '학습자 중심의 패러다임'으로 완벽하게 전환시킬 것을 제안하였다. 교수권자의 권한을 파괴시킴과 동시에 교육을 학습자 중심으로 해석하고자 '평생교육'이란 용어는 어느새 '평생학습'으로 바뀌었다. 그럼에도 불구하고, 내가 생각하는 '교육'은 '교수와 학습의 양면을 모두 충족'해야 성립되는 개념이다. 그렇다고 해서 평생교육, 평생학습을 전공한 사람들의 주장을 절대 폄하하는 것은 아니다. 다만, 교육이란 기본적으로 가르치고 배우는 과정을 공유하되, 그 비율과 대상이 상황에 따라 달라질 수 있음을 인정한다.

사실, 여성평생교육이 학문의 영역으로 정립하고 있는지는 의문이다. 여성평생교육이라 함은 여성학과 평생교육의 복합어로 그 두 영역의 접점에 있다. 1970년대 우리 사회 대학에 여성학이 처음 소개되면서, 가부장적 질서에 대한 도전을 시작한 지 30년이 지났다. 이제 2011년 우리 사회는 '알파걸'의 등장과 함께, '아들 선호사상'이 '딸 선호사상'으로 바뀌었다. 그렇다고 해서 우리 사회가 완전한 양성평등을 이루었다고 단언할 수는 없지만, 과거보다는 훨씬 더 여성들을 포함한 소수들에게 열린사회가 되어가고 있음을 느낀다. 평생교육의 대상이 성인 중심이라고 할 때 그 대상에 남성보다는 여성이 훨씬 더 많이 포함된다. 남성들은 직장에 몸담고 있는 시간에 시간이 자유로운 여성들이 자기계발의 프로그램을 찾아 나서기 때문이다.

이 책은 우리 사회 여성평생교육에 관한 현장 보고서라는 점에서 '교육인류학리포트'라는 이름을 붙였다. '교육인류학'은 '교육학의 영역을 인류학의 방법론으로 연구하는 학문'이면서 동시에 '문화현상을 교육의 시각으로 분석해 내는 포괄적인 학문'이기도 하다. 백화점 문화센터에서 학습하고 이를 매개로 일을 찾아나서는 주부들의 모습을 백화점이라는 상업공간 내에서 백화점 문화센터가 교육의 통로이며 장소로서 수행하는 역할에 대해서 '교육학적 문화연구'를 수행하였다.

이제 다시 나의 삶에 반추하여 이 책을 설명하고자 한다. 2001년 남편의 파리 주재원 발령으로 팔자에도 없는 전업주부 생활을 했던 나는 2004년 귀국 후 박사 논문을 마친 후, 2006년부터 지금까지 경기도의회 교육위원회에서 입법전문위원으로 일하고 있다. 2006년 11월 나의 직장 문제로 6살 난 딸아이가 유치원을 서울에서 수원으로 옮기면서 '왕따'를 당하였고, 그 결과 '틱장애'가 다시 나타났다. 정말 이사 온 것이 후회스럽고, 나의 일에 대한 욕심 때문에 아이가 희생되는 것 같아 마음이 찢어지는 듯 했다. 나는 9시 출근, 6시 퇴근을 너무도 뻔뻔스럽게 고수할 수밖에 없었다. 당시 같이 근무했던 직원들에게는 지금 생각해도 무척이나 미안하다. 그러나 당시 내 눈에는 딸아이밖에 보이지 않았다. 이미 한 번의 틱장애를 간신히 극복해 가던 차에 재발한 것이라서, 난 이러다 딸아이가 정상적으로 자라지 못하는 것 아닌가 하는 불안감에 강하게 휩싸였다.

그러던 중 2007년 8월 딸아이를 유치원에 데려다 주는데, 애가 유치원에 가지 않겠다고 울며불며 생떼를 부렸다. 나는 순간적으로 딸아이의 뺨을 때렸다. 대신 딸아이는 내 손등에 손톱자국을 남겼다. 그날 회사에 와서 내가 속죄의 마음으로 아이에게 편지를 써서 전달하기도 했다. 다행히 지금 초등학교 4학년이 된 딸아이는 틱장애도 극복하고, 학교 가기도 즐거워하는 아이가 되어 있다.

전업주부로 살면서 자기계발을 위한 지속적인 고민과 갈등뿐 아니라, 일하는 엄마로서 아이를 잘 양육하려고 노력하면서 겪는 마음고

생의 경중을 가릴 수는 없다. 이 책이 양쪽 어딘가에 서 있는 엄마들을 이해할 수 있는 조그마한 둔덕이 되었으면 하는 바람이다. 또 대한민국에서 아줌마로 사는 것이 쉽지 않아, 요즘 똑똑한(?) 골드미스들이 제3의 길을 선택하는 데 비해 이미 전업주부든 취업주부든 이 길에 들어서 버린, 나처럼 덜 똑똑한 여성들에게 보내는 위로의 편지가 되었으면 한다.

2011년 3월
팔달산 자락에서 배수옥

# 차 례

## PART 01 시작하는 글

## PART 02 사랑백화점 문화센터에 대한 소개

## PART 03 백화점 문화센터 사람들

# PART
# 01

시작하는 글

# 1.
# 왜 중산층 전업주부인가?

후기 산업사회로 접어든 한국 사회에서 여성들의 사회참여가 점차 활발해지고 있다. 여성 경제활동 참여율의 증가라는 양적인 지표 외에 남성 전유 영역으로 여기던 직종이나 분야에 여성들이 적극적으로 참여하는 현상은 여성의 사회활동의 다각화로 설명할 수 있다. 이제 '남성은 바깥일, 여성은 집안일'을 담당한다는 식의 '공적 영역'에 종사하는 남성과 '사적 영역'에 종사하는 여성이라는 이분법적 구분은 무의미하다. 비록 허구이긴 하지만, 우리의 일상적 삶을 비교적 솔직하고 개연성 있게 재현하는 각종 방송 매체, 영화나 텔레비전 드라마에 등장하는 여성상은 이제 자기 '일'을 가지고 성공한 여성들이다.[1]

그런데 우리나라 현실에서 결혼한 여성들이 지속적으로 일을 갖는다는 것이 쉽지 않다. '생계'를 위해 반드시 취업해야 하는 저소득층 여성들은 자신의 학력에 비해 낮은 직종이라도 선택하여 서비스업이

---

[1] "'일'과 '직업'은 반드시 같은 것이 아니다. 한 직업 속에도 다양한 일이 있고, 한 종류의 일이 여러 직업에 걸쳐 있기도 하며, 특정 직업과 관계없이 행해지는 일도 수 없이 많다(조용환, 1999: 210)." 이 연구에서는 직업을 비롯하여 개인이 주관적으로 직업에 준하는 의미를 부여하는 중요성을 가진 활동을 '일'로 범주화하여 사용하도록 한다.

나 판매직, 단순 생산직으로 '하향 구직'을 하는 경우도 있다. 또 육아의 어려움보다 생활의 필요가 앞서기 때문에 '아이를 방치하면서까지' 일을 하고 그 결과 가끔 언론에 보도되는 저소득층 아동들의 불행한 사고소식을 접할 수 있다. 반면 남편의 소득으로 기본적인 가정 경제 유지가 가능한 중산층[2] 여성들은 저소득층 여성과 달리 '하향 취업'을 감행하면서까지 취업의 필요를 절박하게 느끼지 않는다. 게다가 자녀교육에 대한 관심이 높은 한국의 중산층 여성들은 자녀 양육의 문제로 인하여 자신의 취업을 유보하거나 단념한다(윤경란, 1997).

우리나라에서 실제로 여성들은 출산과 육아로 인해 20대와 40대 연령층의 노동 시장 참여가 높고 30대 연령층을 전후로 감소하는 'M자형 생애곡선'을 보인다. 육아로부터 자유로워지기 시작한 30대 중반 이후의 전업주부들은 이제 '육아'를 대신하여 자신의 재능과 관심과 시간을 쏟을 수 있는 '일'을 필요로 한다. 특히 상당수 '고학력' 출신 중산층 전업주부들은 고등교육 기관에서 교육 내용과 체험을 통해 매우 고양된 자기계발 요구를 소유하고 있다고 볼 수 있다.

전업주부들이 가진 자기계발 요구는 가정 이외의 사회활동에 참여하고자 하는 요구이다. 정현희·구혜령(2001)의 연구에 따르면, 도시 전업주부가 참여하기 원하는 사회활동 분야로 취업이 제1순위이다. 그러나 '생계형 취업'을 하는 저소득층 여성들과 달리, 중산층 여성들은 육아를 위한 유예기간이 지난 후 재취업을 앞두고 자신의 '학력'에 맞는 직장을 희망한다. 이윤미(2004)는 "대졸 여성들이 학력에 수반되는 자아실현의 가치를 반드시 경제적 성취와 연결시키고 있지

---

2) 이 글에서는 대학 졸업장이라는 문화자본을 가진 여성들이 중산층으로 편입된다는 사실에 주목하여 고학력 여성을 중산층 전업주부의 조건으로 가정한다.

않다."면서 이 문제를 '문화적 현상'으로 간주하여 분석할 필요를 제기한다. 중산층 주부들이 '자녀 교육'이나, '수준에 맞는 일자리'와 같은 문화적 논리를 중시하여 자신의 '일'을 선택하는 것을 볼 수 있다.

중산층과 저소득층의 상이한 취업 동기와 행태는 고학력자인 중산층 주부들의 취업률이 더 낮게 나타나는 현상으로 나타난다. 박현준 (2002)의 연구에 의하면, 한국은 중졸에 비하여 대졸 취업률이 더욱 낮아 학력과 취업률이 정적 상관관계를 갖는 다른 선진국들과는 상이한 현상을 보인다.[3] 특히 1980년대 후반부터 진행되어 온 '자유로운 해고'를 보장하기 위한 노동시장 유연화 정책, 여성노동력에 대한 평가 절하, 경제위기를 빌미로 자행되어온 초법률적인 성차별(조순경, 2000) 등의 문제는 저소득층 여성보다 취업의 동기가 약한 중산층 주부들이 취업이나 재취업을 단념하게 만드는 제도적 조건으로 작동하였다.

현실적으로 존재하는 높은 취업의 벽을 실감한 중산층 전업주부들은 나름대로 '대안 찾기'를 한다. 먼저 육아와 아이들 교육에 전념하지 못하는 취업주부의 한계를 지적하고 자신을 '영광스런 전업주부'로 포장하는 자기 합리화 기제를 만든다. 이것은 단순한 '허위의식으로서의 이데올로기'가 아니라, 자신과 자기 주변의 전업주부들이 경험한 현실적 문제들을 통해 형성된 것들이다. 중산층 전업주부들이 육아를 위해 일을 그만두거나 재취업의 어려움을 인정한 후에는 '여가선용을 잘할 수 있는' 쪽으로 방향을 선회한다. 예를 들면, 학교 자모회 활동, 각종 봉사활동단체 참여, 종교 활동, 쇼핑 다니기, 백화점

---

3) 미국 82% 대 50%, 영국 87% 대 52%, 프랑스 83% 대 57%, 일본 68% 대 57%로 최고학력, 대졸의 취업률이 최저학력, 중졸 취업률보다 높게 나타난다(박현준, 2002).

문화센터 등록 등 나름대로 '일'을 찾는다. 이 중 일군의 중산층 주부들은 백화점 문화센터에 등록하여 강좌에 참여하는 것을 자신의 중요한 '일'로 의미를 부여한다.

중산층 여성들은 다양한 평생교육[4])기관 중에서 문화센터 강좌 수강과 쇼핑을 동시에 할 수 있는 복합적 장소로 백화점 문화센터를 매우 선호한다. 대학 부설 평생교육원 역시 중산층 또는 상류층 주부들이 선호하는 기관이지만, 주로 학술적인 강좌를 원할 때 찾는 기관이다. 이와 달리 백화점 문화센터는 학술적인 강좌보다는 사회에서 유행하는 각종 인기 강좌 중심으로 운영되어 중산층 주부들이 편하게 이용할 수 있는 "문턱이 낮은 기관"이다. 때문에 대학 부설 평생교육원의 강좌 구성이 오랜 지속성을 갖고 유지되는 데 비해 백화점 문화센터의 강좌는 상당히 빠른 변화를 통해 유연한 강좌구성을 보인다.

백화점 문화센터는 백화점 내부에 위치하여 강좌 수강 전후로 쇼핑이나 장보기를 병행할 수 있어 시간 활용이 매우 경제적이라는 장점이 있다. 또, 집 앞까지 무료로 운영되는 셔틀버스[5]) 역시 주부들이 백화점 문화센터에 쉽게 접근할 수 있게 도와준다. 이외에 유아휴게실을 무료로 운영하여 취학 전 자녀를 가진 전업주부들의 강좌수강을 실질적으로 돕는 운영방식 등이 중산층 전업주부들이 다양한 평생교육기관 중에서 백화점 문화센터를 평생학습의 장으로 가깝게 여기고 선택할 수 있는 현실적 이유들이다.

백화점 문화센터는 자본의 힘과 논리에 의해 움직이는 백화점의

---

4) 이 글에서는 '평생교육'을 가장 기본적이고 포괄적인 용어로 선정하여 사용하되, 선행연구에서 사용된 사회교육, 성인교육의 용어는 그대로 사용하도록 한다.
5) 2000년은 백화점 문화센터의 회원을 위한 버스 운행이 허용되는 시점이었다.

부속물로 존재하는 평생교육기관이다. 따라서 교육기관으로서의 속성과 상업성을 추구하는 기업으로서의 속성이 충돌하는 장이기도 하다. 사실 백화점 문화센터의 운영도 사람들을 백화점으로 유도하고 기업의 이미지 제고를 위한 하나의 마케팅 전략으로 시작하였다(현유경, 1995). 백화점 문화센터 회원들을 '백화점 매출에 기여하는 충성스런 소비자 집단'으로 만들고자 하는 의도이다.

중산층 전업주부가 평생교육기관인 백화점 문화센터를 찾는 이유는 '자신이 원하는 강좌 수강'을 위해서이다. 향상의 의지를 갖고 노력하는 '교육적 동물(homo educatus)'[6]로서 인간의 욕구는 학교를 졸업하고 결혼한 '아줌마'가 되었다고 해서 사라지는 것은 아니다. '학교 졸업'을 모든 '교육의 끝'으로 보는 관점은 '교육'을 '학교교육'으로 좁게 정의하는 우리의 잘못된 견해에서 비롯되었다.

물론 현재 학교가 제도교육기관으로서 중심적인 지위를 차지하고 있는 것은 사실이다. 그러나 엄격히 말해 "교육에는 입학도 졸업도 정원도 있어서는 안 되며 인생 자체가 교육의 장이다(장상호, 1997: 176)." 장상호는 인간의 위대성을 단순한 생물학적 진화를 넘어선 '교육적 진화'에서 찾고 있다. 이 교육적 진화는 세대 간에 이루어질 뿐만 아니라, 한 개인의 교육생애사 속에서도 실현가능하다. 따라서 어제의 나보다 더 나은 나를 만들기 위해 노력하는 교육적 인간상은 한 개인의 일생을 통해 계속될 것이다. 이런 동기를 부여하는 것이 바로 교육(교수)의 역할이다.

제도교육기관을 떠나는 그 순간을 '교육'과의 절연으로 생각하는

---

6) 이 용어는 조용환이 만든 것으로 직립원인을 'homo erectus'라고 표현하듯이, 'homo educatus'는 인간의 종적 특성 속에 교육이 있다는 사실을 표현한다(조용환, 1997b: 5).

사고방식은 평생 '상구'와 '하화'[7]를 통해 품위의 향상을 꾀하는 교육적 진화를 거듭하는 교육적 동물로 보는 인간상에는 적용될 수 없다. 뿐만 아니라, 급변하는 사회 속에서 살아가기 위해 끝없이 학습해야 하는 21세기 평생학습사회에도 적합하지 않다. 이런 점에서 이 연구에서는 교육을 한 개인의 평생에 걸쳐 진행된다는 학습의 과정을 중시하는 관점에서 '평생교육', '평생학습'으로 정의하고자 한다.

'평생교육', '사회교육', '성인교육'을 둘러싼 용어 정의는 전공 내에서 합의를 도출하는 데 많은 논쟁과 시간이 필요했다. 1982년 제정된 '사회교육법'이 1999년 '평생교육법'으로 이름을 바꾸면서, 또 교육개혁의 기치로 '평생학습 사회 건설'이 강령으로 자리 잡고, 평생교육론이 학문 내 자리를 마련하면서 점차 '평생교육'으로 수렴되어 가고 있다. 평생교육의 창시자로 불리는 랑그랑(Lengrand)은 평생교육을 "개인의 출생부터 죽을 때까지 생애에 걸친 교육(수직적 혹은 시간적 차원)과 개인 및 사회 전체의 교육(수평적 혹은 공간적 차원)의 통합"으로 규정하고 있다(한숭희, 2004: 30 재인용). 한숭희(2004)는 평생교육법에서 사용한 "학교교육을 제외한 나머지 교육"을 '협의의 평생교육'으로, "평생교육의 거대 명제 아래 학교교육과 성인(사회)교육의 유기적이고 화학적인 통합"을 '광의의 평생교육'으로 정리하였다.

우리는 기존의 '교육', '평생교육'을 보는 관점에서 학교 안과 바깥을 공간적으로 구분하고, 개인에게 있어서 학교에 머무는 시기와 졸업 이후를 심하게 차이를 두었다. 그 결과 '교육을 학교교육의 전유물'로 생각하는 시각이 팽배하였고 이런 시각에서 학생의 이미지는

---

7) 이 용어는 장상호의 '교육본위론'에서 사용되는 것으로 '상구'는 '배움'을 '하화'는 '가르침'을 대신하는 교육학 용어이다.

'어린 아동이나 교복 입은 청소년'으로 제한될 수밖에 없었다. 그러나 교육을 학교 이외의 기관으로 공간적으로 확대하고 개인에게 있어 전 생애로 확대하면 이제 결혼한 아줌마도 나이 많은 노인도 '학생'이 될 수 있다. 즉, 배움에 관한 요구를 가지고 학습활동에 참여하는 다양한 연령층의 '학생'이 다양한 평생학습기관에서 학습하는 시대가 되었다.

교육이 있는 곳에 교육학자의 관심이 미치는 것은 당연한 일이다. 이제 학교에 국한되었던 교육학 연구들은 평생교육의 확대와 함께 그 연구 반경을 넓히고 있다. 이제 백화점 부설 평생교육기관인 문화센터에서 중산층 주부들이 임하는 학습의 과정도 교육학자의 관심을 받기에 충분하다. 자신의 '일'로 문화센터에서 학습을 선택한 중산층 전업주부들도 당당한 평생학습의 주체로 인정하고 그들의 학습활동에 대한 관심도 필요하다. 특히 백화점 문화센터는 대학 부설 평생교육원과 달리 모체가 학교가 아닌 기업이기 때문에 학습공간[8]으로서 이미지가 약한 것이 사실이다. 백화점 문화센터에 대한 선행연구를 검토해 보면 경영학 분야의 접근 상당수가 경영의 수단으로서 문화센터의 정체성을 규명함으로써 평생교육기관으로서의 정체성을 약화시키는 것을 볼 수 있다. 이 글은 오늘날 우리 사회 중산층 전업주부들의 일상에서 중요한 학습공간으로 자리 잡은 백화점 문화센터에서 학습활동에 대하여 교육학적 시각으로 구명하고자 하는 시도이다.

---

8) 백화점 문화센터는 성인학습자가 주 수강생이 되는 특징을 고려하여 학습에 초점을 두어 '교육공간' 대신 '학습공간'이라는 용어를 사용하였다. 장상호(1997)는 교육공간을 "눈으로 보이는 것이 아니라 이론적으로 혹은 체험적으로 감별되는 공간"으로 규정하였다. 박민정(1998)은 교육공간을 물리적 개념으로 파악하는 환경이나 조건으로 보는 견해를 넘어서서 '교육을 위해서 구성되고 전유되는 공간'으로 규정한다.

# 2.
# 왜 백화점 문화센터인가?

백화점 문화센터에 관한 선행연구들은 주로 성인학습자들의 교육 요구나 프로그램 분석을 통한 프로그램 개발을 목적으로 하는 경우가 주를 이루고 있다. 그러나 문화센터에서 정말 중요한 교육 장면은 강의실에서 학생과 강사의 상호작용 결과 만들어지는 교수와 학습의 형태이다. 평생교육 기관에서 좋은 프로그램의 개발이 이루어진다 해도 실제 수업 장면에서의 활용은 수강생과 강사에 의해 그 결과가 달라진다. 이제는 문화센터의 교육 프로그램 분석과 개발에만 머무를 것이 아니라, 실제 수업 장면에서 그 프로그램이 어떤 방식으로 구체화되고 있는지 살펴볼 필요가 있다.

내가 관심을 갖고 연구하고자 하는 바는 '중산층 전업주부의 백화점 문화센터에서 학습'에 관한 것이다. 문화센터에서 학습이라는 문제를 구명하기 위해서는 보다 총체적인 접근이 요구된다. 단순히 '10분간 작성한 설문지'의 결과 분석만으로는 교육 프로그램에 능동적으로 참여하여 '자기주도적 학습'을 하는 적극적 학습자들로서 전업주부들의 모습을 찾아보기 힘들다. 설문조사 과정에서는 자신이 이상적으로 생각하는 항목과 실제로 행하는 것 사이의 괴리가 설명되지 않는다는 단점이 있다.

문화센터에서는 강좌를 수강생이 선택할 수 있는 체제인데 비해 학교교육에서 학생들은 전혀 교육과정 선택권을 갖지 못한다. 실제로 고등학교에서 실시하는 선택과목조차 학교의 교사 수급에 맞춘 집단적 선택을 강요받는 경우도 많다. 그러나 학습자들 스스로 자신이 강좌를 선택할 수 있는 문화센터에서는 '주어진 교육과정'을 수동적으로 수용하는 학습자의 모습은 찾아보기 힘들다. 비록 수강 신청 후 결석을 하거나 적극적 참여를 보장하지 못한다 해도 처음 수강신청 당시에는 모든 학습자들 스스로가 자신의 필요에 의해 강좌를 선택한다. 이때 교육과정은 학습자들의 교육생애사 속에서 자발적 필요에 의해 도출된 강좌들을 중심으로 '구성해 나가는 교육과정'으로 볼 수 있다.

이 글은 백화점 문화센터에 오는 중산층 전업주부들의 학습활동에 주된 관심을 갖고 있다. 그들이 백화점 문화센터를 찾게 된 계기와 문화센터 수업이 자신의 생활에 주는 의미, 이 수업을 통한 학습의 결과물들이 무엇인지 찾아보고자 한다. 그 과정에서 문화센터에서 이루어지는 학습의 문화적 의미와 교육적 의미를 찾아보고자 한다. 문화센터에 수강생으로 참가하는 주부들과 그들이 참여하는 수업이라는 미시적 상황과 주부들이 처한 사회문화적 조건, 우리 사회의 제도적 조건이라는 매개상황9) 및 대상황에 주목하여 그것들을 하나의 얼

---

9) 조용환(2004b)은 "질적 연구에서 효과적인 분석과 해석을 기하기 위해 구조를 대상황, 행위를 소상황으로 환원하고 그 양자 사이에 매개상황을 설정하는 도식"으로 분류한다. 소상황은 "개인들의 행위와 상호작용이 일어나는 구체적, 특수적, 가시적, 일상적, 체험적 상황"이며, 대상황은 "그 이면에 작용하고 있는 추상적, 보편적, 비가시적, 비일상적, 이론적 상황"이다. 매개상황은 "대상황과 소상황을 매개하는 해석/메타커

개로 엮어보고자 하는 시도이다.

본 연구에서 구명하고자 하는 연구문제를 정리하면 다음과 같다.

첫째, 백화점 문화센터 강좌를 만들고 유지하는 데 관여하는 사람들은 누구인가? 중산층 전업주부들이 다양한 평생교육기관 중에서 백화점 문화센터를 찾는 이유는 무엇인가? 동일한 문화센터 수업에 참여하는 학습자로서 주부들을 어떻게 범주화할 수 있는가?

둘째, 중산층 전업주부들이 주 대상이 되는 백화점 문화센터 수업의 특징은 무엇인가? 문화센터의 대표적 강좌로 꼽히는 요리교실 강좌와 미술반 강좌는 어떤 모습으로 진행되는가? 양자의 공통점과 차이점에 기반한 문화센터 수업의 구성원리에는 무엇이 있는가?

셋째, 중산층 전업주부들은 백화점 문화센터 강좌에 참여하면서 구체적으로 무엇을 어떤 방식으로 배우고 획득하는가? 이 학습 과정의 문화적 의미와 교육적 의미는 무엇인가?

넷째, 백화점 문화센터에서 문화와 교육은 어떤 식의 결합양식을 보이는가? 백화점 문화센터에서 이루어지는 학습의 독특한 양상이 주는 교육학적 시사점은 무엇인가?

이상의 연구문제를 밝히는 과정에서 이 논문은 평생교육 관련 이론과 논의를 많이 참조하게 될 것이다. 특히 내가 관심을 갖고 연구의 이론적 배경으로 참고하고자 하는 것은 '학습공동체론', '학습생태학' 같은 평생교육 이론이다. 물론 처음부터 이 이론에 관심을 가진

---

뮤니케이션 상황"이다. 이 매개 상황에는 각종 언론, 담론, 운동과 함께 사회화와 교육도 포함된다.

것은 아니었다. 연구를 진행하면서 기초적인 자료 수집을 마친 후 자료의 코딩 작업과정에서 이 이론들을 통한 자료의 구조화가 가능하다는 통찰을 하게 되었다. 문화기술적 연구는 자료수집과 이론 적용, 자료에 대한 해석의 과정이 한 번에 끝나지 않고 순환적으로 이루어지므로 그 과정에서 이 이론들을 가지고 자료를 분석하는 과정을 거쳤다.

한숭희(2004)는 '평생학습사회'를 '학습생태계' 이론에 입각하여 설명하려는 시도를 통해 개인과 공동체의 관련을 찾고 있다.[10] "학습생태계는 유기체적 시스템의 생동과 역학을 밝히는 생태학적 관점으로 교육현상 전반을 다시 이해하고자 차용하는 일종의 메타포(metaphor)이다."(한숭희, 2004: 116) 학습생태계에서 학습이란 '생명체의 생명발달과정으로서 필수적인 것이며 교육자에 의해 인위적으로 개입되고, 구조화되기보다는 자기주도적이며 맥락의존적으로 일어나는 주체적 과정'이라는 사실을 부각시키고 있다.

이러한 '학습생태계' 이론은 학습의 주체인 인간과 그를 둘러싸고 있는 유기체적 환경 요소에 대해 학습을 매개로 하여 관찰할 수 있는 안목을 제공해 준다. 따라서 유사한 조건하에서 두 사람이 다른 삶의 전략을 선택한다면 그것은 그들을 둘러싸고 있는 물리적, 사회적 환경의 차이와 그것을 터전으로 하여 생성된 개인의 학습생애사의 차이로 인해 축적된 경험이 다르기 때문이다. 이러한 학습생태학적 시각은 동일한 중산층 주부라 해도 취업주부와 전업주부들 간, 또는 전업주부들 간에도 다양한 삶의 방식들을 선택하는 과정을 설명할 수

---

10) 평생학습사회는 인간의 학습과 교육이 '학교'라고 하는 독립된 시스템 안에서 고립적으로 이루어지는 사회가 아니라 일종의 삶의 양식으로서 사회 곳곳에 편재해 있는 사회를 말한다.(한숭희, 2004: 116)

있다. 그리고 각각의 선택은 자신의 삶의 조건과 맥락에서 최선의 것임을 인정받을 수 있어야 한다.

교육은 가르침과 배움의 상호 과정을 통한 인간성장의 과정이다. 과거 교수를 중시하던 전통에서 평생교육의 등장은 오늘날 학습의 중요성을 강조하는 교육학에 학문적 패러다임의 변화를 가져왔다. 김신일(2000)은 기존 교육학을 '교수주의'로 명명하고 학습자의 요구가 반영된 '학습주의'로 방향이 전환되어야 함을 강조한다. 김신일은 행동주의 학습자관의 문제점을 지적하면서 구성주의 인지이론에 기반한 학습자관을 피력한다. 구성주의 관점에서 "지식은 객관적으로 존재하는 것이 아니고, 각 개인의 인식을 통하여 구성된다. 따라서 학습자는 주어진 지식을 수용하는 존재가 아니라 자신이 스스로 지식을 구성해 나가는 적극적인 존재이다."(김신일, 2000: 28)

김신일의 주장은 '교수중심주의'의 폐단을 지적하면서 현재 우리 공교육을 비판의 대상으로 삼는다. 교사 위주, 강의 위주의 수업이 일반화되고 '교육=교수'라는 등식에 익숙한 우리의 학교교육에 대한 정당한 비판은 충분히 의미가 있다. 다만, 그 과정에서 평생교육이 '낭만적인 학습자'관에 몰입되어 '학습'과 더불어 교육의 한 축을 구성하는 '교수'의 역할을 축소시킬 우려가 있다는 점은 염두에 두어야 할 것 같다. 교육의 다양한 형식 가운데 비록 교수와 학습의 비중 면에서 차이가 있다 해도, 여전히 교육을 구성하는 주요 요소로서 가르침과 배움의 양 측면이 존재한다. 성인 학습자의 학습 장소인 문화센터 강좌에서 수강생들은 가르치는 자의 역할을 중시한다. 성인 학습자들이 문화센터 강좌를 선택할 때 주요 기준이 바로 강사의 자질이다. 학교교육이든, 평생교육이든 좋은 가르침을 베푸는 교수자에 대한 갈망은 존재한다.

　인간이 평생을 살아나가는 과정에서 배움은 그 종착역을 찾을 수 없으므로 '요람에서 무덤까지' 이루어지는 모든 교육 활동을 연구대상으로 하고자 하는 것이 평생교육의 시각이다. 또한 아직도 교육을 '학교태'에 국한시켜 생각하는 일반인들의 사고가 팽배해 있는 상황에서, 학교교육[11] 외에도 "지금까지 교육이라고 불리지 않았던 다양한 사회적 실천과정을 '평생교육의 장'으로 확대·적용할 것을 촉구"(한숭희, 2004)하는 평생교육적 제안에 충분히 공감한다. 이 연구는 그런 점에서 중산층 전업주부들에게 친숙한 평생교육의 장이 되고 있는 백화점 문화센터에 대한 교육학적 해석을 시도하고자 한다.

---

[11] 그럼에도 불구하고, 현재 우리나라 학제에 의해 초중등 및 고등교육기관에 재학하는 학생들의 수와 그 중요성을 고려하면, 학교교육에 관한 연구의 필요성을 과소평가할 수는 없다. 대신 새로운 시각의 연구는 연구 주제와 내용, 방식에서 차이를 가져올 것이다.

# 3.
# 백화점 문화센터에서
# 중산층전업주부들의 학습이란?


    중산층 전업주부들의 백화점 문화센터에서 학습의 문화적 함의와 교육적 함의를 문화기술적 연구방법으로 밝히고자 한 이 연구는 다음과 같은 의의를 갖는다.

    먼저 평생교육의 시각에서 도출된 각종 교육 원리들을 통해 우리나라 학교교육 현장을 비추어 볼 수 있는 단서들을 제공할 수 있다. 오늘날 우리나라에서 '학교붕괴', '교실붕괴' 용어로 정의될 만큼 공교육의 문제점이 심각하다. 우리 사회 중산층 이상의 조기유학 열풍도 결국 '공교육'에 대한 불신에서 취해진 개인들의 선택이다. 이런 상황에서 제도교육, 공교육의 문제들이 생활과 학습의 조화를 추구하는 평생교육 기관의 교육원리들에 의해 재조명될 수 있을 것 같다. 전업주부들이 문화센터에 와서 강좌를 선택할 때 기본적으로 '자신이 직접 선택할 수 있는 권리'를 가진다. 자신이 배우고 싶은 강좌를 자율적으로 선택하여 배울 수 있다는 점에서 평생교육기관에서의 주부들의 학습원리가 역으로 학교교육에 시사점을 줄 수 있다.

둘째, 교육학 연구대상의 확대를 언급할 수 있다. 평생교육의 대두와 함께 성인이 중요한 교육 대상으로 인식되기 시작하였다. 평생교육은 전 생애에 걸친 교육을 총칭하여 유아교육, 아동교육, 청소년교육, 성인교육, 노인교육을 수직적으로 통합한다. 그런데 유아와 아동, 청소년이 주로 학교라는 제도교육 기관을 이용하는 데 반해, 성인은 학교 이외의 기관을 이용한다는 차이점이 있다. 이 연구는 중산층 전업주부들이 백화점 문화센터를 자신들의 학습 공간으로 이용하여 학습하는 과정에 주목하고자 한다. 이런 점에서 그동안 교육학의 연구대상으로 주목받지 못하던 '아줌마' 집단에 새로운 의미를 부여할 수 있을 것이다. '아줌마'라는 용어는 여성을 비하하는 맥락에서 주로 사용된다. 이 연구는 아줌마 집단을 건강한 학습욕구를 가진 '교육적 존재'로 재조명해 보고자 한다.

셋째, 중산층 전업주부들을 주 연구대상으로 하는 이 연구는 우리 사회의 '문화보고서'가 될 수 있다. 사람들의 삶이란 총체적인 것이어서 비록 교육을 연구한다 하여도 그 사람들이 구성하고 있는 사회, 문화, 정치, 경제적인 모든 조건들을 배경으로 삼게 된다. 전업주부로 살아가는 고학력 중산층 여성들이 자신의 필요에 의해 선택한 학습의 과정을 탐구하는 이 연구에서 중산층의 가치와 생활양식, 교육방식 등이 그려질 수 있다. 한편 이들은 남편과 동등한 학력과 능력을 가지고 결혼을 하였으나, 가사와 육아에 종사하면서 자신의 능력을 상실하는 데 대한 두려움을 갖고 있다. 그 두려움을 헤쳐나가기 위해 여성들은 문화센터라는 학습공간을 활용하여 어떤 구체적인 노력을 하는지 그 학습 과정을 분석해 보고자 한다. 그런 의미에서 이 연구는 우리 사회의 중산층에 관한 '문화보고서'이며 동시에 '교육학적 문화연구'가 될 수 있다. 조용환(1999, 103)은 교육학적 문화연구를 다양한 문화적 활동 속에 붙박여 있는 '교육'을 연구하는 것으로 정의하고 있다. 백화점에 문화센터를 설치, 운영하는 한국식 문화센터의 특징은 문화적 현상에 관한 교육학적 연구라는 '문화의 교육학'으로서 교육인류학의 성격을 보다 분명하게 해 줄 수 있는 하나의 사례연구가 될 것이다.

넷째, 비록 처방적 목적의 연구를 표방하지는 않았지만, 이 연구를 수행하는 과정에서 백화점 문화센터의 시설·운영 등에 관한 문제점들이 밝혀질 것이다. 따라서 연구 결과 평생교육기관으로서 백화점 문화센터의 지향점이 보다 분명해질 수 있다. 처음부터 개선을 목적으로 한 연구와 차이가 있겠지만, 구체적이고 심층적인 기술은 굳이 개선책을 표면에 내세우지 않아도 더 큰 사회적 힘을 발휘할 수 있다. 이 점이 문화기술적 연구가 갖고 있는 잠재적인 힘일 수 있다.

이 연구는 연구의 범위를 백화점 문화센터로 한정 짓고, 수강생의 계층을 중산층으로 한정 지으면서 다음과 같은 한계를 갖게 된다.

먼저 연구의 범위를 중산층 전업주부로 국한시켜 발생하는 어려움이다. 물론 연구 과정 중 비교를 위해 상류층, 하류층 여성들이 언급될 수 있지만, 본 연구의 주된 연구대상은 중산층 주부에 국한되어 있다. 따라서 중산층 전업주부의 학습에 관한 자료를 얻어 타 계층에 관한 자료 수집 및 비교는 어렵다. 하류층 여성들의 교육적 요구가 생계 해결이라는 당면과제 앞에서 어떻게 발현되고 조화를 이루는지 살펴보는 것도 필요한 연구이다. 안상헌(1999)은 대학부설 평생교육원과 문화센터가 중산층 중심의 교양, 소비생활 및 취미생활 위주 프로그램으로 편성됨으로써 나타나는 중산층 이하 계층의 소외 문제를 한국 평생교육의 문제로 지적하고 있다. 이러한 문제제기 역시 후속연구의 필요성을 제기하는 것으로 수용하는 것이 바람직할 것 같다.

둘째, 전업주부들이 이용하는 다양한 평생교육기관들 가운데 백화점 문화센터에 국한시켜 연구를 수행한 결과 겪는 어려움이다. 대학 부설 평생교육원은 주부들이 많이 이용하는 기관이다. 또 문화센터라는 이름이 같다 해도 언론사 부설 문화센터, 우체국이나 도서관, 동사무소 부설 문화센터도 많이 보편화되어 있다. 그럼에도 본 연구에서는 백화점 문화센터에 연구지를 국한시킴으로 다양한 평생교육기관들의 모습을 비교할 수 있는 안목을 결여하고 있다. 그러나 문화기술적 연구는 월코트(Wolcott, 1994)의 표현대로 '작고 세밀한 것을 깊이 있게 들여다보기'에 적합하다. 이 연구에서 주부들이 이용하는 평생교육기관 전체를 대상으로 하지 못하는 대신 백화점 문화센터에서 이루어지는 학습활동에 대한 세심한 분석으로 채우고자 한다.

평생교육 기관 중 백화점 문화센터의 객관적 특징을 제시하는 수준이 아니라 백화점 문화센터에서 이루어지는 학습을 들여다보고 분석하고 해석함으로써 학교교육 또는 기타 다양한 평생교육기관들과의 학습양식을 비교할 수 있을 것이다. 이런 점에서 다양한 평생교육기관들에 대한 탐색은 선행연구나 후속연구를 통해 구명될 문제라고 생각한다.

PART
# 02

사랑백화점 문화센터에
대한 소개

    백화점 문화센터는 다양한 평생교육기관 중에서 중산층 전업주부들이 "부담 없이" 선택할 수 있는 아주 친숙한 곳이다. 백화점에 대한 중산층의 선호도가 높다는 점 외에도 시설과 서비스의 우수함, 접근의 용이함, 학습과 쇼핑의 동일 공간에서 해결 등이 이유가 된다. 백화점 문화센터는 백화점에 부속된 기관으로 기본적으로 모체인 백화점의 영향을 벗어날 수 없다. 따라서 백화점 역사에 관한 짧은 검토를 한 후, 우리나라 백화점 문화센터에 관한 현황 파악 및 분포 상황을 검토해 보기로 한다.

# 1.

# 백화점과 문화센터

　백화점은 산업사회가 시작된 이후 간헐적으로 열리던 박람회가 상
설화되면서 시작된 것으로, 자본주의와 시장경제의 전시장이었다. 서
구 여러 나라를 둘러보던 달라이 라마는 "백화점은 20세기의 전시관"
이라고 표현했는데, 내로라하는 상품은 모두 거기 있었기 때문이다
(서광원, 2004). 1937년 11월 화신 백화점이 우리나라 최초의 근대식
백화점으로 출범하였다. 1979년 재일교포 재벌에 의해 설립된 롯데백
화점과 함께 신세계, 미도파로 대표되는 백화점의 명동시대가 개막되
었다. '백화점을 드나든다.'는 말은 '괜찮게 산다.'는 말과 동의어로
인식되었고, 백화점의 건립은 한국경제의 발전을 나타내는 상징이었
다. 그 후 1980년대 중반 한국경제가 성장 가도를 달리면서 각 백화
점은 지방과 수도권으로 세력을 확장시켜 나갔다.

　1996년 유통업에 대한 시장 개방 원칙에 따라 선진국의 대형 유통
업체들이 국내로 진입하여 백화점의 입지를 위협하였다. 한국의 최초
할인점은 1993년 세워진 신세계 이마트 창동점이다. 현재 우리나라
유통업계에서 백화점과 할인점의 경쟁은 치열하다. 백화점은 '명품'

매장 강화나 'VIP 모시기'와 같은 차별화 전략과 소득수준이 낮은 지역에서는 '할인점화' 하는 방식을 병행한다. 할인점의 경우 외국과 달리 '창고형 매장' 방식을 탈피하여 한국 소비자에 맞추어 고급화하고 백화점에 준하는 시설과 서비스를 갖춘다. 할인점이 문화센터를 운영하는 것 또한 '백화점 따라잡기'의 한 예이다. 모든 할인점이 문화센터를 운영하지는 않지만, 백화점과 경쟁하기 위해 할인점에서도 문화센터 운영을 적극적으로 수용한다. 그러나 모든 백화점이 문화센터를 운영하는 것과는 달리 할인점은 소유주의 경영방향에 따라 문화센터의 입지를 결정하는 경향이 있다. 이마트처럼 일시에 모든 지점의 문화센터를 없애버리는 극단의 조치가 나오기도 하고 삼성 홈플러스같이 전국에 32개의 문화센터를 운영하는 적극적인 곳도 있다.

백화점은 상품을 파는 장소이면서 동시에 그 자체가 상품인 측면이 있다. 즉 백화점이라는 공간 자체가 상품이기 때문에 같은 질의 상품이라고 해도 남대문시장과 롯데백화점에서 판매 가격은 차이가 날 수 밖에 없다. 백화점과 시장의 임대료의 차이 외에 백화점이라는 공간 자체에 상품의 가격이 매겨져 있기 때문이다. 이런 점 때문에 백화점 간 서열화도 가능한 것이다. 백화점이 가격표가 없다고 해도 상품이므로 어떤 식으로든 자신을 판매하지 않으면 안 된다. 이것을 위해 백화점은 분위기 연출로, 자신을 갈만한 장소로 만드는 노력을 한다. 백화점이 문화센터를 만들기 위해 매장용 공간을 할애하고 소비자에게 서비스 공간을 제공하는 것 역시 이런 노력의 일환이다.

우리나라 백화점은 일제 강점기 처음 설립되었고 일본식이었다. 문화센터 역시 일본에서 도입된 것으로, 일본은 언론사 부설 문화센터가 중심을 이룬다. 우리나라 역시 초기에는 언론사 부설 문화센터로 시작하였으나 점차 백화점 문화센터가 중심을 차지했다. 우리나라에서 최초로 문화센터란 이름을 걸고 강좌를 시작한 곳은 동아일보와 중앙일보 부속 문화센터였다. 1981년 당시 정부주도 언론통합 정책으로 민간 방송이던 DBS(동아방송)와 TBS(동양방송)가 KBS로 통합되었다. 그 과정에서 비게 된 여의도와 운현궁의 스튜디오를 동아일보와 중앙일보가 문화센터로 개칭하여 강좌를 열게 되었다. 그 시점은 사회교육법이 공포된 1982년 12월 31일보다 일 년 이상 앞선 시점이었다. 한편 백화점 문화센터가 처음 개설된 것은 1984년 '동방플라자'였고, 사회교육법에 의거, 일반사회교육시설[12]로 등록한 최초의 문화센터는 1989년 롯데문화센터였다.

문화센터를 설립하는 주체도 보다 다양화되어 오늘날에는 백화점이나 할인점, 기업체뿐 아니라 라디오 방송국, 신문사, TV방송국, 도서관, 박물관, 영화관, 예식장, 각종 종교시설, 공연시설, 전시장, 문화원, 국악원, 각 자치단체(구청이나 동사무소, 구민회관, 여성회관, 종합복지관)도 직영 문화센터를 운영하고 있다.

지방자치제 실시 이후 지역사회 주민들을 위한 행정적인 편의와 더불어 주민들의 여가와 평생학습을 도와주기 위해 구청과 동사무소에 사회교육관이 세워지면서, 여성회관이나 종합 복지관 외에 구민회관이나 문화복지회관에서 무료 강좌나 저렴한 비용으로 강좌를 제공한다. 그런데 각 자치단체의 재정자립도에 따라 강좌의 규모나 질적인 수준에서 지역별로 상당한 차이를 보인다. 이 점은 지방자치제 실

---

12) 평생교육법에 따르면, 언론기관 부설 문화센터는 종합사회교육시설로 지역교육청에 등록하게 되어 있고 백화점 문화센터는 일반사회교육시설로 사업장 부설 평생교육시설로 분류된다. 설립 초기 언론기관 부설 문화센터에서 교양, 학술 강좌에 치중한 반면, 백화점 문화센터는 주부들이 쉽게 접할 수 있는 취미, 예능 강좌에 주력하였다.

시 이후 지역격차라는 새로운 문제에서 파생된 것이다.

2000년도 들어 각 백화점 문화센터별로 인터넷 홈페이지[13]가 개설되면서 홈페이지 내용 구성도 정교해지고 디자인도 더욱 세련되었다. 초고속 인터넷망의 보급이 선진국을 앞지르는 한국의 정보혁명이 백화점 문화센터의 운영에도 큰 변화를 가져온 것이다. 인터넷용 전단지 보급에서부터 인터넷을 통한 수강신청, 추천 강의, 회원의 소리, 강사 모집, 동호회 운영을 위한 목적으로 활용되고 있다.

다음 안내문은 "신세계 문화센터 홈페이지를 찾아주셔서 감사합니다."라는 인사말과 함께 등장하는 신세계 백화점 문화센터 홈페이지의 첫 화면에 나온다.

> 신세계 문화센터는 1984년 업계 최초로 동방플라자에 개설된 평생교육시설로서 그동안 다양한 강좌와 우수한 강사로 여러분들께 수준 높은 교육문화 서비스를 제공해 왔으며 오랜 경험과 전통을 바탕으로 시대를 선도하는 강좌 개발, 실력 있고 명망 높은 강사초빙, 그리고 고객에 대한 최고의 서비스로 새로운 문화생활을 제안해 드리고 있습니다. 현재 백화점 부문 6개점(미아, 영등포, 인천, 강남, 마산, 광주)과 이마트 부문 1개점(제주)이 운영되고 있으며, 향후 본점, 죽전 역사 등에 신규 오픈할 예정입니다. 그동안 여러분께서 보내주신 관심과 사랑을 거름 삼아 더 나은 생활문화 서비스를 제공할 수 있도록 최선의 노력을 다하겠습니다.

2005년 5월 현재 문화센터를 운영하고 있는 전국의 주요 백화점과 할인점 현황을 정리하면 다음과 같다.

---

13) 백화점 홈페이지에는 인사말, 연혁, 이용정보, 각 지점에 관한 정보를 제공하고 있다. 특히 인터넷 수강신청 제도가 생긴 후로 오프라인용 전단지를 온라인 상태로 바꾸어 사진과 함께 제공한다. 문화센터 홈페이지에는 입회/수강 신청, 수강내역조회, 추천 강좌, 건의 사항 등을 올리는 '회원의 소리', 강사초청 및 신규 강좌 모집을 위한 공고문이 있다.

**〈표 1〉 백화점 문화센터 현황**

| | | | |
|---|---|---|---|
| 백화점<br>문화센터 | 롯데<br>(수도권) | 잠실, 영등포, 청량리, 관악, 강남, 노원, 분당, 부평, 일산,<br>안양, 인천 | 11개 |
| | 롯데<br>(지방점) | 부산 본점, 광주, 대전, 포항, 울산, 동래, 창원, 대구, 전주,<br>상인 | 10개 |
| | 현대 | 압구정 본점, 무역센터, 천호, 신촌, 미아, 목동, 중동, 부산,<br>울산, 동구, 광주 | 11개 |
| | 신세계 | 강남, 영등포, 미아, 인천, 마산, 광주, 제주 | 7개 |
| | LG | 안산, 부천, 구리 | 3개 |
| | 갤러리아 | 압구정, 수원 | 2개 |
| | 그랜드 | 일산, 계양, 영통 | 3개 |
| | 사랑14) | 구로, 수원 | 2개 |
| | 경방필 | 경방필 | 1개 |
| | 미도파 | 미도파 | 1개 |
| | 행복한세상 | 행복한세상 | 1개 |
| | 기타(지방) | 대구, 동아, 희망, 백화점 세이, 대우 | 5개 |
| 합 계 | | | 57개점 |

**〈표 2〉 할인점 문화센터 현황**

| | | | |
|---|---|---|---|
| 할인점<br>문화센터 | 삼성테스코<br>홈플러스 | 서부산, 안산, 북수원, 영통, 창원, 김해, 간석, 작전, 김포,<br>칠곡, 울산, 영등포, 동수원, 센텀시티, 가좌, 가야, 동대<br>전, 동광주, 성서, 부천 상동, 부산 아시아드, 울산 남구,<br>대전 둔산, 의정부, 금천, 동대문, 시화, 청주, 순천, 남대<br>구, 부천 소사, 대구 | 32개 |
| | 뉴코아<br>킴스클럽 | 강남, 수원, 인천, 평택, 동수원, 평촌, 야탑, 일산 | 8개 |
| | 세이브존 | 화정, 부천, 노원, 광명, 성남, 대전, 울산, 부산 해운대 | 8개 |
| | GS 마트 | 고양, 금정, 춘천, 상당, 시화, 권선 | 6개 |
| 합 계 | | | 54개점 |

---

14) 연구지로 택한 백화점은 '사랑'백화점이라는 가명으로 처리하였다.

백화점 중 다점포 백화점인 롯데와 현대, 신세계 등에서 운영하는 문화센터가 과반수를 차지한다. 그 외 LG, 사랑, 갤러리아, 미도파, 경방필, 행복한 세상 및 지방의 토착 백화점들이 문화센터를 운영한다. 그러나 백화점의 모든 지점에 문화센터가 반드시 설립되어 있지는 않다. <표 2>에서 알 수 있듯이, 할인점 역시 백화점과 동등한 경쟁을 하기 위해 문화센터를 운영하는 전략을 취한다. 그랜드, 뉴코아 킴스클럽, 세이브존, GS 마트, 삼성테스코 홈플러스가 문화센터를 운영하는 할인점이다. 삼성테스코는 영국식 할인점으로 현재 전국 32개 모든 지점에서 문화센터를 운영하고 있다. 백화점 부설 문화센터 57개점과 할인점 부설 문화센터 54개점을 합하면, 백화점 및 할인점에서서 운영하는 문화센터는 전국적으로 111개이다.

백화점 문화센터는 2001년 7월 무료로 운행하던 셔틀버스 운행을 중지하도록 한 '여객자동차 운수사업법'이 본격적으로 시행되면서 한 차례 위기를 겪었다.[15] 그러나 이 조치로 인한 백화점의 이용자수가 크게 줄지 않았으며, 백화점 문화센터 이용자 역시 크게 감소하지 않았다. 사랑문화센터 담당자는 "초기 염려와는 달리 강좌 수도 증가하고 골프, 승마 등 고급 스포츠나 여행, 답사 클럽 같은 탐방 프로그램이 새롭게 추가되면서 질적인 향상을 보였다."고 평가하였다. "버스 운행이 중단된 후 문화센터 고객들이 주거지별로 집합되는 효과가 있었다."고 담당자는 분석하였다.

---

15) 백화점 셔틀버스는 1985년 처음 도입된 후 1989년 일시 중단되었다가 1992년 규제 완화를 시작으로 1997년 백화점 셔틀버스 노선과 수가 급격히 증대되었다. 2000년 12월 '셔틀버스 때문에 장사가 안 된다.'는 중소유통업체와 버스운송사업자의 반발로 무료 셔틀버스 운행을 금지하는 법이 개정되었다. 대형 백화점들은 2001년 2월 헌법소원을 제기하였으나, 6월 헌법재판소에서 합헌 판정 이후 바로 시행되었다.(한국일보, 2001년 6월 28일자).

백화점 문화센터는 수강생을 유치하기 위한 각종 혜택도 마련해 놓고 있다. 경방필 문화센터의 경우 유아놀이방 이용, 사은품 배부, 도서 대여 서비스, '수강료 캐시백' 제도, 전화 및 인터넷 예약 접수[16] 등의 혜택을 주고 있으며 많은 백화점 문화센터에 유사한 제도들이 있다. 예를 들어 '수강료 캐쉬백' 제도는 신세계 문화센터에서 '수강 마일리지'[17]제도로 활용한다. 문화센터 강좌를 한 번 수강한 기존회 원에게 신규회원보다 앞서 수강신청을 할 수 있는 우대 사항을 만들 어 놓았다. 문제는 신규회원들이 빨리 마감되는 '인기 있고 좋은 강 좌'에 새로 들어가기 어려워 민원의 소지가 된다. 이것을 피하기 위 해 인기 강좌에는 '대기자 등록' 방식을 택하거나, 아예 추첨을 해서 수강생을 선발하기도 한다.[18]

모든 백화점 문화센터는 3월, 6월, 9월, 12월에 3개월 코스의 정기 강좌를 시작한다. 수강신청은 한 달 전부터 시작한다. 새 학기용 전단 지에는 법정공휴일 및 명절을 계산하여 11회 내지 12회의 횟수를 명 시한다. 수강료는 3개월 단위로 납부하며, 수강료는 개강 3주 전에는 타당한 사유에 국한하여 환불해 준다. 신청 인원이 미달되어 강좌가 폐강된 경우 전액 환불해 준다.

내가 연구지로 선정한 '사랑백화점'은 구로동에 자리 잡고 있다. 문화센터 담당자 최명지는 구로동의 상권 분석을 통해 지역의 특성 에 맞는 프로그램 운영이 필요하다고 밝혔다. 백화점 문화센터 강좌

---

16) 인터넷 예약 접수와 동일한 맥락에서 내방하지 않은 상태에서 백화점 카드 회원에 한해 전화접수를 받거나 무통장 입금 후 전화접수 방식을 도입해 수강생의 편의를 도모하여 등록률을 높이고자 하는 시도도 있다.

17) '마일리지'라는 용어는 항공회사의 에어 마일리지 제도에서 차용한 것으로 수강실적과 신입회원 권유 시 축적된 점수에 따라 무료수강혜택을 누릴 수 있는 제도이다.

18) 실제로 세이브존 고양점은 '아동 발레반'의 경쟁률이 10:1을 넘어가고 밤새 줄서서 기다리는 폐단이 나 타나자, 사전 신청자 전원을 대상으로 한 추첨제로 바꾸었다.

는 크게 구분하면 성인 강좌와 유아 및 어린이 강좌로 나눌 수 있다. 사랑백화점 문화센터는 유아 및 어린이 대상 프로그램이 먼저 마감되는 경향을 보인다. 사랑문화센터 평생교육사 최명지는 "이 지역 거주자는 자식에게 투자할 정도이지, 엄마 개인을 위해서 편하게 돈을 쓸 수 있는 계층은 아니"라고 평하였다.

사랑문화센터의 교육 프로그램을 개괄적으로 살펴보면 <표 3>과 같다.

사랑문화센터는 강좌군을 크게 4개로 나누어 제시하고 있다(<표 3> 참조). 성인들을 위한 강좌, 유아와 어린이, 청소년을 위한 강좌, 어린이와 성인 대상 단기 강좌, 사랑만의 차별화된 서비스로 무료공개 강좌를 들고 있다. 성인대상 강좌는 주부들과 직장인을 위한 강좌들이 모두 포함되며 유아와 어린이, 청소년 강좌는 연령대를 중심으로 구분한다.

〈표 3〉 백화점 문화센터의 영역별 강좌군('사랑' 문화센터 홈페이지에서 인용)

| 대상 및 성격 | 강좌 영역 및 내용 | | |
|---|---|---|---|
| 성인들을 위한 강좌/<br>성인 정규 강좌 | * 생활 & 공예<br>* 문학 & 교양<br>* 출산 & 육아<br>* 건강 & 댄스 | * 노래교실<br>* 정보통신<br>* 외국어<br>* 전통 | * 미술 & 취미예술<br>* 뷰티 & 차밍<br>* 전문가 양성과정<br>* 뮤직 아카데미 |
| 유아 · 어린이 및<br>청소년 | * 엄마랑 함께<br> -총명한 두뇌<br> -풍요로운 감성 | * 유아 클래스<br> -지혜로운 어린이<br> -재능 있는 어린이 | * 어린이&청소년<br> -탐구하는 어린이<br> -창조하는 어린이 |
| 풍요와 결실의 계절/<br>성인 및 어린이<br>단기강좌 | * 가을맞이 특별 체험<br>* [단기]어린이 체험학습 미니특강<br>* 스페셜기획 프로그램(외부제휴진행) | | * [단기]실속만점 미니특강<br>* 집중/주말특강<br>* 사랑여행교실 |
| 사랑만의 차별화된<br>강좌서비스 | * 무료특별기획 및 이벤트<br>* 직장인을 위한 강좌<br>* 무료 공개강좌 | | |

풍요와 결실의 계절이라는 타이틀은 주로 여행과 탐방 강좌들이며 사랑만의 차별화된 강좌 서비스 코너에는 명사 초청 공개강좌와 무료 공개강좌가 있다.

사랑백화점 문화센터는 개원 후 2000년 말까지 백화점 건물 6층과 7층을 사용하다가 2001년에 3층으로 이동하였다. 이런 공간 이동은 사랑백화점이 택한 문화센터 고급화 전략을 실행하는 과정에서 이루어진 것이라는 평생교육사의 설명이 있었다. 새로 이사한 문화센터는 각 강좌의 특성에 맞는 강의실 인테리어를 통해 교육환경의 수준을 향상시켰다. 회원 휴게실을 한 개 더 늘리고 유아휴게실의 각종 시설도 더욱 보완한 것을 볼 수 있다. 또 두 층을 사용하여 동선이 길어 이동이 불편하던 것을 마주보는 병렬식 구조를 택하여 회원들과 강사의 동선을 줄인 것을 볼 수 있다. 새로운 문화센터 평면도는 <그림 1>과 같다.

| 공간홀 | 하늘실 | 세면대 | 바다실 | 해바라기실 | | 유아휴게실 |
|---|---|---|---|---|---|---|
| | | | 복도 | | | |
| 사무실 | 휴게실 | 단비실 | 복사실 | 호수실 | 휴게실 | 안내 데스크 |

<그림 1> 사랑백화점 문화센터 평면도

# 2.
# 참여관찰과 심층면담

  이 연구는 중산층 전업주부들의 학습공간으로서 백화점 문화센터에 대한 문화기술적 연구이다. 백화점 문화센터의 주 수강생인 중산층 전업주부들이 다른 곳이 아닌 백화점 문화센터에서 무엇을 배우고자 하는지 강좌선택에서부터 구체적인 수업과정의 진행까지 구체적으로 살펴보고자 한다. 그 결과 문화센터 수업의 원리를 찾고 그 과정에서 문화센터 학습이 갖는 문화적 의미와 교육적 의미를 구명하고자 한다.

  이 연구의 질문에 답하기 위해 나는 중산층 전업주부들이 참여하는 문화센터 강좌에 직접 참여하여 면담법과 참여관찰법을 주 방법론으로 사용하는 질적 접근을 시도하였다. 이 연구에서 중요한 것은 백화점 문화센터를 학습공간으로 이용하는 중산층 전업주부들이 어떤 원리와 질서 속에서 자신의 학습의 방향을 잡고 실천해 나가는지, 왜 그러한 질서체계를 구성하게 되었는가를 심도 있게 이해하는 일이다. 문화기술의 방법은 그 사회상황의 복잡성을 밀도 있게 기술하고 그 의미를 해석하는 방법이며, 문화기술지는 연구자가 연구 대상

집단의 생활세계 속에 들어가 참여관찰을 통하여 그 구성원들의 가치, 지식, 기술을 정리한 것이다(조용환, 1999b: 114).

기어츠(Geertz, 1973)가 정리한 '심층기술(thick description)'의 의미처럼, 교육을 중심에 놓고 다양한 문화 현상 속에 붙박여 있는 교육의 과정을 기술하는 일이 가능하다. 교육의 과정은 인간의 삶 속에서 '인간다운 인간'이 되기 위해 가르치고 배우는 부단한 노력의 과정이다. 조용환(1999a: 103)에 의하면, 다양한 문화적 활동 속에 붙박여 있는 교육을 연구하는 '교육적 과정으로서의 문화 연구', '교육학적 문화연구'뿐 아니라, 교육활동이 전개되는 다양한 양상을 교육적 논리와 안목으로 깊이 있게 관찰하고 그 기술적 자료를 바탕으로 교육의 새로운 개념, 가설, 이론들을 찾아보는 '교육기술지(educography)'도 문화기술적 연구를 기초로 하여 가능하다.

이 연구에서는 중산층 전업주부들이 평생교육 기관인 백화점 문화센터의 강좌에 등록하여 학습하고자 하는 의도와 그 과정에 주목하고자 한다. 학교 이외의 평생교육기관에서 이루어지는 학습에 대한 탐색, '주부'라는 연령층의 집단이 구성하는 학생으로서의 모습, 문화센터에서 이루어지는 수업의 원리, 문화센터에서 주부들이 학습에 참여하는 동기와 학습 결과 활용에 대한 탐색 등을 중심으로 중산층의 문화, 전업주부들의 생활양식 등에 대한 전반적인 기술과 분석, 해석 등을 총체적으로 다룬다는 점에서 이 연구는 교육인류학 분야의 연구물로 규정할 수 있다.19)

---

19) 교육인류학은 교육과 문화의 관련을 연구하는 분야이다. 전통적으로 교육인류학은 "인류학적 지식이나 연구방법을 교육에 원용하고, 교육현상을 인류학적으로 탐구하려는 일련의 학문적 노력(김영찬, 1984)"으로 규정되어 왔다. 이 규정에 의하면 교육인류학은 교육학이 아닌 인류학의 한 하위학문이다. 반면에 교육인류학을 "다양한 형태의 삶 속에 붙박여 있는 교육적 과정을 연구하는 문화의 교육학(조용환, 1998)"으로

문화기술적 연구의 두 가지 대표적인 기법은 참여관찰(participant observation)과 심층면담(ethnographic interview)이다. 이 두 가지 연구기법은 인류학뿐만 아니라 다양한 사회과학 분야의 연구에서 널리 응용되고 있으며, 교육학에서는 교육인류학을 비롯한 여러 분야의 질적 연구에서 활용되고 있다. 나는 백화점 문화센터를 연구지로 정한 후 중국요리 강좌에 참여하였고 그 과정에서 만난 제보자들과의 심층면담을 주로 행하였다. 앞의 선행연구 검토에서 살펴보았듯이 백화점 문화센터에 대한 참여관찰과 내부자들을 대상으로 한 심층 면담을 실시한 연구는 전무하다. 이 연구는 전업 주부들의 교육생애사 속에서 평생교육의 장으로서 백화점 문화센터가 갖는 의미를 드러낼 수 있도록 심층적 접근을 시도하고자 한다. 그 과정에서 중산층 전업주부들의 시간활용과 여가활동, 그들의 학습활동 등에 대한 자료수집을 통해 그들의 "삶의 방식"과 "의미를 형성하고 공유하는 체계", 즉 문화가 밝혀질 것이다.[20]

문화기술적 연구방법은 자료의 수집, 분석, 해석을 단선적으로 마무리하지 않고 순환적으로 반복하는 특징이 있다. 가장 먼저 백화점 문화센터의 수업을 참여관찰하면서 나는 무엇을 더 주목하여 볼 것인지를 지속적으로 질문하고, 연구 목적을 이루기에 적합한 제보자를 선정하여 심층면담을 병행하였다. 참여관찰과 면담 이외에도 문화센터에

규정할 수도 있다. 후자와 같이 교육인류학을 교육학의 한 하위학문으로 정립하려는 노력은 그 연조가 오래지 않다. 요컨대, 교육인류학은 '인류학적 교육연구'와 '교육학적 문화연구'의 양면성을 지니고 있다.

20) '문화에 대한 개념 정의는 학자와 학파에 따라 매우 다양하다. 키싱(Keesing, 1981)은 문화를 인간이 획득한 모든 능력과 습성을 포함하는 전체로 규정하는 '총체론적 관점'보다는 사람들의 공유된 사고방식, 의미체계로 보는 구드너프(Goodenough, 1961)류의 관념론적 문화 개념에 국한시키고 있다(다양한 문화론의 비교, 검토는 기오재 공동학습자료 jyh040705 참조). 이 연구에서 사용하는 문화의 개념은 조용환의 '교육학적 문화론'에 입각한 개념이다. 즉, 문화도 교육과 마찬가지로 하나의 삶의 형식으로 특정 집단이 특정 생태조건 속에서 기술과 지식, 가치 영역을 조직하고 선택하는 과정을 문화로 규정한다.

관한 제반 자료 수집이 인터넷상 홈페이지에서 가능하였다. 이렇게 다양한 자료를 수집하고 자연스러운 참여관찰과 면담을 중시하는 것은 현상을 최대한 '있는 그대로' 기술하기 위해서이다. 그러나 해석주의나 구성주의 인식론에서는 객관적 실재를 상정하지 않으므로, '있는 그대로' 보는 것은 사실상 불가능하다. 질적 연구에서는 연구자 자신이 곧 중요한 연구의 도구가 되기 때문이다. 이 연구는 중산층 주부라는 정체성을 가진 나에 의해 수행된 '하나의 연구 사례'이다.

한편 이 연구는 '여성에 의한, 여성(주부)의 연구'라는 점에서 '여성주의 문화기술지'를 지향하고자 한다. 현지조사는 사실상 연구자 자신이 연구의 중요한 도구가 되어 연구를 수행하기 때문에 연구 방법이면서 동시에 연구자 개인의 실제적 경험이기도 하다. 전업주부의 경험이 없는 연구자가 만약 이 연구를 수행하였다면 그 해석의 결이 한결 달랐을 것이다. 윤택림(2002)은 인류학적 현지조사가 필요한 질적 연구방법이 여성주의 연구의 진정한 대안이 되기 위해서는 단순한 '여성에 의한, 여성의 연구'가 아닌, '여성과 함께, 여성을 위한 연구'가 되어야 한다고 주장한다.

이 연구는 학교를 졸업하여 학습이나 교육과는 무관하다고 상식적으로 인정되는 전업주부들의 학습에 관한 연구를 교육학의 영역으로 끌어 들이고 있다. 그 학습이 이루어지는 하나의 공간으로 백화점 문화센터를 선택하여 그들의 생활을 기술하고 분석하고 해석한다. 자료수집 단계에서 나는 내 제보자들과 인간적인 관계를 맺고, 자료수집이 끝난 지금까지도 그 관계는 이어지고 있다. 연구를 위해 단순히 그들을 '이용하고 절연(絶緣)'하는 것이 아니라, 서로 상생(相生)할 수 있는 관계로 발전해야 한다는 연구윤리를 준수하기 위해 노력하였다.

# 3.
# 어떤 절차를 거쳤는가?


1999년 12월 현대백화점 문화센터에서 '크리스마스 케이크와 쿠키' 단기강좌를 수강한 것이 이 연구를 시작하는 계기가 되었다. 한달 동안 5회에 걸쳐 실시하는 단기강좌로 크리스마스를 기념하는 이벤트성 강좌이다. 백화점 문화센터를 논문주제로 확정짓기 전 연구대상으로서 가능성을 탐색해 보고자 하는 의도와 개인적인 선호가 맞물린 선택이었다. 사전 답사 이후, 박사 논문 연구문제로서 가치를 확인한 후 후속 연구지 설정에 들어갔다.

당시 연구자의 집에서 접근 가능한 백화점은 신촌 현대, 영등포 롯데, 신세계, 경방필 백화점, 구로동의 사랑백화점, 목동에 새로 문을 연 행복한 세상 등 여섯 개의 백화점이었다. 이때 접근 가능성의 기준으로 교통수단과 소요시간을 계산했다. 백화점 셔틀버스 운행 여부와 자가용 이용 시 소요되는 시간을 고려했다. 영등포 백화점은 교통혼잡 때문에, 또 영등포와 신촌은 주 거주지역이 아니므로 집단의 동질성을 가정하기가 어려워 배제하였다. 결국 여성 전용 지상 주차장을 갖추고 목동의 중산층 주부들이 주로 이용하며 문화센터에 대해서 좋은 평판을 갖고 있는 사랑문화센터를 연구지로 택하였다.

2000년 1학기 조용환 교수의 '교육문화기술법 연습'을 청강하면서 연구를 발전시켜 나갔다. 백화점 문화센터로 결정한 이후 중요한 후속 작업은 참여관찰할 구체적인 강좌의 선택이었다. 문화센터의 다양한 강좌 중 중산층 전업주부들이 많이 참여하고, 그들의 학습의 전형성을 보일 수 있는 강좌에 대해 탐색하였다. 문화센터를 다닌 경험이 많은 주변 사람들에게 묻기도 하고, 중산층 전업주부인 친구에게 자문도 구하였다. 또한 연구자이며 참여자인 내가 약간이라도 흥미를 가진 강좌 중 선택하고자 했으며 현실적으로 내가 참여 가능한 시간에 운영되는 강좌라는 복합적인 조건하에서 선택했다. 그 결과 중산층 주부들이 선호하는 요리 강좌[21] 중 '중국요리' 강좌에 등록하여 3월부터 5월까지 참여관찰과 면담을 행하였다.

2000년 6월부터 8월까지 여름학기에는 역시 중산층 전업주부들이 선호하되, 요리교실과는 다른 삶의 지향을 가진 사람들이 선택하는 강좌를 선정하고자 하였다. 이 질문에 대해 요리교실 제보자들과 사랑문화센터 평생교육사가 미술반을 추천해 주었다. "거의 대학의 학과와 같이 운영될 정도"로 학습열의가 높은 곳이 미술반이라고 했다. 이 기준을 갖고 선택한 '수요 데생·수채화반'에 등록하여 참여관찰과 면담을 하였다. 요리교실은 강사의 강의와 조원들의 대화가 많아 녹음을 하였고 짧게 메모한 현지 축약노트 기록을 병행하였다. 반면 수채화반은 수강생들의 모든 활동과 강사의 지도가 개별적으로 이루

---

21) 요리강좌 중 3개월 장기강좌는 3개월에 총 18만 원의 비용이 필요하다. 7만 원의 수강료와 11만 원의 재료비를 포함해서이다. 이외에 재료구입비가 추가로 들어가므로 장기요리강좌는 경제적 여유가 있는 중산층 주부들이 선택하는 경향이 있다.

어져 필드노트를 기록할 수 있는 시간적 여유가 충분했다.

여름방학 동안 논문제출자격 시험을 준비하면서 연구문제와 관련된 선행연구 검토 작업을 하였다. 여성사회교육, 평생교육, 교육인류학 등 이론적인 면을 보다 보강하면서 동일한 자료를 보다 새로운 시각에서 파악할 수 있게 되었다. 특히 거시문화기술지를 지향하는 오그부(Ogbu, 1981)의 주장처럼 연구 중인 현상의 다원적 양상과 의미를 소상황, 매개상황, 대상황의 미시적－거시적 맥락 속에서 볼 수 있는 시각을 갖기 위해 노력했다.

오그부는 소수민족 아동이 학교에서 낮은 학업성취를 보이는 현상을 이해하기 위해서는 단지 교실 수업 상황에만 의존해서는 안 되며 사방을 둘러볼 것을 제안하고 있다. 그리고 미시문화기술지처럼 교실 상황만 연구한 이후 분석단계에서 제도적, 사회경제적 배경 등을 포함시키는 것이 아니라, 자료수집 단계에서부터 이와 관련된 질문들이 제기되고 관련 자료가 수집되어야 한다는 점을 강조하고 있다. 이렇게 다양한 자료를 수집하기 위해서는 연구자가 자신의 현장에 파묻혀 있지 않고 이론적인 틀을 이용한 분석의 과정을 끊임없이 시도할 것을 촉구하고 있다.

가을학기는 연구문제를 관조하고 자료를 정리하는 시간으로 활용하였다. "무조건 거대한 자료의 축적만이 좋은 연구를 가능하게 하는 것이 아니며 연구 진행상 호흡을 가다듬고 연구를 정리할 필요가 있다."는 지도교수의 조언에 힘입은 결정이었다. 그동안 수집된 백화점 배부 문헌자료(전단지, 문화센터 추천 책자, 문화센터 운영 기관의 프로그램 안내지 등)를 분석하는 일을 하는 한편 필드노트 정리 과정에서 제기된 질문들에 대해 주 제보자들과 면담을 통해 자료를 보충하였다.

주제보자는 강좌를 수강하면서 자연스럽게 사귈 수 있었다. 먼저 요리교실에서 같은 조원으로 활동하던 윤수진과 서정인을 주 제보자로 삼을 수 있었다.[22] 실습시간, 시식시간 등을 통해 서로 대화를 나눌 수 있는 시간이 충분하였고 개인적 성향 또한 비슷하여 쉽게 친밀감이 형성되었다. 서로 집에도 놀러가고 요리교실 끝난 후 같이 어울리는 기회가 많아 자연스럽게 연구목적을 설명하고 도움을 받을 수 있었다. 이들은 같은 목동아파트 단지에 살고 있거나 살았다는 공통점과 비슷한 연령대의 대졸 학력을 갖추었다는 점에서 전형적인 중산층 전업주부들이었다.

수채화반에서도 반장으로 활동하는 40세의 전업주부 권주희를 주 제보자로 선정할 수 있었다. 이 제보자는 대학에서 식품영양학을 전공하고 석사를 마친 후 결혼하여 홍익대학교 미술교육원, 백화점 문화센터에서 5년 이상 학습 경력을 소유하고 있었다. 그는 문화센터 미술반에서 반장으로 활동하고 제과제빵과 같은 다양한 강좌도 수강한 경험도 있었다. 백화점 문화센터의 이모저모, '문화'에 대한 충분한 지식과 정보를 갖고 있는 좋은 제보자의 조건을 갖추고 있었다.

이 제보자는 내가 박사과정 중에 있다는 사실을 알고 난 후부터 자신의 진로에 대해 진지하게 의논해 왔다. 비록 나이는 많이 어렸지만 자신의 주 관심사인 대학원 진학을 의논할 수 있는 대상이라고 판단한 것 같았다. 나 역시 최선을 다해 이야기를 들어주고 할 수 있는 조언과 격려를 해 주었다. 연구자가 제보자를 단순히 '이용'하는 수준이 아니라 서로 도움을 줄 수 있는 관계가 될 수 있음을 경험했고 이후

---

22) 제보자들의 이름은 모두 가명으로 처리하였다.

면담에도 긍정적으로 작용하였다.

수채화반 이후 문화센터 수업에 적극적인 주부들이 선호하는 수강 강좌 중에서 한두 개를 더 참여관찰하고자 했으나 실행하지 못했다. 선행 연구에서 밝혀진 주부들의 프로그램 선호도를 고려할 때, '홈패션', '퀼트' 같은 공예 강좌도 관심의 대상이었다. 또한 주부들이 자아실현의 측면을 강조하며 도전하는 '글쓰기 강좌'[23]는 문화센터에서 학습에 대해 많은 것을 발견할 수 있을 것으로 기대되었다. 그러나 연구자의 개인적 상황을 이유로 더 이상의 참여관찰은 접고 2001년 상반기 심층면담을 실시하였다.

문화센터 강좌들이 그 주제나 영역에 따라 차별성을 보이지만, 동시에 공통점도 많기 때문에 구체적인 강좌의 선택이 전체 문화센터 강좌의 특징을 묶어내는 데 결정적인 영향을 미치지는 않을 것이라는 판단하에서 면담을 통한 자료수집에 주력했다. 주요 제보자들에 대한 인적사항 소개는 <표 4>와 같다.

〈표 4〉 주요 제보자[24]

| 이름 | 연령/성별 | 문화센터 참여강좌 | 직업 |
|---|---|---|---|
| 김희진 | 40대 중반/여 | 소망문화센터 미술반 반장 | 유치원 원장 |
| 권주희 | 40대 초반/여 | 사랑문화센터 미술반 반장 | 전업주부, 과외교습 시작 |
| 윤수진 | 30대 후반/여 | 사랑문화센터 중국요리반 | 전업주부 |
| 서정인 | 30대 중반/여 | 사랑문화센터 중국요리반 | 전업주부 |
| 최명지 | 20대 후반/여 | | 사랑문화센터 담당자 |

---

23) '글쓰기 강좌'에 대한 정보는 대학부설 평생교육원 '시창작 교실'을 참여관찰한 배영주(2003)의 연구를 참조하였다.

24) 이 글에서 사용하는 모든 기관명은 단순한 언급인 경우는 실명을 사용하고 구체적 연구결과와 연결된 경우 가명으로 처리하였다. '사랑', '소망', '프로방스' 모두 가명으로 처리한 문화센터이다.

| 박미숙 | 40대 중반/여 | | 프로방스 문화센터 담당자 |
|---|---|---|---|
| 이홍수 | 40대 후반/남 | 사랑문화센터 수채화반 | 문화센터 강사, 대학 강사 |
| 이경복 | 40대 중반/남 | 사랑문화센터 중국요리반 | 문화센터 강사, 신라호텔 요리사 |

2001년 상반기에는 문화센터 강사 두 명, 문화센터 담당 평생교육사 두 명, 사랑백화점과 소망백화점의 미술반 반장 두 명과 수차례 인터뷰를 통해 미술반 수업, 문화센터의 특징, 문화센터 학습의 개인적 의미 등에 관한 깊이 있는 자료를 수집하였다. 미술반과 중국요리 강사와의 면담을 통해서는 학생 입장과 다른 강사 시각에서 본 문화센터 수업에 대한 자료를 수집할 수 있었다. 각기 다른 백화점의 문화센터 담당자들과 면담을 통해 각기 다른 운영 방식을 가진 문화센터 간 차이도 포착할 수 있었고 유통업계의 변화, 할인점의 부상, 백화점의 위상 변화 같은 거시적인 참고 자료도 획득할 수 있었다. 또한 사랑 백화점 문화센터와 인근 지역에 위치한 소망 백화점 문화센터 미술반에서 오랜 기간 반장 활동을 했던 김희진과의 면담을 통해 동일 강좌에 대한 다른 백화점 문화센터 간 비교를 할 수 있는 자료를 얻을 수 있었다.

그 후 2002년 자료 분석 및 코딩 작업을 통해 자료를 분석하고 초고를 작성하기 시작했다. 2003년 새롭게 논문을 기술하는 시점에 인터넷상의 신문기사와 각 백화점 문화센터의 홈페이지를 통해 강좌 변화의 흐름 등을 발견할 수 있었다. 자료수집 당시에서 2년의 시간이 흘렀고 문화센터 강좌에 많은 변화가 생겼음을 알 수 있었다.

첫째는 문화센터 프로그램의 구성상 새로운 강좌들이 사회적 유행

에 맞추어 도입되었음을 알 수 있었다. 문화센터 교육강좌가 내용면
에서 무척 다양화되었고, 각 문화센터에 따라 많은 차이를 보였다.

둘째, 백화점 셔틀버스 폐지 이후 위축될 것으로 예상되었던 백화
점 문화센터가 양적으로 질적으로 더 발전하였음을 알 수 있었다. 먼
저 백화점이나 할인점 문화센터의 숫자가 급격히 증대되었고, 인터넷
홈페이지 운영을 비롯한 강좌 운영 방식도 무척 세련되어졌다.

문화기술적 자료 수집과 분석, 해석은 계속되는 순환의 과정이다.
그러므로 자료 수집 이후 분석과 해석 작업은 2000년 자료 수집과 함
께 시작되었지만, 최종적인 자료 수집 및 분석과 해석의 과정은 논문
이 완성되는 2005년까지 계속되었다. 이 과정에서 인터넷은 아주 유
익한 자료 수집의 통로가 되었다. 면대면 면담을 통하지 않고 각 백
화점별 문화센터 강좌 비교, 회원들의 반응, 강사 채용 기준, 새로운
강좌 계획 등에 관한 다양한 정보를 획득할 수 있었다.

# 4.
# 체험과 성찰

연구자가 백화점 문화센터를 연구 주제로 선정하게 된 계기는 주관적 관심을 학문적 연구주제로 변모시키는 과정이었다. 백화점 문화센터에 관한 나의 관심은 20대 후반 직장에 다닐 때부터 이미 시작되었다.

대학원 석사 졸업 후 1992년 인문계 고등학교 교사로 발령받았다. 2월 임시소집 때 "3월 2일 7시 출근"이라는 교무부장의 말을 '아, 학기 첫날이라 일찍 출근해서 준비하느라 그렇구나. 다음날부터 정상출근하게 되겠지.'라고 나름대로 생각했다. 그러나 3월 2일 교무회의 석상에서 앞으로 매일 오전 7시가 출근시간임을 알게 되었다. 그 당시 아침 7시는 깊은 잠을 자는 취침 시간이었다. 결혼 전 부모님의 배려로 간신히 맞출 수 있던 출근시간을 비롯한 학교생활이 1995년 결혼 이후 매우 힘들게 느껴졌다. 항상 고단한 직장생활에서 발생하는 육체적, 정신적 스트레스는 이곳을 떠날 빌미를 찾게 만들었다.

그때 간혹 신문에 간지 형태로 끼어 있는 백화점 문화센터 전단지는 내 마음을 설레게 만들었다. 고운 파스텔톤의 배경 위에 요리, 악기, 그림 등 다양한 강좌들이 추천되어 있다. 그러나 직장을 다니는 사람이 문화센터 수업에 참석하기에는 많은 어려움이 있었다. 주로 오전과 오후에 많은 강좌들이 개설되어 있어 시간을 맞추기가 어려웠고 간혹 개설된 야간 강좌는 늦은 7시 30분 시작이었다.

1997년 이후 백화점 문화센터가 보다 다양한 강좌를 개설하면서 전단지를 비롯한 각종 광고도 더욱 활성화되어 내 눈에 더욱 잘 띄게 되었다. 그 당시 한국 중산층 주부들에게 가장 인기는 강좌는 제과제빵 강좌였다. 가전제품 분야에서 새롭게 가정용 오븐이 대량 공급되기 시작하면서 이를 활용한 홈메이드 제과제빵이 수강생들에게 인기를 끌었다. 또한 창업을 할 수 있는 아이템이라는 것도 불경기의 한국경제 현실에서 많은 회원들이 모인 이유였다. 요리에 취미가 있던 나도 제과제빵, 중국요리, 오븐요리 등을 수강하고 싶은 생각이 있었다. 그 다음으로 관심 있던 분야는 중학교 때까지 두각을 보였던 미술에 대한 관심이었다. '조용히 차분히 앉아서 도화지에 그림을 그리는 것이 책 읽는 작업과 같으면서 다르다.'고 생각했다.

1999년 겨울 12월 특별강좌 '크리스마스 케이크와 쿠키'를 듣게 되었다. 이 강좌를 통해 백화점 문화센터 강의실에서 주부들의 학습열기가 내 생각보다 훨씬 높다는 것을 알 수 있었다. 또 개인적인 배움에 대한 욕구도 실현시킬 수 있었다. 더불어 당시 박사논문 연구주제를 찾고 있던 나는 백화점 문화센터에서 주부들의 강좌수강을 교육학적 안목으로 연구해 볼 가치가 있음을 알고 구체적으로 연구 계획을 세우기 시작했다.

직장생활을 하면서는 항상 자유로움을 동경했다. 사실 박사논문을 쓰기 위해 2000년 초 8년간의 교사생활에 종지부를 찍을 때 일말의 후회도 없었다. 그 당시로서는 최선의 선택이었다. 구직의 어려움을 들어 심사숙고하라는 주위 사람들의 많은 충고에도 불구하고 '결혼 후 오랜 시간 애가 생기지 않는다.'는 다른 중요한 이유도 있었다. 내 근무지는 인문계 사립 고등학교로 굉장히 힘든 근무조건이었다. 일이 힘든 것보다 관료제의 역기능을 참는 것이 더 힘들었다. 가끔은 일방적 명령이 지시·하달되는 직원조회를 마치고 나면 가슴이 꽉 막힌 것 같았다. 당시 초롱거리는 눈으로 내 수업을 경청하던 제자들이 있어 8년을 버틸 수 있었다.

직장을 그만두고 집 앞에 있는 백화점에 정말 열심히 다녔다. 그동안 억눌려 있던 전업주부에 대한 부러움을 마음껏 실현해 보고 싶었다. 2000년 한 해는 '전업주부로 살아도 경제적 기반만 받쳐주면 살수 있겠다.'고 생각했다. 하지만, 나는 진짜 전업주부로 산 것이 아니었다. 2000년 당시 나는 임신한 몸으로 박사논문 자료를 수집하고 대학에서 시간강의를 하면서 짬짬이 내 여가를 즐겼던 것이다. 오히려 육아 부담이 없다는 점에서 중산층 전업주부의 생활패턴을 벗어나 있었다.

2001년 남편이 프랑스 지사 발령을 받았다. 이 일을 계기로 나는 전업주부로 살아도 좋을 것 같던 생각에 근본적인 회의를 하게 되었다. 논문 자료를 마무리 하느라 남편보다 4개월 늦게 따라 나선 파리행은 새로운 문제를 던져주었다. 서울에서 돌보지 않던 애를 돌보고 모든 살림을 살아야 했다. 그 당시 내 일기에는 "정말 세상이 깜깜해지는 경험"이라고 적혀 있다. 갑자기 대학강사이며 박사과정 학생인 '배수옥'은 사라지고 정말 '아줌마'로, '지연이 엄마'로 살아야 하는 삶은 나에게 무척 낯설었다. 나는 그렇게 살아서는 안 되는 사람이라는 생각이 현실과의 괴리를 더욱 크게 만들었다. 2001년 7월 무척 힘든 '한 달'을 보내고 우리(남편과 나)는 파리에 있는 조선족 아주머니를 구했다.

도우미 아주머니를 고용하여 육아와 살림은 해결되었지만, '내 일이 없어졌다.'는 것이 내가 감당해야 하는 가장 큰 어려움이었다. 물론 박사논문을 써야 한다는 당면 과제가 있었지만, 환경의 변화에 적응하기 위해 이것 또한 유보해야 했다. 9월부터 불어학원에 다니면서 나의 파리생활은 조금씩 자리를 잡기 시작했다. 그럼에도 불구하고 마치지 못한 논문에 대한 중압감을 떨치지 못했다. 남편이 "당신 서울 가서 논문 쓰고 와. 그러다 병나겠어."라며 서울행을 권할 정도였다.

당시는 정말 나와 싸우는 시간들이었다. '이러다 정말 파리에서 5년 있다 서울 가서 평범한 아줌마로 살아야 하는 것 아닐까.' 5년 만에 낳은 소중한 딸도 내 일과 공부를 대신할 수 없었다. 나에게 내 '일'은 가족의 행복과 비교될 수 있는 차원이 아닌 또 다른 차원의 소중함을 갖고 있었다. 육아와 살림의 어려움도, 경제적 어려움도 없는 상황에서 나는 내 자신의 '일'을 찾기 위해 노력했다. 당장 내 시간을 '생산적으로 보낼 수 있는 일'을 찾는 것이 정말 급선무였다. 내가 스스로 만족할 수 있을 정도의 의미를 부여할 수 있는 일이 필요했다.

나는 내가 내 제보자인 중산층 전업주부들을 정말 잘 이해하고 있다고 생각했었다. 하지만, 외국에서 전업주부로 살던 나의 경험을 통해 정말 중산층 전업주부들이 가진 자신의 삶에 대한 강한 욕구를 느낄 수 있었다. '머리'로 이성적으로 이해하는 것은 '체험'을 통한 이해와 상당한 차이가 있었다. 중산층 전업주부인 제보자들과 면담할 때 그들의 삶을 잘 이해한다고 생각했던 것이 무척이나 피상적인 이

해였음을 반성하게 되었다. 내 자신의 경험을 통해, 나는 '전업주부'들이 가진 '일'에 대한 욕구와 그것을 획득하지 못했을 경우 경험하는 좌절과 나름대로의 생존전략 등을 알 수 있었다.

2001년 불어학원 수강이 새로운 나의 '일'로 자리 잡았다. 매일 하루 3시간씩 오후 1시부터 4시까지 수업을 들었다. 주중에는 불어수업, 주말은 가족과의 나들이가 나의 '일'이 되었다. 11월 말 불어 학원이 끝났을 때 '일'이 없어진 나에게는 엄청난 '금단현상'이 나타났다. 그 때의 허망함이란 이루 표현할 수 없지만, '내가 여기서 지금 무엇을 하고 있나.' 하는 생각이 항상 나를 괴롭혔다. "뭐든지 하고 있어야 한다.(김은실, 2001: 123)"는 여성들이 받는 스트레스를 나 역시 받고 있었던 것이다.

몇 달간 논문에 집중한 후 다시 2002년 3월부터 불어 학교에 등록하였다. 매일 오전 10시 30분부터 12시까지 각종 문화 컨퍼런스에 참석한 후 오후에는 매일 불어 회화 수업이 진행되었다. 프랑스 역사, 프랑스 문학사, 프랑스 인상파 이론 수업, 인상파 화가의 작품을 보기 위한 오르세 미술관 견학, 프랑스 영화 등을 통해 불어와 프랑스 문화 전반에 대한 식견을 넓힐 수 있었다. 2003년에는 파리 5대학과 8대학에서 교육사회학, 교육정책 등 대학원 수업을 청강하였다.

이 과정에서 나는 정말 내 자신의 삶의 방향에 대해 깊이 숙고하게 되었다. 나는 정말 자아가 강하고 내 일을 좋아하고, 내 삶의 주인이 되기를 원하는 사람이었다. 여성들은 이미 학교교육, 가정교육을 통해 '자아'를 가진 자연인으로 자신들을 규정하지만, 아직도 우리 사회에 뿌리 내리고 있는 '가부장적 이데올로기'는 이들의 논리를 수용하지 않는다. "어머니는 딸들에게 자신과 다른 삶을 살라고 가르쳤고,

아들들에게는 아버지와 같은 삶을 살라고 가르쳤다.(안혜련, 2001: 214)”는 여성학자의 지적이 오늘날 우리 사회가 이혼으로 치닫는 가족문제를 양산한 것이다. 모든 인간은 종국적으로 이기적이어서 최후의 순간에는 자신을 본위에 두고 선택하게 된다. 그래서 모성도 포기될 수 있다는 생각을 이해하게 되었다.

2004년 1월 예정보다 빨라진 귀국에도 불구하고 즉시 내 학업에 전념할 수 없었다. 예민한 성격의 딸아이가 급격한 양육환경 변화로 인해 ‘틱장애(Tic Disorders)’라는 분리불안 증세를 보였다.[25] 이 과정에서 “엄마 발목 잡는 것이 애”라는 내 제보자의 말이 나의 것이 되었다. 한편 나는 내 일을 위해 애를 유치원에 보내고, 고모에게 맡기는 것을 당연하게 생각했던 나의 사고방식을 점검해 보았다. 내 일이 중요한 만큼 아이의 발달 단계에서 욕구도 충족되어야 한다는 사실을 알고 인정하게 되었다. 그 과정에서 ‘좋은 엄마’ 노릇과 ‘내 일’ 사이의 많은 갈등을 체험했다.

‘육아’ 부담 속에서도 자신의 ‘일’을 희망하는 중산층 전업주부들이 이 문제를 해결해 나가는 과정에 주목하게 되었다. 과연 이들에게 백화점 문화센터 강좌 수강은 “자신의 넘쳐나는 시간을 해결할 수 있는 ‘일’이 되는지” 다시 묻게 되었다. 내가 나의 연구 의도대로 논문을 재단한 것은 아닌지 반성해 보게 되었다. 그러면서 주부들이 원하는 ‘일’의 실체에 대한 깊이 있는 분석을 해야 할 필요를 느꼈다. 나역시 내 삶의 조건이 변함에 따라 전업주부와 취업주부에 대한 선호

---

25) 틱이란 자신의 의지와는 무관한 불수의적 행동으로 스트레스를 받았을 때 나타나는 행동이다. 눈의 커다란 깜짝임, 입의 경련, 얼굴의 일그러짐, 목과 어깨의 동시에 움직임 등과 같은 운동틱과 기침과 같이 킁킁거리는 음성틱이 대표적 증상이다. 내 딸 지연이는 눈을 깜짝이는 운동틱과 킁킁거리는 음성틱을 동시에 보였다.

가 변하는 것을 경험하였다.

이런 점에서 단순히 문화센터의 수업과 같은 소상황만 볼 것이 아니라, 우리 사회의 남녀 고용구조와 주부들의 경제활동 참여율, 노동시장의 분리와 같은 구조의 문제와 같은 대상황도 동시에 살펴볼 필요를 느꼈다. 기술에 치중한 문화기술지에 대해 '미시적 수준에 머무른다.'는 비판을 극복하는 쪽으로 관심이 확대되었다. 결과적으로 내 자신의 체험이 내 논문의 연구방향에 영향을 미친 것이다. 이런 점에서 연구자 역시 논문의 주요 제보자가 된 것이다. 그러므로 내 논문을 쓰는 과정은 곧 연구자 자신에 대한 깊은 성찰[26]의 과정이며 내 삶의 방향을 잡아나가는 주요한 작업이 되었다.

---

26) 조용환(2004a)에 따르면, "문화기술지는 '그들의 이야기에 관한 나의 이야기('my story' about 'their story')다. 그러므로 문화기술적 연구에서 연구자 자신의 성찰과 입장, 상상력은 대단히 중요하다. 윌리스(Willis)는 이를 "토론에 개입하여" "이론적 고백"을 하는 행위라고 표현한다.".

백화점 문화센터 사랑들

이 장에서는 백화점 문화센터에 관여하는 사람들을 중심으로 문화센터의 모습을 살펴보고자 한다. 모든 조직이 운영되기 위해서는 수행자로서 '사람'이 필요하기 때문이다. 백화점 문화센터 직원들은 문화센터라는 공간을 작동시키기 위해 필요한 사람들로 구조의 유지를 담당한다. 문화센터 직원들 중 문화센터를 학습 공간으로 구성하는 데 중요한 일을 담당하는 사람은 평생교육사와 유아휴게실 교사이다. 평생교육사는 문화센터의 교육내용 관련 총관리를 맡고 있고 유아휴게실은 수강생을 지원하고 기타 직원들은 행정 업무를 담당한다. 이에 반해 문화센터를 평생교육기관에 적합한 내용으로 채워나가는 사람들은 교수를 담당하는 강사와 학습을 행하는 수강생이다. 수업을 담당하는 강사와 수강료를 지불하고 등록한 수강생의 만남이 교육을 가능케 한다. 이 장에서는 문화센터의 다양한 강사 채용방식, '좋은 강사'를 선별하는 수강생들의 강사 평가기준을 통해 문화센터에서 가르치는 역할을 하는 강사에 대해서 살펴보고자 한다. 이어서 중산층 전업주부의 전형성을 보이는 미술반 반장 출신 '권주희'의 교육생애사를 통해 백화점 문화센터를 찾게 된 경로와 주부 수강생들의 특징을 살펴보고자 한다.

# 1.
# 문화센터 직원들


문화센터는 백화점에서 운영하는 부속 기관이므로 평생교육사를 비롯한 문화센터의 모든 인적 구성에 대해 백화점에서 선발과 배치를 한다. 그런데 백화점 문화센터는 백화점 내에서 크게 관심을 기울이는 부서가 아니다. 문화센터를 통해 백화점의 이미지 개선을 할 수 있다는 거시적인 목표가 있다 해도 현실적으로 문화센터는 매장으로 이용되는 다른 공간에 비해 백화점의 매출에 직접적으로 기여하는 곳은 아니기 때문이다. 문화센터에 대한 이러한 인식은 결국 '최소한의 필요 요원으로 문화센터를 유지하게 한다.'는 경영 방침을 도출한다. 문화센터 직원들은 수행 업무를 중심으로 평생교육사와 유아휴게실 교사, 그 외 직원으로 구분할 수 있다.

## 1) 평생교육사

백화점 문화센터는 평생교육법에 의하면, 사업장 부설 평생교육기관으로 분류되어 의무적으로 평생교육사를 고용하게 되어 있다. 문화

〈표 5〉 백화점 문화센터 평생교육사의 역할

| 직급 및 인원수 | 성별 및 나이 | 문화센터에서 역할 |
| --- | --- | --- |
| 평생교육사 1명 | 20대 후반 여자 | 문화센터 프로그램 총관리<br>프로그램 구성 및 운영<br>－신규강좌 결정/ 폐강강좌 결정<br>강사관리<br>수강생 관리<br>프로모션이나 판촉행사 이벤트 구성<br>예술제 준비 및 개최 |

센터 직원 중 교육과정 구성 및 운영에 관한 최고 책임자는 평생교육
사이고, 이것을 제외한 기타 모든 관리의 총책임자는 대리급 남자직
원이다. 〈표 5〉에서 보듯이, 평생교육사는 문화센터의 교육내용에
관한 측면을 총관리하는 일을 담당한다. 즉, 프로그램의 구성 및 운
영, 신규강좌 결정, 폐강강좌 결정, 강사관리, 수강생 관리, 프로모션
이나 판촉행사 이벤트 구성, 예술제 준비 및 개최와 같은 다양한 일
을 기획하고 시행하고 평가한다. 경력이나 직급으로 평생교육사보다
더 상급자인 대리급 남자 직원이 있지만, 교육내용에 관한 한 모든
권한은 평생교육사에게 있다.

　문화센터에 대한 평가는 그 문화센터에서 근무하는 평생교육사에
대한 평가와 일치한다. 문화센터의 교육적 부문은 상당부분 평생교육
사의 능력에 따라 다른 평가가 나오기 때문이다. 사랑백화점 문화센
터에 대해서는 "문화센터 담당자가 너무 자주 바뀌어서 문화센터의
기본 틀이 잡히지 않았다."는 부정적인 평가가 다른 백화점 문화센터
담당자에게서 나오기도 했다. 사랑백화점 문화센터 미술반 강사 역
시, 미술반 수업의 공간 배치를 유아 구연동화반 옆 강의실로 배정하
여 미술반 수업이 심하게 방해받은 날 그 원인을 "무경력의 젊은 문

화센터 담당자가 일을 잘 처리하지 못했기 때문"이라고 보았다.

사랑문화센터 평생교육사 최명지는 자신이 나이가 어린 점이 강사들과 상호작용에서 제약이 된다며 어려움을 토로하였다. 특히 예능 분야 강사들은 무척 자존심이 강하여 요구사항을 말할 때도 일방적으로 지시하기에는 '나이 어린 여자'라는 한계가 있어 회의 형식을 빌려 대화로 처리한다고 했다. 동일한 평생교육사라 해도 프로방스 박미숙은 오랜 경력과 나이가 있어서 이런 유의 어려움은 이야기하지 않았다. 대신 문화센터의 운명을 좌지우지하는 백화점 사장의 경영철학이나 교육철학이 더 중요한 고려대상이 됨을 강조하였다.

프로방스 담당자 박미숙은 "자신이 백화점 문화센터를 옮길 때 중요한 고려사항이 경영주의 문화센터를 보는 관점"이라고 밝혔다. 기본적으로 경영주가 문화센터에 대해 우호적인 시각을 갖고 있어야 문화센터 담당자의 운신의 폭이 넓어진다는 것이다. 대신 자신이 경영주에게 '문화센터의 교육적 요소를 신장시킬 수 있는 방안'을 제시할 때도 항상 경영의 시각에서 장점이 부각되도록 설명하여 경영주를 설득하기 위해 노력한다고 밝혔다. 경영주가 교육에 관한 기본적인 존중이 있는 경우 평생교육사는 교육을 위해 경영주를 설득할 수 있어야 한다는 것이다. 실제로 박미숙이 6년간 평생교육사로 근무했던 전임지인 소망백화점 문화센터는 "문화센터가 백화점을 이끌고 나간다."는 좋은 평판을 받았고 이 평가가 다양한 경로로 경영주에게 들어갔다고 했다.

문화센터가 좋은 교육 프로그램을 운영하는 경우, 역으로 백화점의 이미지 형성에 좋은 영향을 미친다. 실질적으로 비공개 자료에 의하면, "문화센터 회원들이 비회원에 비해 매출에 기여하는 정도도 높다.”고 박미숙은 밝혔다. 이런 점을 들어 경영주를 설득하지만, 실제로 문화센터에서 이루어지는 것은 교육이고 학습이라고 박미숙은 강조하고 있다. 박미숙은 회원들이 원하는 강좌 외에도 새로운 제안을 하고 신규 강좌를 개설하여 추천하는 것이 평생교육사의 임무라고 보고 있다.

⟨1⟩

연구자: 평생교육사는 수강생들의 요구를 어느 정도 수용해야 한다고 보시나요?

박미숙: 문화센터가 수강생들의 요구만 따라가는 것이 더 문제가 될 수도 있어요. 수강생들이 스포츠 댄스를 원한다고 해서 잘되는 강좌, 팔리는 강좌만 모든 시간에 개설할 수는 없죠. 그런 점에서 어느 정도 수강생을 이끌어 갈 필요가 있어요. ‘그 강좌도 좋지만, 새로운 학습을 다루는 이 강좌도 좋은 것 같은데 이것 한번 들어보시죠.’라고 권할 수 있어야 한다는 거죠.

평생교육사인 박미숙, 최명지와 면담 결과 평생교육사들 스스로 재교육의 필요성을 절감하고 있지만 실질적인 재교육의 기회가 없는 것에 대해서 문제를 느끼고 있음을 알 수 있었다. 사랑백화점 문화센터에서 근무하는 평생교육사 최명지는 대학에서 교육학을 전공하였다. 학교에서 추천해 주어 사랑백화점에 와서 면접을 본 후 처음 문화센터에서 근무를 시작하면서 문화센터 관련 연구물을 찾아보았지만 별로 없었다고 했다. 이 사람은 대학원에 진학하여 평생교육과 관련된 공부를 하는 것이 자신의 직무 수행을 위한 학문적 기초가 될 수 있다는 생각을 하고 있었다.

## 2) 유아휴게실 교사

사랑백화점 문화센터는 유아휴게실을 운영하여 아이를 가진 주부들에게 보육서비스를 제공하여 참여를 유도한다. 사랑백화점 홈페이지에 유아휴게실 이용 안내문을 찾아볼 수 있다. "유아휴게실은 수강시간 내 무료로 이용이 가능하고 유아의 연령을 20개월 이상에서 7세 미만으로 한정한다. 일요일은 이용할 수 없다." 아이가 어려 어린이집이나 유치원에 가기 전, 엄마가 직접 돌볼 때 강의 시간 동안 유아휴게실을 이용할 수 있는 것은 큰 장점이다. 요리교실 강의시간에 종종 아이를 데리고 수업에 참여하는 시누이와 올케 사이의 두 수강생에게 유아휴게실 이용에 대해서 질문하자 다음과 같이 답했다.

〈2〉
연구자: 유아휴게실이 있는데, 왜 아이를 그곳에 보내지 않으셨어요?
수강생: 평소에는 애가 잘 가서 사촌이랑 같이 있으니까 잘 노는데, 오늘은 이상하게 안 가려고 하네요. 그래서 어쩔 수 없이 데리고 왔죠. 요리하는 동안 기름도 뜨겁고 강의실에는 데려오지 않는 것이 좋은 것은 알지만요.
연구자: 문화센터 등록 전에 사랑문화센터에 유아휴게실이 있는 것 알고 있었나요?
수강생: 예. 알고 있었어요. 사실 여기 문화센터 유아휴게실이 있어서 등록한 거거든요. 이용하면 편하니까. 비용도 무료이고,

강의시간 좀 넘어서 쇼핑 시간까지도 별말 없이 애를 맡아 주더라고요.

주부수강생들 입장에서는 매우 편리하고 백화점 문화센터가 경쟁력을 가질 수 있는 부분이 유아휴게실 운영이다. 그럼에도 불구하고 모든 백화점 문화센터가 유아휴게실과 같은 탁아시설을 운영하지는 않는다. 안전상의 문제로 인해 이 시설을 운영하기 위해서는 전문 유아 보육 교사를 채용해야 하는 문제가 있기 때문이다. 사랑백화점의 경우, 유아나 아동 프로그램이 강세를 보이면서 아이를 데리고 오는 주부들이 많다는 지역적 특징이 이런 유아휴게실을 운영하게 하는 배경이 되었다.

유아휴게실은 아이용 벽지와 장식으로 꾸며져 있으며, 낮잠 자는 아이들을 배려하여 침대도 있다. 가장 주된 아이들의 시간 소요 방식은 텔레비전 시청이나 비디오테이프 시청이다. 이를 위해 텔레비전과 비디오 기기가 중앙에 놓여 있다. 또 유아용 책과 장난감이 책꽂이에 꽂혀 있다. 바닥에는 아이용 고무매트가 깔려 있어서 입실할 경우 신발을 벗게 되어 있다. 백화점 매장은 한 평, 한 평이 아주 고액의 임대료를 받을 수 있는 공간이다. 그런 공간을 할애하여 문화센터 강의실을 만들고, 그 강의를 듣는 수강생의 편의시설로 유아휴게실 공간을 제공하는 것은 백화점 측에서 보면 상당한 배려라고 할 수 있다.

이곳에는 유아보육을 전문으로 담당하는 교사가 배치되어 있고, 현재 근무하는 교사는 현재 평생교육사가 부임하기 이전부터 근무해 오고 있었다고 한다. 그러나 소망문화센터의 경우 "유아보육 전문 교사를 고용하지 않고, 임시로 남자 아르바이트생들을 이용하여 그 시설을 운영한다."는 비판을 받기도 했다. 소망문화센터 미술반을 다닌 김희진의 견해는 다음과 같다.

〈3〉
김희진: 임시 아르바이트 남학생들이 애를 잘 보지 못해, 수업 중 애가 울거나 응가를 한 경우 엄마를 계속 부르러 강의실에 오더라구요. 사실 애를 맡아주려면 잘 맡아주고 강의를 들을 수 있게 전념할 수 있도록 해야 하는데 왜 전문 교사를 쓰지 않는지 모르겠어요.

사실 확인 결과 소망문화센터에 한 명의 유아교사는 있지만, 일손이 부족할 때 아르바이트 남학생들이 유아휴게실에 투입되어 도우미 역할을 한 것이다. 그 과정에서 아이에게 문제가 발생하면 유아휴게실과 강의실 사이에 연락책 역할도 한다. 이 상황을 보고 김희진은 유아휴게실에 남학생 아르바이트 학생이 근무한다고 생각한 것이다. 그러나 기본적으로 유아휴게실을 운영하기 위해서는 유아보육 전문 교사가 상주하는 것이 원칙이다. 프로방스 홈플러스의 평생교육사 박미숙은 유아휴게실 설치와 관련하여 인력 채용의 문제와 안전의 문제가 항상 대두되므로 홈플러스 전점에는 유아휴게실 대신 인터넷 카페를 설치하는 방안을 채택했다고 설명했다.[27]

<표 6>에서 제시된 사랑백화점 문화센터 직원 중 평생교육기관으로서 문화센터의 위상 정립에 가장 기여하고 현실적인 영향력을 행

---

27) 회원용 휴게실에 인터넷 이용이 가능하도록 컴퓨터 설치 서비스를 제공하고 간단한 음료 이용이 가능한 카페 개념을 복합적으로 적용한 공간이다.

사하는 것은 평생교육사이다. 이외 직원들 중에서 중산층 전업주부들이 백화점 문화센터를 찾게 만드는 중요한 역할을 수행하고 있는 직원은 유아휴게실 교사이다. 중산층 전업주부들이 백화점 문화센터를 선호하는 실질적인 이유에는 유아휴게실을 이용하여 수업시간 동안 아이를 무료로 맡아주는 것과 같은 서비스가 타 기관보다 앞선다는 점이 크게 작용한 결과이다.

백화점 문화센터 유아휴게실이 주부들에게 좋은 반응을 얻는 것은 우리 주변에서 잠깐씩 필요에 의해 아이를 맡길 수 있는 기관이 많지 않은 사회적 현실 때문이다. 우리나라 유아교육기관으로 대표적인 놀이방이나 어린이집, 정규 유치원 모두 한 학기 기준으로 입학금과 재료비, 견학비를 납부하고 한 달 기준으로 교육비를 납부한다. 물론 필요한 경우 개인적 협상을 거쳐 시간제로 맡기는 방법을 모색할 수 있지만, 쉬운 과정은 아니다. 차라리 문화센터 수강을 포기하는 편을 택하는 것이 수월하다. 엄마가 전업주부라 해도 아이의 사회성 발달이나 엄마의 개인적 필요에 의해 시간제로 이용할 수 있는 유아보육시설의 필요성을 문화센터 유아휴게실 제도를 통해 제기할 수 있다.

<표 6>에서는 평생교육사 외에 문화센터의 운영을 위해 필요한 직원들과 그들의 하는 일을 정리하였다. 문화센터 운영을 위해 필요한 인력을 최소화하려는 것이 백화점 측의 의도이다. 사랑문화센터 평생교육사인 최명지와의 면담에서 밝혀진 바에 의하면, 대부분의 백화점들은 문화센터에 대해 "똔똔만 내면 된다."는 생각을 갖고 있다. 이 말은 백화점에서 제공한 시설을 이용하여 운영에 필요한 최소한의 비용은 수강료로 해결하여 수입과 지출을 결산했을 때 상쇄될 정도면 수용할 수 있다는 의미이다.

<표 6> 사랑백화점 문화센터 직원들

| 직급 및 인원수 | 성별 및 나이 | 문화센터에서 역할 |
|---|---|---|
| 대리 1명 | 30대 중반 남자 | 문화센터의 행정적 총관리<br>회계 지출에 대한 감독<br>백화점의 지시사항 전달 |
| 여직원 1명 | 20대 초반 여자 | 수강료 수합 및 회계관리<br>각종 서류 정리<br>각종 홍보물 발송 |
| 안내 데스크<br>여직원 2명 | 20대 초반 여자 | 안내 데스크 상담<br>강좌 수강 접수<br>불만 사항 접수 |
| 아르바이트<br>학생 2명 | 10대 후반, 20대 초반 남학생 | 각종 기물 운반<br>수업에 필요한 기자재 운반 및 설치<br>유아 휴게실 근무 |
| 유아 휴게실<br>교사 1명 | 30대 후반 여자 | 유아 휴게실 운영<br>엄마의 수강시간 동안 아이 돌봄 |

사랑백화점의 경우도 최소한의 인원으로 문화센터를 유지하게 하는 대표적인 곳이다.

사랑백화점은 2000년 여름학기 356강좌에 4,500명의 회원이 5,000 강좌를 신청하였고 총 강사 수는 120명이다. 이 규모의 문화센터 운영에 활용할 수 있는 문화센터 직원은 평생교육사를 포함하여 총 8명이다. 그중에서 임시직 아르바이트 학생을 제외하면 실제로 6명이다. 6명의 인원이 5,000명이 참석하는 수업을 관리해야 하는 상황이다. 물론 단순한 수치로 관리의 질을 논하는 것은 문제가 있지만, 일단 관리가 용이한 체제라고 보기는 힘들다.

백화점 문화센터의 교육내용을 실질적으로 관장하는 평생교육사의 자질 문제는 무척 중요하다. 보통 문화센터에는 평생교육을 전공한 담당자가 한 명 배치되도록 되어 있다. 그러나 실제적으로 문화센터에서 근무하는 모든 직원들은 자신이 일하는 곳을 문화센터라기보다는 백화점으로 인식한다. 평생교육사를 제외한 일반 직원들의 경우, 백화점의 타 부서와 순환근무를 하게 되어 있어서 이곳을 일시적으로 거쳐 가는 곳으로 인식하고 있다.

그 결과 사랑백화점 문화센터의 경우 직원들 가운데 평생교육에 대한 시각과 책무를 가진 사람은 평생교육사 외에는 찾아보기 힘들다. 안내 데스크를 예로 들면 실제로 교육내용을 담당하는 평생교육사보다 데스크 직원들에게 수강생들은 강좌와 관련된 많은 질문을 한다. 이때 이들이 평생교육에 대한 기본적인 이해를 하는 경우와 그렇지 못한 경우 질문에 대한 답변의 방향이 상당히 달라질 수 있다. 백화점 문화센터의 경우 평생교육사 외에도 문화센터에서 근무하는 전체 직원을 대상으로 평생교육에 대한 기본 연수 프로그램이 필요함을 알 수 있었다.

# 2.
# 강 사

백화점 문화센터에서 강좌를 구성하는 것은 담당자인 평생교육사의 역할이지만, 실제로 수업에 들어가서 회원들과 상호작용하면서 수업의 내용적인 면을 책임지는 사람은 강사들이다.

## 1) 강사 채용 방식

문화센터 측에서도 강사의 중요성을 알고 강사를 채용할 때 "기본적으로 학력 외에도 전문성, 끼, 융통성 등 문화센터에 맞는 강사"를 채용하기 위한 노력을 기울인다. 문화센터에 출강하는 강사들은 기본적으로 대졸 학력 소지자가 가장 많으며 대학원 졸의 학력을 갖춘 강사들도 있다. 예외적으로 스포츠 강좌의 경우 전문대 졸의 학력을 가졌으나 전문성을 갖추고 있어 채용된 경우도 있다. 문화센터 담당자는 "문화센터 강사는 학력이 중요한 것이 아니라, 문화센터 수업을 얼마나 잘 이끌어 갈 수 있느냐." 하는 것이 중요하다고 밝혔다.

〈4〉

연구자: 수강생들이 선호하는 강사는 대체로 어떤 사람이죠?

최명지: 설문조사 결과 주부들이 강사로 학력이 좋은 대학교수를 선호하는 것은 아니었습니다. 오히려 자기와 같이 주부이면서 해당 분야의 전문가를 선호해요. 주부들이 100% 학습 때문에 오는 것이 아니기 때문에 학습자를 잘 다루고 수업을 이끌어 나가는 인기 있는 사람이 좋아요.

문화센터 측에서는 문화센터에 적합한 강사를 채용하기 위해 다양한 통로를 통해 강사를 채용하는 방식을 택한다. 이것을 정리하면 문화센터의 강사 채용 방식은 크게 <표 7>과 같이 네 가지로 나누어 볼 수 있다.

문화센터에서 강사를 채용하는 가장 기본적인 방식은 '공채'이다. 과거에는 직접 이력서와 수업계획서, 예능 강좌의 경우 포트폴리오 사진까지 제출하였다. 최근에는 인터넷을 이용하여 각 백화점 홈페이지의 강사 구인란에 강좌의 수업계획서와 각종 자료들을 올려놓으면 문화센터 측에서 검토하여 가부 여부를 답변해 주는 방식도 일반적이다. 이런 채용방식은 모든 사람들에게 기회를 제공한다는 형평성 외에 다양한 강좌를 개발할 수 있다는 이점이 있지만, 강사의 자질에 대한 사전 검증을 할 수 없어서 나중에 수강생들에 의한 불만 사례로 접수되기도 한다.

〈표 7〉 문화센터 강사 채용 방식

| 채용방식 | 해당 강좌 | 장점 | 단점 |
|---|---|---|---|
| 위촉 | 예능(무용, 미술, 음악), 유명 연예인이나 강사의 특강 | 지명도가 높은 사람을 선점할 수 있음 | 일반 강사들에 비해 강사료가 높음 |
| 공채 | 예능 강좌 이외의 일반적인 대부분의 강좌들 | 인터넷, 우편접수를 통해 다양한 강좌개발이 가능함 | 수업계획서로만 강사의 자질을 평가해야 함 |
| 추천 | 예능 관련 강좌들, 일반 강좌들 | 기본적인 자질에 대한 간접적인 검증을 거친 상태임 | 회원들로부터 좋은 평가를 받지 못한 경우 폐강을 쉽게 처리하지 못함 |
| 파견 | 학습지 회사나 연구소 관련 유아 및 어린이 교육 강좌 | 본사에서 파견 관리하므로 문화센터에서 관리에 덜 신경 써도 됨 | 상업적 목적이 앞서서 값비싼 교재나 교구의 강매 행위로 인한 회원들의 불만이 있음 |

　　문화센터의 강좌 중 음악, 미술, 춤, 요리 등과 같이 전문가가 필요한 경우, "지명도가 있는 사람을 수소문하여 모셔오는" 채용 방식을 '위촉'이라고 한다. 이 과정에서 타 문화센터에서 강의하는 유명강사를 더 유리한 조건을 제시하여 스카우트하는 경우도 있다. 위촉의 형식으로 강사를 채용하는 경우 일반 공채 방식으로 채용하는 강사들보다 임금 책정 방식[28]에서 강사에게 유리한 방식을 택한다. 일반적으로 비율제의 경우, 문화센터와 강사 간 5:5의 비율을 적용하는 데반해, 4:6이나 그 이상의 비율도 상황에 맞게 적용한다. 소망백화점의경우, 가야금반을 운영할 때 강사에게 처음부터 정액제로 계약을 해서 기본적인 임금을 보장하는 방식도 택하였다. 이 모든 노력은 수준있는 좋은 강사를 모셔오기 위해서이다.

---

28) 강사비는 IMF를 계기로 정액제에서 정률제로 바뀌었다. 현재 문화센터와 강사간 5:5의 분할이 보편적이나 강사의 지명도에 따라 비율이 변하기도 한다. 또 강좌의 특성상, 처음 계획단계부터 정액제로 시작하는 사례도 있다. 예를 들면, 소망문화센터의 '가야금반'이나 '주부발레반'의 경우 문화센터 측에서 강사비 보조를 예정하고 강사를 초빙했다.

문화센터 관련 직원이나 현재 출강하고 있는 강사들의 '추천'으로 이루어지는 채용도 간혹 찾아볼 수 있다. 특히 예체능 관련 강좌의 경우, 대학 동기나 선후배를 추천할 수 있기 때문에 문화센터 측에서 강사들에게 추천해 줄 것을 먼저 의뢰하는 경우도 있다. 이런 채용방식은 간접적으로나마 강사의 자질에 대한 검증을 거쳤다는 점에서 일차적으로 문화센터 측에서 안심하고 강좌를 맡길 수 있다. 그러나 간혹 회원들의 평이 좋지 않아 다음 학기 재접수율이 낮은 경우 쉽게 폐강을 결정할 수 없는 문제점이 있다. 특히 문화센터 강사 경력이 없는 강사의 경우, 문화센터에 오는 수강생들의 특성을 파악하지 못해 발생하는 문제들로 회원들의 불만을 사기도 한다.

　　끝으로 학습지 회사나 연구소에서 유아나 어린이 관련 프로그램에 강사를 직접 '파견'한 경우이다. 이 경우 이 강사는 문화센터에서 고용한 것이 아니라, 회사에서 채용하고 교육시켜서 파견근무를 시키는 것이다. 그런데 특정 유아교육프로그램의 경우, 대부분 수업 진행에 필요한 교구와 교재 판매가 주된 수입처가 되므로 이것의 구입을 문화센터 수업을 듣는 학부모들에게 강하게 요구하여 회원들의 불만을 사기도 한다. 이 요구가 과한 경우, 소비자 불만 센터나 문화센터 사무실에 고발하는 경우도 있다. 문화센터 측에서는 사건의 경중을 따져 심한 경우, 강좌를 폐쇄시키기도 한다. 이런 사례는 백화점 문화센터 내에서 "유아교육 프로그램이 과도화되면서 문화센터가 학원화하는 것으로 피해야 할 상황"이라고 프로방스 문화센터 담당자는 평가하였다.

## 2) "좋은 강사"의 기준

수강생들은 문화센터 수강을 결정할 때 기본적으로 어떤 백화점인가를 따진다. 이때 "어떤 백화점이 '좋은 강사'를 많이 유치한다더라." 하는 주변의 평가는 매우 중요한 기준이 된다. 백화점 문화센터를 결정한 후 특정 강좌 수강을 결정할 때 강사의 '지명도'를 가장 중시한다. 문화센터에서 학생들의 수업 만족도는 상당부분 강사의 자질에 의해 결정되기 때문이다. 동일 문화센터, 동일 거주지 내에서 "회원들의 '입소문'과 '정보'는 한 강좌의 폐강 여부를 결정할 만큼 힘을 가진다."고 문화센터 담당자는 밝힌다. 요리강좌에서는 강사의 경력과 근무지를, 미술반에서는 강사의 출신 학교와 출강하는 학교, 공모전 수상 여부 등을 지명도의 근거로 삼는다.

사랑백화점에서 요리교실[29]을 운영하는 원장은 강의 첫날 "강사선생님 어디서 오셨는지 아시죠?" 하면서 신라호텔 요리사를 강사로 모신 점을 무척 과시했다. 특강을 맡은 이태리 요리 강사 역시 인터컨티넨탈 호텔 요리사였다. 유명 호텔출신의 강사 유치에 성공한 요리교실 원장은 "요리교실이 여기 백화점 문화센터의 자랑"이라는 표현까지 사용하였다.

사랑문화센터 담당자 역시 이곳 미술반 강사들이 한결같이 어느 문화센터의 강사진과 비교해도 뒤지지 않는 쟁쟁한 분들로 모셨다면서 무척 만족해했다. 문화센터 설립 초기에 근무했던 담당자가 아는

---

29) 사랑백화점 문화센터는 요리교실 부문을 따로 떼어 동양매직에 위탁경영하고 있어서 "동양매직 요리교실"이라는 독자성을 갖는다. 따라서 수강료 7만 원은 문화센터로, 재료비 11만 원은 요리교실 측에 접수한다. 재료비와 강사비 지출은 요리교실에서 담당한다.

사람들의 소개로 훌륭하신 분들을 모신 것이 계기가 되어 오늘까지 오게 된 것이라고 했다. 미술반 학생들은 평판 좋은 강사가 문화센터에 출강해서 학생들을 지도하는 것 자체를 봉사로 보기도 한다. "자기 그림 그리시면서 봉사활동 차원에서 문화센터에 나오는 것이지, 경제적으로는 크게 도움이 되지 않는다."고 본다. 그래서 명절이나 종강 때 작은 선물로 감사하는 마음을 표하기도 한다.

수강생들이 말하는 "좋은 강사"와 그렇지 못한 강사인 "별로인 강사"의 구분은 명백하다. 수강생들은 강사들을 지칭할 때, 존경할 만한 강사에게는 "선생님"이라는 호칭을 사용하고, 그렇지 못한 강사는 그냥 "강사"라고 부르는 것을 볼 수 있다. "항상 노력하고 학생들에게 무엇인가를 열심히 담아주고 싶어하는 사람으로 수업 준비를 항상 철저히 하는 사람"은 "좋은 강사"의 특징이다. 반면, "경력이 너무 많아서 노련하고 학생들 일에 쓸데없이 깊이 관여하는 사람, 그냥 와서 그때그때 수업하고 시간 때우려는 사람"은 수강생들에 의해 문화센터에 불만 사항으로 접수된다. 문화센터에 접수되는 강사와 관련된 불만사항에 대해 사랑문화센터 담당자 최명지는 다음과 같이 밝히고 있다.

〈5〉
연구자: 수강생들이 제기하는 강사 관련 불만은 어떤 종류의 문제인가요?

최명지: 강사의 지각이나 휴강과 같은 수업 관련 문제제기 외에도 강사의 학력이나 경력, 실력에 대한 의심부터 인격 문제도 제기해요. 또 수업 중간의 티타임을 없애달라는 요구까지 있어요. 특히 아동 강좌의 경우, 학생들이 어리다 보니 강

사의 자질 시비가 더욱 자주 발생해요. 아동 강좌는 부모에게까지 돌아서 민원이 들어오니까 시간이 좀 걸리죠.

중국요리 강사는 요리사를 전문직으로 인식하고 있으며, 중국에서 개최한 각종 요리대회에서 수상 경력도 화려하다. 자신의 홈페이지의 올라온 질문에 대해서 무척 성실하게 답변해 주는 것을 볼 수 있었다. 이 중국요리 강사에 대한 수강생들의 반응은 무척 좋았다. "성실하고, 요리에 대한 전문성도 있고, 감각도 있다."는 평이 많았다. 문화센터 강의 경력도 있어서 수강생들의 요구에 맞게 강의를 구성하는 능력도 갖추고 있었다.

중국요리 강사가 회사에서 실시하는 교육에 참석하느라 대체 강사가 와서 수업을 한 적이 있었다. 비록 대학에 출강하고 유명 호텔에 근무한다는 객관적 조건에도 불구하고 나이가 어리고 강의경험이 부족해서 원래 강사와 많이 비교가 되었다. 그때 학생들이 강사의 권위를 인정하지 않았기 때문에 강사가 설명하는 동안에 자기들끼리 질문을 주고받고 하면서 떠들기까지 했다. 그전 강사 시간에는 전혀 상상할 수 없는 일이었다. 문화센터 강사의 전문성은 오랜 경험과 학생들에 대한 이해와 그에 기반한 뛰어난 강의경력에서 나오는 것이다.

중국요리 강사는 문화센터 강사로서의 보람을 '용돈 번다'는 경제적 이익[30] 외에, 가르치면서 새로운 배움의 기회를 얻는다는 점, 자신의 영역인 중국요리를 보급하면서 그 고급화를 꾀하는 기회가 된다는 점에서 찾고 있었다.

---

30) 보통 문화센터 강사들은 일주일에 한 번 세 시간 강의에 한 달에 30만 원 정도의 임금을 받는다. 물론 수강생의 인원이나 처음 계약 조건에 따라 개인별로 차이가 날 수 있다.

〈6〉

연구자: 문화센터 강사 생활은 어떠세요? 어떤 때 보람을 느끼시죠?

이경복: 문화센터 강사 생활은 재미있어요. 요리사라는 본업이 있
　　　　고 전문 강사가 아니니까 시간 맞추기가 어렵고 힘들어요.
　　　　주부들 시간에 맞추어야 하니까. 하지만 강의하는 게 재미
　　　　있어요. 사람 만나는 것도 좋고. 사람을 만난다는 것 자체
　　　　가 좋죠. 또 요리를 가르치면서 나도 배우니까. 같은 레시
　　　　피로 해도 각기 다른 맛이 나오거든요. 그럼, 왜 이럴까 연
　　　　구해 볼 필요가 있죠. 또 새로운 상식도 배울 수 있고, 가
　　　　르치기 위해서는 뭐라도 공부를 계속해야 하니까요.

미술반 강사는 '원칙적으로 데생이 어느 정도 되지 않으면 수채화
로 절대 넘어가지 않는' 원칙주의자이다. 문화센터 강사들은 자신의
소신을 갖고 자신의 주관대로 밀고 나가면서 학생들을 지도하는 부
류와 학생들의 기호에 맞추어 주는 부류가 있다. 후자의 경우, '문화
센터에 오는 주부들이 취미로 미술을 하는 것이고 전문적 기량이 없
는 아마추어이기 때문에 굳이 그렇게 강하게 원칙을 고수하지 않아
도 된다.'고 생각한다. 이런 강사들은 지도할 때에도 심하게 싫은 소
리를 하지 않고 적당한 선에서 말로 지도하고 직접 고쳐주고 넘어간
다. 그러나 '비록 아마추어이긴 하지만, 미술의 원칙을 가르쳐야 한
다.'고 생각하는 원칙주의적인 강사들은 학생들을 자신들의 코드에
맞추려고 한다. 그런데, 경우에 따라서는 학생들의 반발이 탈퇴로 이
어지기도 하지만, 학생들은 기본적으로 열심히 가르치는 강사[31]를
높이 평가한다.

강사들 입장에서는 "주 회원들이 말 많은 여자들이어서 까다롭고, 이런 회원들 입맛을 맞추는 일이 매우 힘든 고충"이라고 털어놓는다. 또 "매학기 똑같은 것을 가르치는 것도 지루하지만 학생들의 그림이 늘고 보람 있어 할 때 만족을 느낀다."고 밝혔다. 그러나 수강생들이 보는 강사의 기준이 있듯이, 강사들 역시 "꼴불견 수강생"에 대한 기준을 갖고 있었다.

〈7〉

연구자: 수강생들 중 마음에 들지 않는 행동을 하는 사람들도 있나요?

이홍수: 수강생 중 간혹 레슨을 집에서 해 달라거나, 수업 후 차를 마시자, 식사를 하자면서 개인적으로 접촉하려는 사람들도 부담스럽죠. 또 수업시간 중 강좌에 어울리지 않는 유난스런 복장을 하고 와서 자신이 쇼핑한 물건 자랑하고, 지극히 사적인 이야기를 공개적으로 하면서 수업 분위기를 해치는 경우도 볼 수 있어요. 그렇다 해도 너무 심하게 말하기 힘들고, 수강생들 내에서 서로 견제하는 분위기죠.

드문 경우이긴 하지만, 강사 스스로 문화센터 측의 요구에도 불구하고 자발적으로 강의를 철폐하는 경우도 있다. 결혼이나 이사, 직장과 같은 신상의 변화에 따른 자연스러운 사퇴 이외에 강사생활에 회의를 느껴 강의를 접는 경우도 있다. 서울 시내 4년제 대학 도예과에

---

31) 나의 석사 학위 논문 〈재수생들의 생활과 배움〉에서 대입 재수학원의 강사들은 학생 통제에 양극화된 입장을 취한다. 철저하게 '방임형'으로 흘러 수업시간 중 자거나 딴짓하는 학생들을 무시하거나, '응징형'으로 극심한 체벌을 가하면서까지 수업에 동참시키는 형태로 구분할 수 있다. 학생들은 비록 눈치 보고 매 맞는 것은 싫지만, 학생통제에 관심을 가진 강사들이 성의 있는 강사라고 생각한다.

출강하면서 소망문화센터에서 도예반을 지도하던 강사는 "가마로 작품을 실어 나르는 어려움과 회원들의 비위 맞추는 일이 너무 힘들어서" 문화센터 강사를 4년 만에 접었다.

좋은 선생에 대한 갈구는 제도권 교육현장에서나 비제도권(과외, 학원 등)에서나 모두 찾아볼 수 있다. 특히 성인학습자들이 주를 이루는 문화센터 강좌는 학습자들이 자율적 선택에 의해서 강사를 선택하고 강좌를 선택한다. 미술반의 경우 수업 출석에서부터 구체적 소재 선택, 구도 선택, 좌석, 과제수행 여부, 야외 스케치나 전시회 참여 여부 등 모든 결정권이 학생에게 있다. 학교에서 가장 강하게 학생을 통제하는 결석과 지각, 과제 등에 대한 강사의 실질적인 통제권이 없다. 이 문제는 결국 강사의 권한, 역할에 대한 논의로 이어진다.

이런 점에서 강사는 교육을 담당하는 역할을 맡고 있으면서도 가장 수동적[32]인 위치에 처할 수도 있다. 학습자가 성인이라는 점에서 교수자의 역할이 축소되는 측면이 있고 '수요자 부담의 원칙'이라는 문화센터의 비용산출 방식이 '교수의 왜소화'를 가져올 수 있다. 이면에 학습자의 권한 강화라는 긍정적인 측면이 있지만, 교사의 소극적 책무성으로 이어지면 교육의 질이 저하될 수 있다. 성인학습자의 자기주도적 학습이 주를 이룬다 해도 열심히 가르치는 강사의 수업은 확연히 차이가 나는 것을 학생들도 잘 알고 있다. 열심히 배우고자 하는 노력과 가르치고자 하는 노력이 합치될 때 '교수'와 '학습'으로 구성되는 교육이 더욱 힘을 받을 수 있다.

---

32) 미술반 강사 이홍수는 문화센터 강사가 강좌 구성에 관한 권한을 가지지 못한 것을 '교육과정을 조정할 수 없다.'고 표현하였다. 이 역시 문화센터 측의 안을 수동적으로 수용해야 하는 입장을 나타낸 것이다.

# 3.
# 수강생

문화센터 강좌 수강생은 대부분 전업주부들이다. 간혹 직장인이나 자영업 종사자도 강좌에 참여하고 있지만, 대부분의 강좌가 주간에 편성되어 있어 취업주부들의 참여는 제한적이다. 시내에 위치한 문화센터의 경우 직장인들의 비율이 상대적으로 높지만, 이 역시 주로 여성들이다. 백화점 문화센터 내부에는 여자 화장실만 있을 정도이다. 참여 관찰 기간 중 두 명의 남자 수강생을 볼 수 있었다. 그들이 들어가는 교실 강좌명을 살펴보니 '시창작 교실'이었다. 글쓰기 강좌의 경우 남자 회원들이 간혹 있지만 문화센터 주간 강좌에서 성인 남자를 찾기는 쉽지 않다.

요리교실과 미술반에 참여하면서 만난 제보자들의 학력, 재산, 주거지, 가족관계, 취업 여부, 삶의 지향, 문화센터 학습 경험에 대한 자세한 기술을 통해 중산층 전업주부들의 특징을 찾아보기로 하자.

## 1) 중산층 전업주부

윤수진은 서울여대 식품영양학과 83학번으로 초등학교 6학년 딸을 하나 두고 있다. 대학 진학을 앞두고 친정의 경제적 형편이 어려워서 엄마의 만류에도 불구하고 '근로장학생'[33]까지 하면서 스스로 학비를 조달하여 대학을 졸업했다. 졸업 후 결혼을 하느라 직장 생활을 오래 하지 않았고, 출산 후에는 육아 문제 때문에 줄곧 전업주부의 삶을 살았다. 그러나 기본적으로 자기계발의 욕구가 강하다. 무역회사에 다니는 남편을 따라 중국에서 살았던 3년 동안 학교를 다니면서 중국어 언어연수 코스를 마쳤다. 본인이 학교를 다니기 위해 주중에는 애는 기숙사에, 본인도 학교 기숙사에, 남편은 회사 옆에 각자 떨어져 살다 주말에만 모였다.

한국에 돌아와서 문화센터를 비롯한 기관에서 중국어 강사 자리를 알아보았지만, 구직에 성공하지 못했다. 자신의 학부 전공(식품영양학)과 일치하지 않아 전문성을 인정받지 못해 자리를 얻지 못한 것으로 스스로 평가하였다. 현재 한국에 화교나 조선족이 많이 들어와 있어 중국어 강사 공급이 넘치고 있어 자리가 쉽게 나지 않는다고 한다. 이때 꼭 덧붙이는 말이 "아줌마는 목숨 걸고 뭐 할 게 아니야. 그냥 여가선용하면서 재미있게 살면 되지. 공부는 젊었을 때 해야지." 하는 한탄조이다.

중국어를 열심히 공부하는 것이 현실에서 직업을 획득하는 데 별 도움이 되지 않음을 체험하고 나서도 윤수진은 중국어 공부를 계속해 나간다. 중국어를 사용하지 않으면 잊을 것 같아 목동 방송사 부설 문화센터 중국어반에 다닌다. 한편 애를 데리고 유학 갈 계획이 있어서 영어회화 수업도 들으면서 준비하는 열성을 보였다.

---

33) 근로장학생은 학생들이 학교 행정기관에서 일정 시간 근무를 하는 것을 원칙으로 제공되는 장학금으로 주로 가정형편이 어려운 학생들이 지원한다. 성적 우수 장학금과 달리 수혜자들이 공개적 장소에서 일하므로 수혜 사실이 알려지는 것을 매우 싫어한다.

대학 때 만난 남편과 연애결혼을 했으며 경기여자고등학교, 이화여자대학교 출신의 콧대 높은 시어머니에 대해서는 남에게는 자랑할 만하지만, 스스로는 힘들어 하였다. 게다가 시어머니가 '학벌 좋고 잘난 시누이'와 자기를 비교하는 것을 매우 싫어하고 자신의 자격지심도 있음을 인정하였다. 그러나 시어머니가 "CBS 영재수업에 들어갈 정도의 자신의 딸"을 시누이 딸과 비교하고 평가절하하는 점에 대해서는 매우 섭섭하게 생각한다. 현재 시부모님과 시누이는 모두 캐나다로 이민 가 있다. 방학마다 딸을 데리고 캐나다에 어학연수를 다녀오다가 애가 중학교 2학년이 되었을 때 캐나다로 조기 유학을 떠났다. 그녀는 조기유학에 대해 "가족 전체가 희생할 수 없으니까, 아빠만 희생하는 것"으로 해석했다. 몇 년 후 남편이 회사를 그만 두게 되면 캐나다로 전 가족이 이민 갈 생각도 하고 있다.

경제적 상황은 결혼 당시 시댁에서 사준 소형 아파트를 발판 삼아 현재 목동 3단지 35평 아파트에 살고 있다. 전형적인 목동 엄마들처럼, 아이 교육에 대해서는 투자를 아끼지 않지만, 그 이외 영역에서 상당히 검소한 생활을 한다. 중국에 주재원으로 파견 나가 있는 동안 높은 이자율에 힘입어 경제적 부를 축적하였다. 한국에 들어와서 염창동에 잠시 전세 살던 경험을 말할 때는 스스로 갖고 있는 계급의식[34]이 드러났다.

〈8〉

윤수진: 염창동과 목동은 부모들의 교육에 대한 관심이 비교 대상
　　　　이 될 수 없죠. 엄마들이 다 한가락씩 하니까 선생들도 열

---

34) '객관적 계급' 못지않게 스스로가 갖고 있는 '주관적 계급의식'도 사람들의 행위를 결정하는 데 중요하게 작용한다. 우리 사회의 '중산층 의식'은 주관적 계급의식의 측면에서 이해될 수 있다.

심히 할 수밖에 없다. 염창동은 32평 아파트 살아도 엄마가 일하러 나가야 하니까 애들 방치되고 숙제도 안 챙기니까 선생도 대강하지. 목동은 애들 사회수업 하는 것 보면 거의 대학생 보고서 쓰는 수준으로 선생들이 지도한다. 왜냐하면 엄마들이 애들 가방 뒤져 가지고 다 챙겨보고 아니다 싶으면 학교에 말하니까 선생들도 미리 잘하는 거지. 목동은 엄마들이 집에 많이 있으니까 오전 수업도 자주하고. 염창동은 그랬다가는 난리나지. 애들 밥 먹여 보내는 것이 학교 일인데. 엄마가 집에 없으니까.

진한 화장을 하지 않고, 크게 비싼 옷을 입지는 않아도 자신의 스타일을 멋스럽게 연출할 줄 아는 감각이 있다. 집안 인테리어 역시 매우 깔끔하고 독특하다. 5층 저층 아파트의 5층 천정 공사를 하여 일반주택의 분위기가 나며 집이 훨씬 넓어 보이는 효과가 있다. 본인이 직접 디자인한 샹들리에가 그 중앙에 늘어져 있다. 가구는 중국 현지에서 사온 중국 고풍 가구와 한국에서 산 것들이 조화를 이루고 있으며 아파트의 베란다를 확장하여 전망이 좋은 장점을 살렸다. 특히 거실에 TV를 두지 않고 방에 들여 놓은 점도 특이했다. '수천만 원 수리비 들이느니 45평으로 이사 갈 것'을 권유하는 사람들에게 "세 식구 살기에는 35평이 적당하고, 집만 커지면 청소가 다 내 일"이라고 답하는, 매우 현실적인 생각을 갖고 있다.

문화센터 수업은 요리교실이 처음이지만, 다른 곳에서 영어회화반, 중국어 회화반 등을 직접 수강한 경험이 있다. 운동을 하기 위해 체육관, 수영장을 이용하기보다 저녁 6시 이후 집안청소를 하는 방식으로 10kg을 감량할 만큼 자기 조절 능력을 가지고 있다. 요리강의를 통해서는 종국적으로 자신이 내고 싶은 홍콩식 딤섬35) 가게를 위한 기본 지식을 얻고자 한다. 남편도 반대하고, 결혼 후 육아 때문에 전업주부로 살았지만, 애가 자신을 자유롭게 해 줄 즈음에는 무엇인가를 하고자 하는 꿈을 꾸고 있다. "애와 함께 캐나다로 가더라도 자신은 계속 영어 공부를 해서 나중에 무엇인가를 할 수 있는 준비를 하겠다."는 생각이 강하다.

서정인은 서울 소재 4년제 대학 일문과 84학번이다. 출신학과는 언급하면서도 출신대학을 정확히 밝히지 않았다. 세화여고에 다니면서 강남 아파트촌 아이들과 비교하면서 상대적 빈곤을 느끼고 스스로 반항아의 길을 걸었다. 게다가 대학 재학 당시 아버지가 뇌출혈로 쓰러져 집안 형편이 무척 어려워졌다. 우수한 성적으로 대학을 졸업했음에도 불구하고 원하는 대학원 진학을 하지 못했다. 당시 고교 동창 중 '부모 잘 만나 지금 의사되고, 교수되고 전문직에 종사'하는 친구들을 보면서 여전히 그때의 감정을 비슷하게 경험한다.

대학 졸업 후 화장품회사의 마케팅 부서에서 근무하면서 장차 일본으로 유학 갈 생각을 하고 있었으나 직장 동료였던 현재 남편에게 붙잡혀 26세에 결혼을 하였다. 본인 말로도 "수저 하나만 가지고 시집을 왔으나, 당신의 아들에게 이 여자가 엄청난 복"이라는 스님의 말에 시어머니가 목동에 35평 아파트를 사주고 별 어려움 없이 살았다. 그러나 출산 후 육아 문제와 상사와의 불화를 계기로 과감히 사

---

35). '딤섬'은 중국말로 '점심'이라는 뜻이다. 딤섬은 만두보다 작게 생겼으며, 피 안에 고명으로 각종 생선, 고기 등을 넣은 중국식 빵이다.

표를 낸다. 이때 자신의 삶에 대한 깊은 성찰을 하게 된다. "회사는 나 없어도 너무 잘 돌아가고.", "정말 내가 내 인생에서 원하는 것이 무엇인가?"에 대한 깊은 상심을 하게 되었다.

남편 역시 서정인과 비슷한 시기에 회사를 그만두고 퇴직금으로 온가족이 유럽여행을 떠난다. 그 후 자신은 전업주부로 살고 남편은 대학가 앞에 커피전문점을 차렸다. 가게를 전적으로 책임지고 운영하는 것은 남편이고 잠깐씩 도와주는 정도의 일을 했다. IMF에 휘말려 장사가 어려움을 겪고 이때 자영업의 한계를 알게 되었다. 이후 돈을 벌기 위한 장사는 절대 하지 않겠다는 다짐을 스스로 했다. 2억 투자금 중 1억 5천을 손해보고 가게를 정리한 후 남편은 시아버지가 운영하는 중소기업 제약회사에 들어갔다. 이때 "내가 직장을 다닐 때에는 그렇지 않았는데, 이제는 남편의 수입이 가정의 수입이 되고, 남편의 지위가 가정에 영향을 미친다."는 것을 실감하고 남편의 사회적 지위에 대해 신경이 쓰이기 시작했다고 밝혔다.

결혼 후 목동 5단지에 살다가 잠시 시부모님을 모시고 함께 가양동에서 살았다. 목동 9단지 인근에 5층 상가를 신축하기 위해 목동 아파트를 처분했기 때문에 시부모님과 살림을 합쳤다. 가양동으로 이사한 후에도 모든 생활권은 목동이 중심이었다. 운전을 하고 주로 자가용으로 이동하였기 때문에 이사한 것이 별문제가 되지 않았다. 현재 3년 전 신축한 남편 소유 건물에 거주하고 있다.

문화센터에 다닌 경험은 상당히 풍부한 편이지만, 문화센터에 대해서는 '얕고 넓고 표면적'이라는 생각을 갖고 있다. 자기계발을 위해 수영, 피아노도 배웠다. 특히 피아노는 아들과 함께 집에서 레슨을 받았다. 가정주부가 피아노를 배우는 일은 흔하지 않다. 그 경위를 묻는 연구자에게 "이제는 무엇인가 써 먹을 사용가치가 있는 강좌뿐 아니라, 정말 내가 해 보고 싶었던 것들을 즐기는 선택을 하게 되어 기쁘다."고 답했다.

요리와 관련된 강좌는 '방배동 최 선생'[36] 제자가 하는 강좌, 농협의 현대가정요리, 사랑에서 꼬마요리사, 가정오븐요리, 중국요리, 이태리요리, 양식조리사반 강좌를 수강하였다. 비록 합격하지는 못했지만, 실제로 양식조리사 시험에 응시하기도 했다. 자신의 건물이 완성되면, 그곳에 맛있는 스파게티 집을 내고자 하는 소망을 갖고 있다. 그러나 돈을 벌기 위한 목적보다 '아주 자그마하고 정말 맛있는 음식점을 해 보고 싶다.'는 소망이 더 강하다. 이미 커피 전문점 운영을 통해 돈을 벌기 위한 장사의 어려움을 알았고 이제는 보람 있는 '일'로서 가게 운영을 희망한다. 그래서 요리교실 수업을 들으면서도 "요리에 대한 전반적인 느낌을 갖고 싶다."는 나름대로의 목표의식이 뚜렷하다.

일을 시작하는 시점은 애가 4학년이 되는 해로 설정해 놓고 있었다. 그쯤 되면 "애가 학교에서 오후 3시 넘어 집에 오고, 자신의 일을 스스로 할 줄 아는 능력이 생기기 때문"이다. <사례 9>와 <사례 10>은 교육받은 사람이 가진 '성장의 욕구'와 육아를 위해 '유예시킨 자아실현의 욕구' 사이에서 갈등하는 고학력 주부의 상황을 잘 설명하고 있다.

〈9〉

서정인: 어느 정도 교육받은 사람이면 자기만의 전공이 있고 그 영
　　　　역에서 제대로 일을 해 보고 싶다는 생각을 누구나 다 하

---

36) '방배동 최 선생'은 강남을 중심으로 가정에서 그룹별 요리 강습을 하는 유명한 요리강사이다.

잖아요. 그렇지만, 아직은 아니라는 생각을 해요. 왜냐면 나한테 가장 중요한 일은 아이 키우는 것이니까요. 왜냐면 내가 회사 그만두고 나와도 너무너무 회사가 잘 돌아가고 있고 아무 변화가 없더라구요. 내가 정말 사회적으로 기여할 위대한 인물이라면 아이를 좀 뒤로 놓고 나가서 일을 해야 되지만, 내가 사회 나가서 별로 공헌할 일도 없더라구요. 그러니까 내가 제일 잘할 수 있고, 해야 하는 일이 아이를 제대로 키워서 자기 구실을 할 수 있는 사람을, 올바른 인간을 만들어 놓은 다음에 나의 일을 가져도 충분히 사십부터 일해도 육십까지면 이십 년은 일할 수 있을 것이라는 생각이 들더라구요. 십 년만 나의 욕심을 접어두면 늦지 않은 것 같아요.

결국, 애가 4학년이 되는 2002년 인터넷 관련 일을 시작했다는 소식을 전해 들었고 연구자가 한국에 귀국한 후 일을 가진 모습으로 다시 만나게 되었다. 그러나 이 제보자 역시 육아를 위해 가정주부로 돌아온 자신의 선택에 대해 정당성을 부여하고 있으면서도 끝없이 갈등하는 모습도 동시에 표출하였다.

⟨10⟩
서정인: 나는 다시 돌아간다면 고등학생으로 돌아가서 공부 열심히 해서 서울대학교 가서 공부해서 서울대학교 교수 되고 싶다. 지금이라도 누군가가 내 길이 이거다 하고 가르쳐 주면 그냥 방황하지 않고 달려갈 수 있을 것 같은데.

이상의 진술에 기초해 볼 때 서정인과 윤수진은 먼저 자녀교육에 대해서 자신의 주관대로 실천하는 모습을 보인다. 즉, 자신의 아이들을 획일적으로 키우지 않는다. 학원 문제만 해도 보통 엄마들처럼 학원에서 학원으로 "뺑뺑이"[37]를 돌리지 않고, 자신의 자녀들에게 가장 적합한 방식의 영어공부 방식을 찾는다.

서정인은 아들의 영어공부를 위해 디즈니 만화 비디오를 어려서부터 계속 틀어주는 방식을 택하였고, 그 과정에서 자신도 영어 청취능력이 향상되었다고 한다. 윤수진은 중국에서 3년간 '국제학교'를 다닌 딸에게 외고 대비 학원에서 실시하는 매일 100개 단어 암기 테스트가 적절하지 않음을 알고 다른 방식을 취한다. 아이에게 영어뿐 아니라 제2외국어로 중국어 교습을 시킬 계획을 갖고 있다. 구체적으로 캐나다 대학에서 공부할 때 중국어를 전공으로 택하게 하는 장기적인 계획을 고려하고 있다. "이 아이들이 활동할 시대가 되면 국제사회에서 중국이 정치·경제적으로 엄청난 힘을 가지게 될 것이므로 그것을 대비해 주어야 한다."는 것이다. 이들은 자녀교육에 대해서 학교 시험 성공과 같은 단기간의 성과뿐 아니라, 장기적인 시점까지 고려하는 것을 볼 수 있다.

서정인은 자신의 아들을 대학은 미국 대학으로 유학 보낼 계획을 갖고 있다. 서정인의 아들 역시 윤수진의 딸과 같이 CBS 영재 스쿨 특별반에 다닐 만큼 영특하다. 목동 아파트에서는 이 영재 스쿨에 아이를 넣기 위해 과외시키는 집이 나올 정도로 이 프로그램은 인기가 있다. 서정인은 아들을 사립 초등학교에 보냈으며 6학년이 되자 1년간 미국으로 연수를 보냈다. 아이를 혼자 미국에 보내는 것을 반대하

---

37) 학교를 파한 후, 각종 학원에서 학원으로 애들을 돌리는 것을 엄마들은 이렇게 표현한다.

는 시부모님과 남편을 설득하여 자신의 수입으로 1년간 아이의 유학비를 지원하였다. 서정인의 아들은 무척이나 미국에 남고 싶어했으나 엄마가 단호하게 귀국을 서둘렀다. 가장 중요한 정체성을 형성하는 시기에 부모와 떨어져서 미국에 두기가 두렵다는 이유 때문이었다. 향후 한국에서 중학교 시기를 보내면서 특목고에 입학하면 졸업 후 미국으로 대학을 보낼 계획을 갖고 있다.

서정인과 윤수진은 "아이를 잘 키우는 것"을 전업주부인 자신의 가장 중요한 임무라고 생각하고 있다. 따라서 자기계발을 위해 문화센터 수업에 참석하는 과정에서도 아이에 대한 배려가 앞선다. 주부들이 문화센터 수업시간 중 선호하는 시간은 오전이다. 내가 참여한 요리교실에서도 "엄마들은 오전을 원했지만, 강사 선생님이 오전에 업장에서 빠져나올 수가 없어 수업을 오후로 잡았다."는 요리교실 원장의 설명이 있었다. 요리교실 수업에서 주부들이 항상 끝마무리를 매우 서두르는 경향을 보였다. 대부분의 이유가 '아이들을 챙겨야 한다.'는 것이다.

전업주부들의 시간 운영은 자녀들의 학교, 학원 시간표에 의해 조직되는 경향을 보인다. 전업주부들의 시간 개념은 동일한 성인 여성이라 해도 미혼여성이나 직장여성과는 차이를 보인다. 주부들은 '아이들 귀가시간이 곧 자신의 귀가시간'이라는 고유한 시간 개념을 갖고 있다. 다시 말해, 자녀들이 집에 오는 시간 전에는 자신의 볼 일을 마치고 아이들을 맞아야 된다는 생각을 하고 있다. 윤택림(1996) 역시 <도시 중산층 전업주부의 일상생활과 모성이데올로기>에 대한 연구에서 "자녀의 등하교 및 사교육 시간표가 주부들의 일상생활을 규제한다."는 점을 지적하고 있다.

부르디외는 알제리의 카빌 족에 대한 인류학적 연구에서 그들의 고유한 시간 개념을 찾아서 보여준다. 카빌 족의 경우에도 트로브리안드 족과 마찬가지로 그들의 생활, 계절적 주기와 결부된 농경생활과 가족생활이 밀접히 결부된 고유한 시간 개념이 부족의 삶 전체를 특징짓는 지배적인 리듬이라는 점을 밝히고 있다(이진경, 2002: 28). 우리나라 "중산층 전업주부"라는 부족은 '자녀의 시간표'라는 기준에 의해 자신의 생활을 조정하는 양상을 보인다. 이러한 주부들의 생활 주기가 백화점 문화센터 등록률과 출석률에 직접적으로 연결된다. 다음 표는 백화점 문화센터의 1년 4학기별 주부들의 등록률과 출석률에 대한 비교이다.

봄학기는 등록률과 출석률이 제일 높은 학기이며, 수업 끝으로 가도 결석이 심하지 않다. 여름학기는 "아이들 방학이 엄마 방학"이고 "애들 방학 때가 더 바쁘다."는 말처럼, 등록률도 낮고 출석률은 더욱 나쁘다. 여름휴가와 날씨도 결석을 부추기는 이유가 된다. 가을학기는 여름학기 낮은 출석 끝에 등록하는 학기라서 등록률이 상대적으로 봄학기보다 낮다. 그러나 출석률은 매우 좋다. 겨울학기는 여름학기의 실패를 거울삼아 낮은 등록률을 보이며 역시 애들 방학과 날씨로 인해 낮은 출석률을 보인다.

⟨표 8⟩ 문화센터 학기별 등록률과 출석률 용례( +높음; − 낮음)

| 학기 | 시기 | 등록률 | 출석률 |
|---|---|---|---|
| 봄학기 | 3, 4, 5월 | ++ | ++ |
| 여름학기 | 6, 7, 8월 | − | − − |
| 가을학기 | 9, 10, 11월 | + | ++ |
| 겨울학기 | 12, 1, 2월 | − | − |

## 2) 권주희의 교육생애사

문화센터 미술반에서 활동한 권주희의 교육생애사[38]는 전업주부가 자신의 일을 찾는 변화 계기를 잘 보여준다. "생애사는 구술자의 생활담을 면담, 기록자가 역사적 맥락 또는 문화적 맥락 속에서 재구성한 것이다. 그런데 같은 생활담이라도 학문분야에 따라서 다른 형태의 생애사로 구성될 수 있다. 예컨대, 역사학자는 구술자의 생활담을 역사적 맥락에서 구성할 것이며, 인류학자는 문화적 맥락에서 구성할 것이다. 따라서 생애사는 개인의 일생에 대한 사적 기록이 아닌 공적 기록이다. 교육생애사는 한 사람의 교육 생애에 대한 서술적 기술이다(조용환, 1999: 127)."

권주희의 교육생애사를 살펴보면 우리 사회 중산층 전업주부들이 대학 졸업 후 전업주부의 길을 걷다가 바깥세상으로 나와서 활동하는 모습을 볼 수 있다. 권주희가 가정에서 벗어나 대학 부설 평생교육원을 거쳐 백화점 문화센터 미술반에 정착하는 과정은 개인 '권주희'의 이야기이면서 동시에 대학부설 평생교육원, 백화점 문화센터를 찾는 우리 사회의 다른 '권주희들'을 볼 수 있게 해준다. 덴진(Denzin, 2003)의 용어를 빌면, 생애사는 한 개인의 '사적 이야기'(autobiographic stories)를 '공적 목소리'(public voice)로 표현하는 과정이다. 이것은 비록 한 개인의 이야기이지만, 그것의 진술이 문화적, 사회적 진공 상태에서 이루어진 것이 아니기 때문에 타인과의 공유를 가능하게 한다. 권주희의

---

38) '생애사 연구'는 한 주제에 대해 세부적이고 심도 있는 관찰을 추구하기 때문에 대부분의 연구에서 연구 대상자의 수가 적다. 어떤 연구의 경우 오지 한 연구대상지에 대한 심층적인 조사가 시도되기도 하는데, 이때 연구의 의도가 그 사람의 삶에 대한 해석적인 관점을 포착하는 것이기 때문에 '생애사 연구(life history)'라 불린다(신옥순, 1991).

인생의 각 전환 단계에서 그녀가 가장 이루고자 했던 일은 무엇인지, 다음 단계를 선택하게 된 계기는 무엇인지 살펴보는 과정에서 우리 사회 중산층 전업주부들의 삶의 양식을 유추해 볼 수 있을 것이다.

### (1) 대학시절

권주희는 이화여자대학교 식품영양학과 82학번이다. 고등학교는 당시 비평준화 지역인 대전여고를 졸업했다. 고교평준화 이전 학생 선발을 할 수 있었던 학교의 특성상 고등학교 동창 중 상당수가 의사나 교수로 전문직에 종사하고 있다. 고등학교 동창 모임에서 자신의 모습을 초라하게 느끼던 순간에 대해 권주희는 다음과 같이 표현했다.

〈11〉

권주희: 한번은 고등학교 동창 모임에 갔는데 의사인 친구가 나보고 너는 참 화려하게 살 줄 알았다고 말해 기분이 묘했어요. 친구 중에 숙명여자대학교 생물과 나온 얌전한 애가 있는데 그 애가 에어로빅을 취미로 하기 시작하더니, 체대에 가서 석사를 받고 지금 대학에 강의 나가기 시작했어요. 그 친구와 나를 비교하면 아주 우울하고 힘들어요.

대학진학은 성적에 맞추어 이화여대 식품영양학과에 진학했다. 대학 전공은 별로 마음에 들지 않았다. 다만, 좋아하는 미술반 서클에 가입하여 석사 마칠 때까지 열심히 활동했다. 고교 시절에도 미술에 취미가 있었지만, 그 당시 진학과 관련된 사회분위기는 '미대는 날라리들이나 간다.'고 생각해서 전공으로는 생각해 보지 않았다. 권주희는 대학진학 때 자신의 적성을 반영하지 못하고 '점수' 위주로 진학지도가 이루어졌던 고등학교 시절을 현재 전업주부로 살면서 만족하지 못하는 현실의 원인으로 밝혔다.

〈12〉

권주희: 고3 당시에는 몰랐어요. 대학 전공도 그냥 성적대로 가고, 내가 좋아하는 것을 전공했으면 달랐을 것 같아요. 선생님들이 학교와 학과를 정해주면 그대로 가고 그것이 문제였던 것 같아요. 결국은 거기에 문제가 있었던 것 같아요. 대학 전공이 싫어서 박사 공부도 쉽게 포기했던 것 같네요. 만약 내가 미술을 정말 대학에서 전공으로 했다면 내 인생이 달라졌을 것 같아요.

대학 졸업 후 바로 같은 학과 대학원에 진학했다. 달리 취직을 할 계획도 없고, 결혼도 당장 할 상황이 아니었다. 석사 마친 후 학비 대준다고 박사 계속하라는 부모님의 말도 계속 공부하라는 지도교수의 권유도 듣지 않았다. 그 당시에는 안식이 필요했다. 고등학교 시절부터 내내 타지로 떠돌다가 이제 평안한 가정에 정착하고 싶었다. 그래서 결혼을 그 도피처로 택하게 되었다. 그런데 당시에는 좋은 피난처가 되었던 결혼에 대해서 지금은 후회 어린 시선으로 보고 있다.

〈13〉

권주희: 내가 석사 졸업 후에도 학교에 직원으로 있었잖아요. 그러다 보니까 굉장히 지겨웠어요. 그래서 결혼하는 게 나에게

는 큰 휴식이었어요. 그리고 내가 집을 떠나서 유학을 한
상태였기 때문에 집이 굉장히 그리웠어요. 개인적인 문제
이지만, 초등학교 때부터 오랫동안 집을 떠나 있었기 때문
에 무척 힘들고 외로웠어요. 그래서 내가 정착할 곳이 좀
필요했어요. 그런데 왜 그때 내가 그런 생각을 했는지 요
즘 많이 후회를 해요. 그때 공부를 했든지, 내가 더 전문적
인 일을 할 수 있게 조금 더 직장을 다녔으면 좋았을 텐데.
제가 이런 욕심이 있어요. 만약 다시 그때로 돌아갈 수 있
다면 결혼이라는 것 선택하지 않을 것 같아요.

## (2) 전업주부

87년에 사업하는 지금의 남편과 결혼했다. 대학원 석사 졸업 후 영
양사로 근무하던 학교는 결혼과 동시에 그만두었다. 결혼과 동시에
큰애 출산과 양육, 둘째 아이 출산과 양육이 이어지는 시기에는 전업
주부의 삶에 별 불만이 없었다. 가정에서 아이 키우고 아이에게 좋은
교육 찾아 시키고 그것을 행복이라고 생각했었다. 그러나 애가 크고
나니까 그것에 만족할 수 없었고 결국 전업주부로서의 만족감은 오
래 가지 못했다.

"결국 전업주부는 남편만 바라보고 살아야 되는 처지이고 난 그런
것이 이제 참 싫다. 왜 내가 원하는 대로 내 삶을 사는 게 아니고 남
편에 의해서 내 지위가 왔다 갔다 해야 하는지 모르겠다."는 권주희
의 고백은 베티 프리단(B. Friedan, 1963)의 전업주부의 한계에 대한 지
적과 비슷한 의미를 갖는다. "여성은 자신의 남편과 아이들을 통해서
자신의 정체성을 찾을 수 없으며 더욱이 단조로운 가사노동의 일상

속에서 자기 자신을 찾을 수 없다." 이제 전업주부로, 엄마로, 아내로 살기보다는 자신에 대한 관심이 주가 된 것이다.

석사라는 학력을 가졌다는 사실은 권주희의 고민에 가중치를 부여했다. "나이를 먹으니까 즐기는 것만으로도 채워지지 않는다. 석사까지 공부했던 사람은 더 그렇다. 그래서 박사과정 진학도 생각해 보았다. 그나마 석사라도 해 놓았으니까 이런 생각을 할 수 있는 것이다." 일반 주부들의 평균 학력을 상회하는 학력을 가졌다는 점은 새로운 고민의 단초일 수 있다. 최근 박사학위를 가지고 전업주부로서 잘 살아보기 위해 노력한 체험서를 쓴 강신주(2003: 309)는 "전업주부 직책의 문제점은 단순히 수챗구멍을 벗 삼아 살고 돈을 못 버는 데서 오는 것이 아니라 그보다 더 은밀하게 진행되고 무서운 자긍심의 상실이라는 병"이라고 적고 있다.

권주희는 전업주부로 살지만, 보통 '아줌마'와는 다르게 살고자 하는 지향을 갖고 있다. "다른 주부들과 달리 남편과 애들 이야기를 해도 재미가 없고, 말할 때도 또박또박 논리적으로 말하고. 그래서 홍익대학교 교육원 다닐 때도 사람들이 예뻐하지 않았다. 너무 똑똑해 보이고 잘난 척하는 것 같아서."라고 말하는 것을 보아도 자신에 대해서는 이상적인 자아상을 가지고 있다. 때때로 이상적인 자신의 모습을 남의 평가를 빌려 언급하기도 했다.

〈14〉

권주희: 5년 전 점집에 갔을 때도 그렇고 34살에 홍익대학교 교육
        원에 미술을 배우러 갔을 때, 관상 보는 홍익대학교 교수
        님이 나보고 '저 사람은 그림 그릴 사람이 아냐. 연구할 사

람이야.' 하고 말씀하셨어요. 그분은 관상도 보고 불교를
믿는 운명론자였거든요. 그곳에 다닌 지 1년 쯤 지나니까
반장을 시켜 주셨어요. 앞에서 리드할 수 있는 힘이 있고
학벌도 있고 그러니까 공부할 사람이다 이렇게 말씀하셨
던 것 같아요. 그때만 시작했어도 지금 다 끝났겠죠.

자신의 삶의 지향이 계속 '밖'을 향하고 있었기 때문에 '평범하게
아줌마로 사는 것'에 만족하지 못했다. 그녀의 과거는 자신의 삶의
부분임에도 불구하고 지금 그녀의 시각으로 재단해 볼 때 별로 행복
하지 못했던 시간들로 기억하고 있다. 자신의 삶에 대해서조차 인간
은 시간의 흐름에 따라 다른 해석[39]을 내리고 있다.

〈15〉
권주희: 전업주부로 살았던 것에 대해서 후회해요. 내가 유독 그런
　　　　생각을 많이 해요. 도태되는 것 같아요. 내가 원하는 삶이
　　　　이런 게 아니었는데 싶고. 나는 좀 더 뭔가를 할 수 있을
　　　　것 같은데. 내가 왜 이렇게 살았을까 싶기도 하고. 그냥 주
　　　　부로 사는 거에 만족하지 못하고.

그 당시 둘째 아이 두 살 때 떼어놓고 나와서 자신의 일을 찾고자 하
는 열의를 보면, 그녀 역시 어린 아이를 문화센터 놀이방에 맡기고 짧은

---

39) 밴 매넌(V. Manen, 1990/1994: 57)의 용어로 설명하면, '체험이 시간적 구조'를 갖고 있어 나타난 현상
이다. 체험은 직접적인 현현에서는 결코 포착될 수 없고 지나간 현존으로서 단지 반성적으로만 포착할 수
있다. 이런 점에서 우리가 체험을 기억함으로써 체험을 반성적으로 모으며 그 과정에서 새로운 해석이 가
능하고 이것이 다양한 해석학적 의미들로 축적될 수 있다.

시간이라도 수업에 참여하는 주부들과 같은 심정이었을 것이다. 그런 주부들을 바라보는 소망문화센터 미술반 반장 김희진의 평가이다.

〈16〉

김희진: 나도 여기 처음 와서 젊은 엄마들이 유아실에 애기 맡기고 여기 와서 수업 듣고 하는 것 보고 놀랐어요. 나는 그 나이에 감히 무엇을 배우러 다닌다는 생각을 전혀 못했어요. 그런데 아이를 둘씩이나 데리고 와서 힘들게 몇 번씩 불려 나가요. 놀이방 선생님이 와서 '애가 울음을 안 그친다, 애가 응가를 했다.'는 이유로. 보통 열의 가지고는 못 할 것 같아요. 대단한 것 같아요.

연구자: 왜 그 엄마들이 애를 둘씩이나 맡기면서까지 문화센터에 오는 거죠?

김희진: 너무 무의미한 생활을 하는 것 같다는 느낌을 많이 받은 것 같아요. 애를 키우다 보면 완전히 내 생활을 포기해야 하니까. 나도 그렇게 살고 싶지 않다. 나도 내 생활을 따로 찾으면서 애도 키우고 하겠다는 거죠. 한꺼번에 여러 가지 일을 하겠다는 욕심 많은 사람들인 것 같다. 장점도 있고, 단점도 있죠.

(3) 대학부설 미술교육원

둘째 아이를 유아원에 맡기고 결혼 7년 만에 세상으로 나선 곳이 바로 홍익대학교 부설 미술교육원[40]이었다. 대학 때부터 취미로 서클 활동을 하면서 그림을 그렸기 때문에 하고 싶은 일로 미술을 택하게 되었다. 당시에도 백화점 문화센터가 있었지만, 아주 활성화되지는 않았고 왠지 '장식성 있는 예쁜 그림'을 그리는 곳이라는 선입견이 있었다. 또, '미술 하면 홍익대학교'라는 이미지가 있어 1994년부터 1995년까지 2년간 홍익대학교 부설 미술교육원을 다녔다.

홍익대학교 미술교육원 다닐 때, 홍익대학교 조교로 활동하는 젊은 작가에게 개인 레슨을 받았다. 그림이 '구상'에서 '비구상'으로 옮겨가게 되면서 혼자 하기 어려워서 구체적인 방법을 배우기 위해서 시작하였다.[41] 그러나 한 달에 15만 원 하는 비용에 전시회 때 그림 구매와 같은 추가 비용 부담이 있어 6개월 만에 그만두었다. 평생교육원 다니는 사람들 중에는 그림을 전문적으로 하고자 하는 계획이 있으면 화실에서 직접 개인 레슨을 많이 받기도 한다.

<사례 17, 18>에서 권주희는 자신이 그림을 그리면서 많이 변화했으며 삶에 대한 자세도 변하였다고 고백하였다. 자기 인생에서 '그림'이 중요한 변화의 동기로 작용했다고 스스로가 인정하고 있다.

⟨17⟩

권주희: 나는 그림을 그리면서 내가 커진 것 같아요. 내 마음이, 내 틀이 많이 깨졌어요. 내가 많이 깨졌다고 생각하지만, 주위 사람들은 그렇게 생각하지 않아요. 그림을 그리면서 시야

---

40) 홍익대학교 부설 미술교육원은 1986년 개원하였고, 1994년 미술디자인 교육원으로 개명하였다. 1994년 강남교육원을 개원하였고 1998년 학점은행제 학과목을 개설하였다. 현재, 강북, 강남, 수원, 조치원 교육원 네 곳을 운영하고 있다.

41) 구상은 일반적으로 자연 풍경이나 인물, 정물을 본 그대로 그리는 사실화를 지칭한다. 구상화의 기본은 자연의 모방이며 현대 이후 형태의 변형과 주관적 색채의 그림도 포함시킨다. 비구상은 순수 추상과 동의어로 추상은 책이나 어떤 사건을 추출하거나 요약한다는 언어적 의미를 포함하기 때문에 추상이라는 말보다 화가들은 형상이 완전히 사라졌다는 의미의 비구상화라는 말을 즐겨 사용한다(미술교실넷의 미술용어 사전, www.iartedu.com).

가 좀 더 넓어지고, 그냥 안주하고 사는 삶이 편안한 삶이 아니더라구요. 내가 만족을 못하니까요.

〈18〉
권주희: 그림 하기를 참 잘했다고 생각해요. 그림은 내 인생을 풍부하게 해 줘요. 사람이 살면서 멋을 알고 산다는 것은 참 좋잖아요. 직업을 가진 사람은 스트레스를 받잖아요. 이만큼이라도 그림을 한 것이 다행이라고 생각해요. 나중에 내 그림 전시회도 하고 싶고. 같이 그림을 시작한 사람 중 전시회를 한 사람도 있거든요.

미술교육원에 다니면서는 홍익대학교 시절 그룹전을 인사동에서 크게 두 번 참여했고, 경원대학교 학생 시절 학교 안팎에서 각각 한 번씩 해서 총 네 번 참여했다. 그러나 그림 하는 사람들에게 그룹전은 의미가 없다. 열 번의 그룹전이 한 번의 개인전보다 못하기 때문이다. 개인전은 화가의 반열에 오른다는 의미를 갖고 있어서 일종의 '머리 올리는 의식'이다. 그러나 개인전을 하려면 돈이 많이 든다. <사례 18>에서 보이듯이 권주희도 언젠가 개인전을 해 보고 싶다는 소망을 갖고 그림을 모으고 있다. 대학 시절 그림부터 미술교육원과 문화센터에서 그린 자신의 그림들을 모두 보관하고 있다.

대학 부설 미술교육원에 오는 사람들 중 미술을 전공한 사람들도 상당수 있고, 비전공이라고 해도 문화센터나 화실에서 개인적으로 그림을 오래 한 사람들이다. 그리고 취미로 가볍게 하기보다는 보다 더 전문적이고 체계적으로 배우기를 원하는 사람들이 오는 경우가 많다.

그래서 1년 단위 수료가 마친 후에도 3년, 4년 계속 다니는 사람들을 위해 심화반 차원에서 '연구반'을 운영하기도 한다. 이 연구반에는 10년째 다니는 사람들도 있다. 아니면 미대 대학원에 진학하는 등 제도권으로 편입하기도 한다.

대학 부설 미술교육원은 소재 선별에서부터 배치까지 전문적인 조교가 담당하고 소재로 사용되는 정물도 모두 실물이다. 또 흔하지 않은 소재, 예를 들면 타이어나 옛날 물건과 같은 것들도 자주 올린다. 학기 마치기 전 마지막 두 주는 꼭 누드를 그린다. 조각상을 보고 그리거나 아니면 누드모델을 직접 불러서 보고 그린다. 사람의 인체에는 다른 곳에서 발견할 수 없는 특이하고 아름다운 선이 있어서 미술하는 사람들은 누드를 꼭 다룰 만한 소재로 인식한다. 미술교육원이 좀 더 전문적이라고 느낄 수 있는 것은 바로 미술을 하면서 중요한 것들을 구분할 수 있는 정보를 주고 직접 접할 수 있는 기회를 수업시간에 제공한다는 데 있다.

평생교육원에 오는 사람들의 학력은 주로 대졸이 많지만, 가끔 고졸자도 있다. 사실은 홍익대학교 미술교육원 하면 홍익대학교의 이미지 때문에 오는 것이다. 교육원에 오는 사람들 중에는 학력에 대한 콤플렉스 때문에 오는 사람들도 꽤 있다. 고등학교 때 대학은 가고 싶은데 형편상 못 갔던 사람들, 여러 가지 이유로 못 갔던 사람들이 나름대로 교육원이라는 곳을 통해서 그 욕구를 해소하고 싶어 한다. 그런데 실제로 고졸자들은 양극의 적응방식을 보인다. 사람들과 어울리고 수업에 적응하는 것을 많이 힘들어 하다가 결국 도태되는 사람들이 많다. 대졸자와 고졸자는 겉모습은 차이가 없지만, 대화를 하다 보면 옛날 대학 시절 이야기도 나오고 교육원도 문화가 대학문화이기 때문에 고졸자들에게는 쉽지 않은 요소들이 있다. 그러나 간혹 더 독하게 공부하고 살아남는 사람들도 있다. 이런 사람들은 돈이 많다거나, 현재 좋은 직장을 다니는 것같이 자신의 자존심을 지탱할 수 있는 무엇인가를 가지고 있어서 적응할 수 있다.

평생교육원이라는 것이 대학 측에서 보면 일종의 '이윤' 추구의 측면이 강하고 학생들은 학력지향에 이곳을 이용하기도 한다. 권주희는 각종 홍익대학교 부설 대학원[42]에 대해 다음과 같이 언급하였다.

〈19〉

권주희: 홍익대학교 미대는 홍익대학교 미대 출신이 가는 '본 대학
원'이 있고 거기에 떨어진 사람들이 가는 '일반대학원'[43]
이 따로 있다. 또 본 대학원이나 일반 대학원에 갈 실력이
안 되는 사람들이 가는 곳은 특수대학원 형식의 '미술대학
원'[44]이 있다. 그곳은 등록금이 6개월에 300만 원이다. 이
곳에는 "국전에 도전하기 위해 심사위원들 눈도장 찍으러
가는 경우"가 많다. 여기 평생교육원을 다니다 그런 대학
원으로 옮겨가는 사람들도 간혹 있다. 보다 더 전문적으로
그림을 배워서 화가의 길을 가고 싶은 경우 선택한다.

---

42) 홍익대학교 부설 미술 관련 대학원을 정리하면 다음과 같다. 먼저 홍익대학교 미대 학부에 연결된 일반 대학원이 있고 전문 대학원에는 '국제디자인 전문 대학원'을 운영한다. 특수대학원으로 산업미술 대학원과 미술대학원을 운영하고 평생교육원 수준의 미술디자인 교육원이 있다.

43) 이 경우 산업미술 대학원과 미술대학원 같은 특수대학원을 의미하는 것이다. 이들 대학원은 학사 이상만 지원 가능한 석사학위 수여 기관이라는 점에서 일반대학원과 유사하다.

44) 이 경우 특수대학원이 아닌 평생교육원 수준의 미술디자인 교육원을 의미한다. 입학 시 학력 제한이 없으며 순수 미술 분야는 1년, 공예나 디자인 분야는 6개월 강좌로 운영된다. 실제로 이 교육원 출신 중 미술 대학원이나 산업미술 대학원에 진학한 선례가 상당수 있다.

권주희는 자신이 홍익대학교 미술교육원 2년, 경원대학교 미술교
육원 2년, 화실 개인지도 6개월을 합쳐 총 4년 6개월 동안 평생교육
기관에서 교육을 받았음에도 불구하고, 현실에서 한계를 극명하게 보
았다. <사례 20>에서 보듯이 이 한계의 인식이 그녀로 하여금 전문
적으로 그림 하는 것을 포기, 아니면 중단하게 만들었다. 그와 더불어
오히려 그녀는 제도권 교육의 '힘과 횡포'를 보고, <사례 21>과 같
이 자신 역시 대학 전공을 살리는 쪽의 선택을 고려하게 된다.

〈20〉

권주희: 그런데 그림 가지고는 우리나라 현실에서 내 자아실현을
못하겠더라구요. 대학에서 미술 전공한 사람들의 텃세가
너무 심해요. 그림을 오래 했어도 취미로만 하기에는 한계
가 있어요. 내가 제대로 이만큼이나 했는데도 정당한 대우
를 받지 못하는 것이 제일 짜증나는 일이거든요. 그림을
오래 하면서 속속들이 비리를 알게 되니까 환멸이 생기죠.
순수해야 할 예술의 세계가 속은 썩었어요. 특히 공모전
같은 것. 국전 같은 데서 특선 먹으려면 오백만 원은 있어
야 한다는 소리가 공공연히 나돌 정도거든요. 그냥 주면
민망하니까, "그림 좀 봐 주세요." 하면서 레슨비, 사례비
로 주는 거지.

〈21〉

권주희: 그래서 오히려 내 전공을 살려야겠다는 생각을 했어요. 식
품영양학 전공을 살려 빵 만드는 것도 완벽하게 배우고 전

통음식 중 떡을 해보고 싶어요. 또 빵과 떡을 믹스시켜서 가게도 하나 내 보고 싶고. 좀 늦었지만, 자신감이 있어요. 생활 속에서 해 보았던 거라서 조금만 더 열심히 살면 될 것 같아요.

실제로 권주희는 미술교육원에 다니는 시기에 백화점 문화센터 제과제빵 강좌와 여성회관에서 실시하는 요리 강좌에 다니면서 요리를 배우고 실제로 한식 조리사 자격시험에 응시하기도 했다. 권주희는 학습욕구가 강한 학습자이다. 따라서 그녀가 배우는 것의 내용과 상관없이 무엇이든 열심히 해 보고자 하는 열의를 보인다. 그리고 무엇이든지 제대로 해 보고 싶다는 욕심을 갖고 있다. 그녀는 자신의 대학 전공이 식품영양학이라서 제과제빵을 배운 후 자신이 이 분야의 강사로 나서는 것도 염두에 두고 있었다. 다음은 그녀의 제과제빵 학습기이다.

〈22〉

권주희: 사랑백화점 요리교실 제과제빵반을 겨울학기에 신청했어요. 식빵 만드는 데 두 시간 동안 서서 반죽을 치대는 거예요. 그래서 '저렇게까지 해서 빵을 못 만들겠다.' 하고 포기했죠. 그런데 나는 무엇을 배워도 제대로 만드는 법을 배우고 싶어하거든요. 미지근하게가 아니고, 확실하게. 그래서 이번에 다시 동네에서 싸게 하는 여성회관에 등록을 했어요. 5개월짜리 코스로. 제대로 배워보고 싶어서. 비용은 한 달에 28만 원이고, 일주일에 두 번 수업해요. 수강료

할인도 사람 골라가며 해주고, 강사도 마음에 안 들고 그
래서 그냥 한 달만 다녔어요. 혹시 나중에라도 요리 가르
치게 될까봐 배워보려고 했는데 한 달만 다니고 말았죠.

권주희는 자신이 배운 미술이 결코 헛되지 않으며 앞으로 대학원
에서 전공과 조화를 이루어 테이블 세팅, 제과제빵과 우리 전통 떡의
조합 등 다양한 가능성을 탐색하고 있었다. 그리고 내가 그녀와 면담
할 당시에는 구내식당의 영양사로 가서 1년 동안 맡아서 하는 일과
대학 때 전공인 식품영양학으로 다시 박사과정에 입학하는 문제를
놓고 고민하고 있었다. 자신의 진로에 대해, 자신의 삶에 대해 끝없이
고민하고 있는 모습을 <사례 23>에서 찾아볼 수 있다.

〈23〉

권주희: 사실 석사를 마친 상태이고 부모님의 적극적인 권유와 후
원이 있어 공부하는 것도 생각해 보았죠. 대학 동창이 용
인대 교수인데, 그 애가 자기 학교에 박사 신설했으니까
들어오라고 하더라구요. 그런데 남편은 공부하는 것에 대
해서 반대해요. 그러나 이제 신경 쓰지 않아요. 내가 하고
싶으면 하는 거지. 남편은 사업하는 사람이라서 계산 위주
로 따지거든요. 남편에게 의존하지 말아야 해요. 나의 삶이
있어야 하구요. 남편에게 크게 의존하지 않으니까 내가 더
욱 꿋꿋하게 설 수 있는 것 같아요.

(4) 백화점 문화센터에 정착

권주희는 대학 부설 평생교육원에 4년을 다니면서 알게 된 미술계에 환멸을 느끼게 되었다. '순수한 예술의 세계'를 동경하던 밖에서 볼 때의 시각과 달리 내부인이 되어 각종 비리를 보고, 또 대학 비전공자로서 '영원히 변두리인'일 수밖에 없는 근본적인 한계를 느낀다. 평생교육원 소속 미술교육원 역시 대학의 테두리 안에 있고, 또 "욕망의 크기가 큰 사람들이 모인 곳"이라서 '등단'이나 '공모전' 같이 불필요한 스트레스를 받게 되는 경우가 많다. 미술을 취미로 하고자 하는 사람들에게는 공모전 입상과 같은 것은 별문제가 되지 않는다. 그런데 옆에서 계속 미술계에서의 공적인 인정을 추구하는 동료가 있다면 이것 역시 일종의 스트레스로 작용한다. 사랑백화점 미술반 강사 이홍수는 대학부설 평생교육원에 오는 사람들의 성향을 다음과 같이 묘사한다.

〈24〉

이 강사: 그림을 오래 해서 전문적 기량에 가까울 만큼 기량이 있긴 하지만, 그것이 전혀 사회적으로 인정받지 못하고, 두 번째 그것을 인정받고자 하는 욕구는 대단히 크지만, 그 통로는 작고. 그렇기 때문에 거기서 갈등이 꽤 있더라구요. 예를 들어 평생교육원 미술 클래스에 지속적으로 다니신 분들은 대개 인사동 화랑에서 전시회도 하고 해서 공식적으로 화단에 데뷔도 하고 공모전에 출품도 하고 그래요. 그런데 작품수준이라든가 혹은 사고방식이라든가 하는 것이 계속 현역에서 이미 해 왔던 사람들과는 아무

래도 차이가 난단 말이에요. 그런데 그 차이의 극복, 또는 콤플렉스를 작품을 통해서 정공법으로 뛰어넘는 게 아니라 좀 다른 방식, 예를 들면 사회적 권위가 있는 데 의탁을 한다거나 해서 해소를 하려고 하니까요.

권주희는 자신은 이미 혼자 힘으로 그림을 해 나갈 수 있는 기초적인 능력이 있기 때문에 문화센터에서도 그림을 할 수 있다고 판단했다. 문화센터는 상대적으로 값도 싸고 서비스도 좋아 주부로서 그림을 계속해 나가는 공간으로 적절하다는 것이다. 권주희는 "평생교육원의 한계, 한국 미술계의 한계에 부딪혀서 집에서 쉬다가 가벼운 마음으로 문화센터에 온 거."라고 문화센터를 찾은 계기를 설명했다.

그러나 문화센터에 대한 이미지나 선입관은 별로 긍정적이지 못했다. 문화센터에서 하는 그림은 '장식성 있는 예쁜 그림'이고 문화센터는 '전문적이지 못하고, 조직적이지 못하고, 그냥 임시응변적'이라는 생각이 강했다. 그러나 이제 자신이 스스로 그림을 해 나가는 것을 통제할 수 있는 수준이 되고, 비용과 시간을 고려할 때 훨씬 더 합리적이니까 백화점 문화센터를 선택한 것이다. 결국 자신의 필요에 부합하기 때문에 3년째 문화센터 미술반을 다니는 것을 <사례 25>와 같이 설명하고 있다.

〈25〉

권주희: 일단은 그림 그리는 시간만큼은 잡생각이 안 들고, 그 다음에 수채화는 굉장히 가벼운 거라서 특별히 머리 쓰는 것 아니고, 그냥 대상을 보고 단순히 재현하는 그 느낌이 좋

아요. 그날의 그 느낌대로 그림을 그리면서 거기에 몰입하게 되면 굉장히 기분이 상쾌하죠. 일주일 동안 다른 일 하다가도 요 분위기를 맛본다는 요 날이 참 좋아요. 집에서는 사실 붓을 잘 잡지 않으니까. 분위기가 되지 않아서. 문화센터에 나오면 그 분위기에 젖을 수 있고. 그 시간만큼은 그것에 집중할 수 있기 때문에 나오게 되는 것 같아요.

　권주희는 홍익대학교 미술교육원에서 2년간 반장 노릇을 했고 문화센터에서도 반장을 맡고 있다. 그 과정에서 지속적으로 미술반에 다니는 자신과는 달리 회원들이 자꾸 바뀌고 초보 회원들만 들어오다 보니 반의 수준이 올라가지 못하는 문제점이 있다고 지적했다. 이런 문제를 해결하고 회원들을 이 반에 지속적으로 붙잡기 위해 모임을 결성했다. 실력이 있는 사람들도 비슷한 수준의 사람들과 같이하는 것이 훨씬 실력 향상에 도움이 되기 때문이다. 모임에 자발적으로 참여한 사람들로부터 일정 회비를 걷어 회원 단합 차원에서 가끔 식사도 하고, 전시회 준비를 위해 비용도 모으는 방식을 택한다. 이 모임의 회원들이 모여서 나누는 대화의 주제는 그림을 더 잘 그리는 방법, 미술에 관한 전문적인 지식 등이다. 이 모임에 가입한 회원들은 강사가 이끄는 수업시간을 활용한 야외 스케치 외에도 자발적으로 공휴일을 이용하여 회원들끼리 야외 스케치를 가기도 한다. 이 모임은 사실 미술반 수업이 가진 학습공동체의 원리를 더욱 잘 보여주는 하위 모임이라고 할 수 있다. 자발적인 모임 결성과 운영, 활동 내용을 정하고 실천하는 것은 바로 학습동아리의 조건과 같다(이지혜, 2001).

　동일한 문화센터 강좌라 해도 요리교실에 오는 사람들과 미술반에 오는 사람들의 삶의 지향에는 큰 차이가 있음을 권주희는 자신의 경험을 들어 지적한다. "요리교실은 가족들을 위해서 온 측면이 강하지만, 그림 그리러 온 사람들은 마음이 허해서 나온 것이다. 요리와는 다르다. 그림 그리러 온 사람들은 마음에 구멍이 있다. 충족되지 않은 삶에 대해서. 예를 들면, 남편이 남의 빚보증을 섰다거나 불륜에 빠졌다거나 해서 심한 배신감을 느낀 후에 이곳을 찾는 사람들이 종종 있다."는 설명이다.

권주희의 경우, 대학평생교육원과 화실의 경험을 거쳐 이곳으로 왔지만, 간혹 사람들 중에 다른 코스를 밟는 사람들도 있다. 권주희와 같은 미술반에서 1년 정도 수업을 하던 사람은 문화센터에 만족을 하지 못하고, 대학교 3학년으로 편입을 했다. 그런데 권주희는 개인적으로 이 사람이 자신과 친했다면, 오히려 대학원 진학을 권유했을 것이라고 말한다. 물론 문화센터를 거쳐 종국에는 미대 대학원에 진학하는 경우도 있는데, 재미있는 것은 그 코스가 문화센터, 보다 더 체계적인 대학 부설 평생교육원, 화실, 그리고 공식적인 학제인 대학, 대학원으로 이어진다는 사실이다. 문화센터에서 미술을 하다가 열의가 있는 사람들은 대학 부설 미술원, 교육원 쪽으로 가는 사람도 있고 한 2~3년 문화센터에서 그림 하다가 그만 두는 사람도 있다.

〈26〉

권주희: 내가 친한 사람이 아니어서 조언을 못했는데 좀 친했으면 조언을 했을 것 같아요. 고등학교 나온 사람은 생각을 못하는데 전문대, 4년제 나온 사람은 대학으로의 편입도 생각을 하죠. 내가 그 사람과 좀 친했으면 대학원 가라고 권

했을 거예요. 대학 등록금에 조금 보태면 되고 오히려 대
학원 가기가 더 쉽거든요. 주부들은 시간적인 한계, 돈의
한계가 있어요. 나 아는 엄마 중에 목동에 사는 엄마는 문
화센터 나오고 화실 다니고 미대 교육원 다니고 하더니 경
원대학교 대학원에 갔어요. 이번에 졸업해요.

(5) '과외선생'

정식 면담을 하기 위한 약속을 정하기 위해 권주희에게 전화를 걸
었다. 그 전화 통화를 하던 중 본인이 먼저 자신감 있는 목소리로 자
신이 요즘 '일'을 하고 있다고 밝혔다. 내가 권주희에 대한 사전 정보
에 입각하여 박사과정이나 영양사 일을 시작했는가를 묻자 다음과
같이 답했다.

〈27〉

권주희: 박사 들어가는 것은 나이도 그렇고 해서 그냥 접었어요.
게다가 박사 실업자도 많은데, 여자박사들은 다 논다고 하
더라구요. 식당 영양사는 장소가 너무 멀어서 그냥 안 한
다고 했죠. 요즘 뭐 하고 있어요. 중학생 과외를 하고 있어
요. 동네 아줌마가 부탁을 해서 돈을 벌고 있어요. 내가 십
년만 젊었으면 소원이 없겠네요. 왜 그때 교수님들이 다
공부하라고 할 때 안 했는지 모르겠어요. 그때는 왜 그냥
접었는지 모르겠어요.

무엇을 한다고 할 때 중요한 것은 그 내용보다는 놀지 않고 무엇인

가 하고 있다는 형식적인 면이 더 중요하다. 전업주부들은 가정주부 본연의 임무만 하는 것으로는 자신이 무엇인가 하고 있다기보다는 '논다'고 생각한다. 거기에다 무엇인가를 더 할 때 이들은 놀지 않고 자신의 일을 한다는 생각을 한다. 권주희는 자신이 돈을 버는 일을 한다는 점에 자부심을 보였으며 본인이 스스로 중학생 과외 지도하는 일이 괜찮은 일이며 대학 강의를 해도 이만큼은 못 번다고 생각할 정도로 월 100만 원의 수입에 만족해한다.

그녀는 과외 교사의 의미를 세 가지로 보고 있다. 첫째, 이 나이에도 일을 할 수 있다는 것이 좋다. 옛날에 애들 어려서 잠깐 과외 했을 때는 무척 피곤하고 힘겨웠는데 지금은 다르다. 지금이 훨씬 진지하다. 둘째, 생활에 플러스가 된다. 내 생활에 심리적으로, 경제적으로 여유를 준다. 셋째, 내 능력을 확인받는 것 같아 좋다. 내가 몸을 움직여서 노동을 해서 그 대가를 지불받을 수 있다. 이 중에서도 특히 그림 그리는 일도 자신에게 무척 중요한 일이었지만, 돈을 버는 일을 한다는 측면에서 소비활동에서 생산활동으로 자신의 일의 성격이 바뀐 것을 기뻐하고 있다. 가족들의 반응 역시 고무적이다.

〈28〉

권주희: 애들은 엄마가 돈을 벌어온다는 것 자체를 좋아해요. 요즘 애들은 돈 없으면 못 살죠. 남편은 어깨가 좀 덜 무겁지 않을까 싶어요. 내가 그림 그리는 것, 내가 쓰는 것 전부 자기가 다 댄다는 것보다는 이제 그건 지가 알아서 하겠지 하는 생각은 있는 것 같아요. 최소한. 나도 남편에게 떳떳하구요. 옛날에는 남편이 나 그림 그리는 것 싫어할까봐

눈치도 보고 그랬거든요.

전화로 근황을 묻는 대화 중 "어떻게 살아야 될지. 이러다 포기할 때도 있고. 또 그러다 이러면 안 되지 싶기도 하고."라는 자조적인 말을 무심결에 내뱉을 만큼, 끝없이 자신의 존재를 찾기 위해 고민하고 갈등하는 모습을 권주희에게서 찾아볼 수 있다. 또 돈을 쓰는 활동과 달리 자신이 돈을 벌 수 있게 된 사실을 자랑스럽게 여기는 분위기를 발견할 수 있었다. 우리 사회에서 사람을 소개할 때, 이름과 함께 그 사람이 하는 일을 소개하는데 그 '일'이 보통 '직업'이다.

〈29〉
권주희: 취미로만 하기에는 그림이 어떤 한계가 있죠. 내가 제대로 이만큼 했는데도 정당한 대우도 못 받고. 사실 그게 제일 짜증나는 일이에요. 그러니까 소비적인 일만 하는 것도 사실은 만족이 안 돼요. 소비가 사람들에게 굉장히 만족을 준다 그러잖아요. 쇼핑하면 스트레스도 풀리고. 그런데 결국 그것이 아니더라구요. 결국은 제일 만족을 주는 것은 자기 일이 있을 때인 것 같아요. 그것을 나는 지금 알게 된 것 같아요.

권주희는 자신이 직접 버는 돈이 자신의 취미활동인 미술 하는 데 필요한 비용을 지원할 수 있는 상호보완적 성격을 가졌다는 점에서 더욱 만족해한다. 그러면서도 자신의 꿈이 그림을 잘하는 것, 전문적으로 해 보고 싶은 것이라는 것과 과외교습은 그것을 가능하게 해 주는 현실적 조건을 만드는 것이라고 양자의 관계를 보고 있다. 대학 부설 평생교육원을 떠나 올 때는 미술을 전문적으로 하고자 하는 비전공인들을 보면서 많은 문제와 한계를 느꼈지만, 본인 역시 그 욕망과 꿈을 완전히 접지 못했다. 권주희는 자기 소득의 절반 이상을 저축하고 있다. 그림을 제대로 해 보고 싶은 자신의 인생 목표를 대비하기 위해서다.

〈30〉

권주희: 내가 지금 다른 일을 하고 있으니까, 언젠가는 그림을 제대로 그리고 싶어요. 그런데 내가 지금 과외를 한다고 해서 그림을 쉬게 되면 갭이 생기잖아요. 그럼 감각이 끊어지거든요. 그런데 수채화를 하다 보면 그 감각은 나름대로 오래 가지고 있을 것 같아서 사실 가볍게 시작한 거예요. 뭐 수채화로 작품을 만들겠다는 생각보다는 내가 그 감각을 끊임없이 가지고 가기 위해 노력한다는 거죠. 그래서 나중에 내가 조금 더 일을 하다가 노후에는 그림을 그릴 거예요. 그리고 또 정말 그때 가능하면 사실은 전문적으로 그림도 배우고 싶어요. 학교에 다니면서. 미대 대학원에 가고 싶어요. 영어시험 보고, 포트폴리오 아니면 실기시험 보면 되거든요.

권주희는 면담 도중에도 직업의 필요성에 대해서, 돈의 필요성에 대해서 구체적으로 언급하기도 했다. 그러나 이런 자세는 과외교습을 하기 전 나와의 공적인 면담이나 사적인 대화에서는 전혀 등장하지 않았던 부분이다. 물론 남편이 생활비를 **빡빡**하게 주어 힘들다거나, 광명에서 목동으로 이사하는 옆집 엄마를 부러워하는 듯한 내용은 있어서, 경제적인 면에서 충분히 여유롭지 못함을 짐작했다. 그럼에도 불구하고 명시적으로 자신이 돈을 벌어야 하고, 직업이 있었으면 좋겠다는 식의 표현은 하지 않았다. 오히려 자신의 삶에 대한 회한과 후회를 약간 감추어 표현했던 부분들을 생산활동을 하게 되면서 자연스럽게 표출했다.

〈31〉

권주희: 내가 그림을 그리면서 또 오랫동안 가정생활을 하면서 정말 직업이란 게 있어야겠다고 생각했죠. 그리고 돈을 벌어야겠다는 생각도 했죠. 그게 우리나라에서는, 다른 나라도 마찬가지이지만, 나는 몰랐어요. 옛날에는 돈이라는 게 능력이라는 것을 몰랐어요. 왜냐하면 돈이 뭐 그렇게 필요한가. 일종의 객기일지도 모르겠지만, 돈이 뭐 그렇게 사람에게 필요한 건가 생각했는데 아니에요. 그림을 오래 그리는 사람들을 보아도 정말 필요한 것은 돈이에요. 그런데 가정주부로 그렇게 전문적으로 돈 투자하기가 쉽지 않아요. 내가 돈이 많거나 남편이 돈을 아주 많이 벌거나 하지 않으면. 아는 사람 중 그림 7~8년 했는데 개인전을 열기 전까지 쓴 비용이 2억 원이라고 하더라구요. 워낙 있는 사람이라서 최고급으로 쓰긴 했지만. 그림을 그리는 데 소비만 하는데 그 많은 돈을 쓴다는 것은 서민 가정주부에게는 억이라는 돈이 어마어마한 돈이잖아요. 그림이라는 게 끝이 없

는 거예요. 그래서 정말 내가 하고 싶은 일을 하기 위해서
도 돈이 필요하더라구요. 내가 스스로 일어서기 위해서도.

　권주희는 과외를 하기 전과 후에 그림에 대한 의미규정이 확연히
달라졌다. 과외교습을 하기 전 면담 자료를 보면 <사례 29>에서처럼
"그림을 취미"로 규정하거나 <사례 31>에서처럼 "그림을 소비"로
규정한 경우를 찾아보기 힘들다. 그럼에도 불구하고 자신이 비교하는
기준에 따라 <사례 29>에서처럼 '그림을 취미로만 하는 것'이라고
표현할 때는 그림을 직업화하지 못했다는 의미에서 '취미'인 것이다.
소비활동이라는 의미는 제반 경비가 많이 소요된다는 점에서 소비라
고 표현한 것이다. 그러나 다른 기준을 적용하면 예술은 창조활동이
라는 점에서 생산활동일 수 있다.

　권주희는 소득을 발생시키는 직업에 종사하는 것을 생산활동으로
규정한다. 과외교습 전 권주희에게 그림 그리는 일은 비록 돈을 버는
의미에서 생산 활동은 아니지만, 일상과 구분되는 가장 중요한 '일'로
자리매김하고 있었다. 그림 그리는 일은 권주희가 일상에서 벗어나
자신이 원하는 것을 하면서 자신의 존재를 확인시켜 줄 수 있는 그런
성격의 일이었다. 비록 돈을 버는 일이 아니라, 필요한 비용을 지불해
야 한다는 점에서 소비활동이라 해도 그 대가로 얻는 기량의 향상과
정신적 만족으로 인해 단순한 소비활동과는 구별되는 의미부여가 가
능한 활동이다. 그러던 중 과외교습이라는 새로운 생산활동을 시작한
후 그림에 대해 '취미', '소비활동'으로 표현했다. 그러나 이 진술은
권주희의 시각 자체가 달라졌다기보다는 가슴속 깊은 생각까지 보여
준 결과로 보인다.

비록 과외교습을 본인은 직업이라고 부르지 않지만, <사례 31>에서 '돈 버는 것이 곧 능력'이라는 사고방식을 무척 강조하고 있다. 과외교습은 소득의 발생을 가능하게 하는 생산활동으로, 그림은 소비활동으로 대비된다. 그렇다고 해서 그림 그리러 다니는 일을 멈추지 않는다. "돈이 없어 돈을 벌어야 되는 사태"도 권주희는 별로 희망하지 않기 때문에 과외교습 후 오히려 더 열심히 그림을 하면서 미술반 반장 노릇도 하고, 전시회 준비를 위한 모임도 새롭게 만들었다. 그리고 권주희가 돈을 버는 목표를 보면 그림에 대한 기본적인 사랑과 애착을 실현하는 방편으로서이다. 돈을 모으는 동기가 "아파트 평수 늘리기 위해서"가 아니라, "대학원에 진학하여 그림을 더 전문적으로 하기 위해서"였다. 결국 교육적 목표를 실현하기 위해 경제적 필요의 충족을 위해 노력한다는 점에서 권주희에게 그림은 단순한 취미나 소비활동 이상의 '목적'으로서 상위의 가치를 갖고 있다.

백화점 문화센터 수업
및 구성원리

이 장에서는 '중국요리 강좌'와 '수채화 강좌'를 통해 문화센터의 구체적 수업에 대한 분석을 시도하고자 한다.

먼저 요리 강좌는 문화센터의 다양한 강좌군 중에서 주부 회원들에게 가장 인기가 많은 강좌이다. 초기 문화센터에서 개설한 요리 강좌는 가정용 요리 위주에서 점차 제과제빵, 외국요리 강좌들로 이어졌다. 특히 가정용 오븐의 판촉 전략으로 보급시킨 오븐 요리를 이용한 제과제빵 요리가 인기를 끌었고 근자에 외국의 이국적 요리에 대한 사람들의 다양한 기호가 이태리요리, 중국요리 강좌 신설을 가져왔다. 문화센터에 주부들이 가장 먼저 발을 들여놓는 강좌군이 요리강좌이며 이 강좌를 통해 문화센터에 입문하는 수강생이 많다. 그렇기 때문에 백화점 문화센터 측에서도 새로운 강좌 개설이나 강사 초빙에 많은 노력을 기울여 회원들을 유입하고자 한다. 이런 점에서 요리교실은 백화점 문화센터를 대표하는 강좌로 인정할 수 있으며 이 연구에서도 주된 참여관찰 강좌로 선정하였다.

백화점 문화센터의 다양한 강의 군 중에서 주부들이 "하고는 싶지만 쉽게 접근하지 못하는" 종류의 강좌가 미술 분야이다. 특히 스텐실, 공예, 도예 같은 응용미술보다 수채화나 유화 같은 순수회화의 경우 더욱 그러하다. 그럼에도 불구하고 문화센터 강좌에 지속적으로 참여하면서 학습공동체의 지향을 가진 하나의 학습 동아리를 만들어 내는 것이 바로 미술반이다. 미술반은 요리교실과 달리, 한 기나 두 기 수료로 마치는 것이 아니라, 1년, 2년을 연속적으로 수강하면서 강사와 동료들과의 주1회의 면대면 접촉을 통해 강한 친화력을 쌓아 나간다. 그 과정에서 공동학습의 방법을 모색하고 '문화센터의 단편성'을 극복하는 대표적 강좌로 자리 잡는다.

이 장에서는 요리교실과 미술반 수업의 주요 장면을 살펴본 후 요리교실과 미술반을 종합하여 문화센터 수업의 구성원리를 살펴보고자 한다.

# 1.
# 요리교실: '중국요리'

    요리 강좌는 한 번의 수업으로 이루어진 '특강'과 한 달 코스의 '단기 수업'과 3개월 코스의 '장기 수업'으로 구분된다. 특강은 강사의 시연으로만 구성되고 회원들의 실습이 없는 경우 수강료가 저렴하여 젊은 사람들이 선호한다. 이에 비해 '중국요리'같이 3개월 코스의 수업은 실습을 포함하고 있어 다양한 요리들을 배울 수 있다.

    백화점 문화센터에서 이루어지는 장기 코스 요리교실 수업은 크게 세 영역으로 나눌 수 있다. 강사의 요리 시연과 함께 강의가 이루어지는 강의시간, 학생들이 직접 음식을 만드는 실습시간, 만든 음식을 먹고 평하는 시식시간으로 구성된다. 여기에 하나를 덧붙이자면, 가정에서의 실습도 요리교실 수업의 연장된 후속 활동으로 볼 수 있다.

    요리교실의 활동을 전체적으로 이해하기 위해 시간별 진행상황과 활동을 정리하면 <표 9>와 같다. 강의실 도착 후 학생들은 일단 겉옷을 벗어 옷걸이에 걸고, 옷걸이에 걸려 있는 앞치마를 하나 챙기고, 책상 위에 놓인 레시피를 한 장 챙겨서 자기 조 자리로 간다. 이때 자기가 앉을 의자를 들고 가야 한다. 조원들과 인사를 나눈 후 강의를 시작하기 전까지 안부를 묻는 등 가벼운 대화를 주고받는다. 정해진 시간에 강사의 강의가 시작되고 시연을 병행한다. 강의를 잘 듣고 강사의 요리를 가까이에서 보기 위해 조 편성과 무관하게 의자를 앞쪽으로 옮겨놓고 듣는 사람들도 있다.

강사의 강의가 끝나고 실습을 시작하기 전 모든 사람들은 앉았던 의자를 벽 쪽으로 쌓아 치워 실습을 할 때 움직일 수 있는 공간을 확보한다. 실습을 마친 후 시식 시간에는 다시 의자를 가지고 와서 자리에 앉아 차를 마시면서 요리교실 수업 중 가장 여유 있는 시간을 보내고 뒷정리를 한다. 각 활동 단계의 전환은 사안에 따라 개인별로, 조별로 이루어진다. 강사의 강의 후 조별 실습은 동시에 시작하지만, 조별 실습을 마치는 시간은 차이가 있어 시식 시간은 조별로 이루어진다. 뒷정리 역시 시식을 빨리 마친 조가 빨리 시작하고 이런 조는 귀가도 빠르다.

〈표 9〉 요리교실 시간대별 활동

| 활동 | 소요시간 | 학생 활동 | 강사 활동 |
|---|---|---|---|
| 도착 | 20분<br>(1:50~2:10) | 외투 벗기<br>앞치마 입기<br>레시피 챙기기<br>의자 가져다 앉기<br>싱크대 안에 가방 넣기<br>강사와 조원에게 인사하기<br>질문하기 | 인사하기<br>앞치마 입기<br>칠판에 요리이름 쓰기<br>결석생 챙기기<br>질문에 답하기 |
| 강의 | 40분<br>(2:10~2:45) | 강의 경청하기<br>필기하기<br>질문하기<br>(아이 돌보기) | 강의하기<br>요리 만들기<br>질문에 답하기 |

| | | 의자 치우기 | |
|---|---|---|---|
| 요리실습 | 30분<br>(2:45~3:15) | 앞치마 입기<br>음식 만들기<br>레시피 보기<br>질문하고 답하기<br>수다 떨기 | 돌아다니며 지도하기<br>고난도 일 도와주기<br>결석생 챙기기<br>질문에 답하기 |
| 시식 | 25분<br>(3:15~3:40) | 의자 다시 가져오기<br>커피나 음료수 마시기<br>우리 조 음식 먹고 평하기<br>다른 조 음식 먹고 평하기<br>강사가 만든 음식 맛보기<br>수다 떨기<br>휴대폰 걸기<br>질문하기 | 맛보며 평하기<br>질문에 답하기 |
| 설거지 | 10분<br>(3:40~3:50) | 남은 음식 버리기<br>남은 음식 싸기<br>그릇 씻기<br>행주 빨기<br>뒤풀이 약속잡기<br>질문하기 | 질문에 답하기<br>업장에 복귀하기 |

## 1) 강의

강의시간의 주된 활동은 강사의 요리 시연과 그에 대한 설명이 주
를 이루는 강의이다. 강사는 첫 시간에 "질문이 있어도 강의가 끝난
후 질문시간을 줄 테니 그 시간을 이용해 달라."고 부탁했다. 강사용
테이블 위에는 거울이 45도 각도로 달려 있어서 맨 뒷자리에 앉아서
도 테이블 위의 요리를 볼 수 있는 장치를 해 놓았다. 이 시간에는 배
포된 레시피를 중심으로 강의가 이루어지는데 간혹 레시피를 수정하
는 일도 발생한다. 노련한 강사들은 강의시간을 흐트러짐 없이 매끄
럽게 이어나간다. 다음은 중국요리 수업 첫 시간에 이루어진 중국요
리 강사 이경복의 첫 강의를 옮긴 것이다.

〈32〉

이 강사: 안녕하세요? 오늘 요리는 두 가지입니다. 탕수육과 유산
슬입니다. (칠판에 한문으로 써 놓은 탕수육과 유산슬을
중국말로도 읽어준다.) 그런데 중국요리는 많이 먹었어도
이름의 의미를 잘 모릅니다. 탕수육에서 탕은 설탕, 수는
식초입니다. 유산슬에서 유는 흐를 유, 산슬은 세 가지 재
료를 채로 썬다는 뜻입니다. 탕수우육은 소고기를 가지고
한 것입니다. 양고기를 가지고 할 수도 있습니다. 중국요
리는 앞이 조리법이고 뒤는 재료입니다. 먼저 소고기탕수
육을 만들어보겠습니다. 소고기탕수육에서는 고기가 주
재료이고 야채가 부재료입니다.

학생들은 강의 시간에 주로 '레시피'[45]에 보충필기를 해 가면서 열
심히 듣는다. 주부들은 강의를 들으면서 레시피에 오징어 칼집 내는
모양까지 그려 넣을 정도로 세심하게 필기를 한다. 처음 중국요리 강
좌를 수강하러 간 날 주부들이 필기구를 준비해 와서 자세한 설명사
항을 꼼꼼히 필기하고 강의를 잘 듣기 위해 앞자리로 옮겨 앉아서 수
업을 진지하게 듣는 것을 보고 무척이나 놀랐다.

요리책은 바로 이런 레시피를 잘 정리하여 편집한 것이다. 요리를
잘하는 사람은 요리책이나 레시피를 보고도 그 맛을 현실화시킬 수
있는 손맛을 지녔다. 동양매직 요리교실은 '그곳에서 나온 레시피로
빵을 만들었는데 잘되고 맛있었다.'는 품평에 힘입어 좋은 평가를 받

---

45) 이 '레시피'는 요리에 필요한 재료와 요리 순서가 기록된 종이이며 일명 '족보'로 통하기도 한다.

았다. 맛있는 요리를 결과물로 만들어낸 레시피는 인기를 얻고 주부들 사이에 급속하게 전파된다. "맛의 차이는 소금 약간, 설탕 약간에 의해 큰 차이를 가져오는 미세함이 있기 때문"에 레시피가 가진 힘은 지침으로서 얼마나 정확성을 가졌는가 하는 점이다.

이런 점에서 레시피는 일종의 요리용 '교과서'이다. 중국요리 교실에서는 강사가 레시피를 가져오면 이곳 직원이 다시 타이핑을 한다. 이 과정에서 탈자, 오자와 같은 사소한 실수에서부터 재료의 분량이나 종류도 재조정하는 작업을 거친다. 다른 지식과는 달리 현실 응용을 위한 요리는 장소와 시대에 따라, 또 먹는 사람들의 취향에 따라 다양한 변형이 가능한 '유연한 지식체계'를 가지고 있다.

강의가 끝남을 알리는 신호는 "질문 있으세요?" 하는 강사의 말이다. 이 말과 함께 그동안 묻어두었던 많은 질문들이 쏟아져 나온다. 강사는 자신의 수업의 맥을 끊지 않기 위해 질문은 모아두었다가 강의가 끝난 후 질문시간을 주면 그때 질문해 줄 것을 첫 시간에 부탁했다. 이미 강의시간에 나왔던 재료 활용법에서부터 주로 집에서 요리하게 될 때 용량이나 문제점에 대한 보완책 등도 많이 나오는 질문이다. 그리고 재료의 구체적인 상표 문의와 같이 아주 '시시하게' 보이는 것까지 질문의 대상이 된다. 다음 <사례 33>은 요리교실 강사와 수강생 사이에 있었던 작고 사소한 것까지 질문하는 수강생과 강사의 대화를 옮긴 것이다.


〈33〉
수강생: 유산슬에 고기는 어느 부위를 쓰나요?
이 강사: 등심이 무난하죠. 가격이나 용도 면에서 부담이 없어요.

수강생: 굴소스가 '팬더' 말고 '이글'도 있고 '특제'도 있던데요? 어
　　　느 것 쓰죠?
이 강사: 상품에 따라 어느 것은 더 짜고 덜 짜고 하던데요. 팬더
　　　많이 쓰죠.
수강생: 탕수육에 고기 말고 다른 재료는 없나요?
이 강사: 복어, 오징어, 표고버섯 다 사용할 수 있어요.
수강생: 복어는 집에서 손질하기 위험하지 않나요?
이 강사: 그럼 민어나 흰살 생선으로 대신해도 돼요.
수강생: 마른 해삼과 죽순은 어디서 구입하죠?
이 강사: 백화점에도 있고 북창동에 중국재료 구입상에 가면 많아요.
수강생: 마른 해삼은 얼마나 불려야 하죠?
이 강사: 2, 3일 정도. 하루 담그고 하루마다 물 바꿔주어야 해요.

　이 질문시간은 강의시간과 실습시간을 이어주는 하나의 교량 역할
을 한다. 질문이 끝나면 자연스럽게 "이제 실습으로 들어가겠습니
다."라는 전환멘트가 이어진다. 명백한 전환멘트를 사용하면서 한 단
계, 한 단계 활동을 매듭지어줄 수 있는 것도 노련한 강사의 특징이
다. 신참 강사의 경우 차이를 보인다. 요리교실 강사가 결강하여 하루
수업을 맡은 임시강사46)는 수업 도중 단계의 전환을 할 때 기존 강사
와 달리 전혀 전환용 멘트를 사용하지 않았다. 또 노련한 강사는 강
의 중 자투리 시간에 들려 줄 중국요리의 유래 등을 준비한다. 반면
임시강사는 "심심하시죠. 제가 노래 불러드릴까요."라는 식의 우발적

---

46) 강사의 역량에 따라 회원들의 호응이 달라진다. 중국요리 강사는 "처음부터 너무 어려운 요리를 하면 안
　　된다. 그럼 사람들 한두 번 나오다 만다."면서 신입회원들에 대한 배려가 필요함을 강조하였다.

제안을 한다. 이런 차이점은 결국 학생들의 호응에도 차이를 가져오고 수업의 질과 연결된다.

동양매직 요리교실의 경우, 외부강사를 초청하고 모든 요리강좌를 진행시키는 책임과 권한을 요리교실 측에서 갖고 있어서 강사 수업을 모니터링하는 것은 별문제가 되지 않는다. 특히 임시강사가 왔을 때, 원장은 강의시간 내내 자리를 뜨지 않고 뒤에 앉아서 지켜보고 시정할 점을 즉석에서 요구하였다. "목소리가 너무 작아요. 조금 더 크게 해 주세요."와 같은 구체적인 주문을 하기도 한다.

요리교실이 일상에서 벗어나 특별한 행사가 있는 날은 수업분위기가 무척 산만했다. 실제로 요리교실 수업에 EBS '정보광장'에서 촬영을 나온 날이 그러했다. 요리교실 원장은 수업 시작 전부터 "화장 좀 하시죠."라며 보여주기 위한 수업에 초점을 맞추었다. 강사도 계속 카메라가 돌아가고 방송국 직원들이 빈번히 출입하는 것이 거슬리는 듯 평소와 달리 매끄러운 강의를 이어나가지 못했다. 수강생인 주부들은 "얼굴 찍힐까 무서워서" 편하게 질문하고 싶은 것도 참아야 하고, 시식 시간에 편하게 수다 떨기도 힘들어서 불편해 했다. 다음 주에 또 촬영한다는 말에 다들 싫은 티를 냈다. 게다가 마지막 음식 담는 장면 모델이 된 우리 조는 리포터가 연속 NG를 내는 바람에 가장 늦게 끝났다. 이날 어수선한 분위기에 휩쓸려 회원들 중 옷걸이에 걸어놓은 코트를 바꿔 입고 간 사람이 있어서 요리교실 측에서 저녁에 회원들 집으로 개별적으로 전화를 하기도 했다.

문화센터 요리교실 강의에서 발견할 수 있는 몇 가지 특징이 있다. 먼저 모든 설명방식이 결과에 해당하는 행위를 당위적으로 표현한 후 그에 대한 이유를 밝히는 식이다. 예를 들면, 튀김할 때 꼭 채로 한 번 쳐주어야 한다. 왜냐하면 그래야 안의 물기가 빠져나와 안 타고 골고루 잘 튀겨진다는 식의 설명방식을 취한다. 결론을 명백하게 앞서 제시해 줌으로써 학생들에게 각인시키고자 하는 방식이다. 항상 원인과 결과를 연결지어 설명해 줌으로써 '왜'라는 학생들의 질문에 대한 답을 주고, 행동의 근거를 제공하는 설명방식이다.

둘째, 비교를 통한 설명을 주로 사용한다. 과거와 오늘날의 요리변화, 업장과 가정에서의 요리방식 비교, 지난 시간에 배운 요리와 오늘의 요리 비교가 그 예이다. 중국요리를 배우는 과정에서 요리 기법이 시대와 장소에 따라 변화하는 것은 특정 중국요리의 변화이면서 동시에 '요리' 전반의 변화이기도 하다. 강사는 강의 도중 요리가 시대와 장소에 따라 변하는 모습들과 지향점들을 사례별로 언급한다.

〈34〉

- 과거에는 겨자를 발효시켜 사용하던 것이 요즘 튜브에 들어 있는 간편한 것으로 바뀌었다.
- 깐풍기를 만들 때 요즘은 닭고기 뼈를 다 발라내고 크기도 옛날보다 작게 해서 한 입에 먹을 수 있도록 했다. 요즘 요리는 먹는 고객들 위주로 간편하게 바뀌고 있다.
- 센 불을 사용하는 업장에서는 소스 양을 적게 하지만, 가정에서는 조금 더 넣어야 한다.

셋째, '요리'를 가지고 '요리'를 설명하는 식이다. 새로운 요리를 설명할 때 그와 유사한 요리를 들어 그 차이점과 유사점을 밝힌다. 이런 식의 설명 방식은 지난 시간에 배운 요리를 상기시키는 효과가 있으며, 동일하거나 비슷한 재료를 가지고 다양한 요리로 응용할 수 있는 안목을 키워준다는 점에서 유용하다. 수업이 축적되어 배운 내용이 많을수록 요리와 요리의 비교가 가능하고 더 풍부한 예가 등장한다.

〈35〉

- 난젠완쯔와 소류완자는 재료가 동일한데 다만 완자 크기와 모양에 차이가 있을 뿐이다.
- 자장은 '튀긴 장'이라는 뜻으로 삼선자장, 해물자장, 간자장, 옛날자장 같이 자장의 종류가 많다. 실제로 삼선자장은 일반 자장과 큰 차이가 없고, 간자장은 소스를 같이 섞지 않는다는 것, 옛날자장은 된장을 섞는다는 차이가 있다.

넷째, 중요한 사항을 여러 번 반복해서 강조한다. 하루 강의 내에서 반복뿐 아니라 12회 강의 도중 반복도 여러 번 눈에 띈다. 특히, '저번에도 말씀드렸죠?' 하면서 중반 이후의 강의에서는 지난 시간에 배웠던 사실들의 확인 작업도 겸한다. 강사가 여러 번 반복하는 사항들은 단순히 중국요리에만 국한되는 것이 아니라, 모든 요리에 적용 가능한 일반화의 가능성이 높은 지식들이었다. 요리 전반에 이용 가능한 재료 손질법, 요리법 등과 연관된 기초적 사항의 반복은 '중국요리를 배우는 것이 곧 요리의 기본을 배우는 것'이라는 일반화의 도출로 연결된다.

강의시간에 주로 다루어지는 것은 결국 구체적 요리를 통한 '요리의 기본' 학습이다. 중국요리 강좌를 수강하면서 학생들이 배우는 것은 일단 깐풍기와 같은 구체적인 '중국요리 만드는 방법'이다. 그러나 그 과정에서 학생들은 다양한 재료 손질법에서부터 시대와 장소에 따른 요리의 변화와 같은 '요리의 기본'을 배우게 된다. 또한 학생들은 중국요리와 관련된 다양한 지식과 정보를 습득한다. 예를 들면 중국요리에 사용되는 특이한 재료들을 알게 되고, 중국요리에 얽힌 고사나 음식의 유래, 한국에 들어와 변형된 중국요리의 특징들도 배운다.

다섯째, 가장 중요한 사실로 모든 강의와 실습의 포인트가 '가정에서 실습'에 맞추어져 있다. 이곳에서 배우는 모든 요리는 수업에 선정될 당시부터 집에서 실습과 활용가능성을 염두에 둔 선택이다. 재료를 구입하는 것이 너무 까다롭거나, 비용이 너무 비싼 경우 가정실습이 어려워 강좌에서 제외된다. 가정에서 실습을 염두에 둔 수업은 재료의 계량과 관련해서도 단위의 전환을 요구한다. 가령, 강사가 소금 3g이 들어간다고 하면, 학생들은 즉각 "그것이 큰 스푼으로 몇 스푼인가?" 하고 다시 질문한다. 집에 계량 수저를 가지고 있는 사람도 많지 않거니와 설사 가지고 있다 해도 일상적으로 사용하지 않기 때문에 불편하다. 집에서 일상적으로 사용하는 밥 수저를 기준으로 재료를 측정하고자 하는 것이다. 이런 사항은 무게 측정을 '그램(g)'으로 표시하는 '과학'에서 '수저'로 표현하는 '생활'로의 전환을 통해 가정실습에 용이하게 활용하고자 함이다.

중국요리 수업을 통해 얻게 되는 내용적 측면의 지식은 다음과 같이 정리해 볼 수 있다.

첫째, '중국요리'를 배우는 것은 곧 '요리'를 배우는 것과 다름 아니다. 중국요리를 배우는 과정에서 빈번하게 언급되는 중요한 사실들은 모든 요리에 적용 가능한 '요리의 기본'에 해당한다.[47] 예를 들면 탕수육을 할 때 고기 튀기기가 핵심인데 그때 핏물을 잘 빼고 물기를

---

47) 재료를 써는 방식의 차이, 해삼 불리는 방법 같은 재료 손질법, 찐빵이나 만두용 밀가루 반죽법, 요리 완성 후 장식하기 등은 요리의 기본에 해당하는 내용들이다

뺀 후 두 번 튀겨주어야 한다는 사실을 배운다. 후에도 튀김 요리가 나오면 이 기본 사항은 그대로 적용된다. 이런 요리의 기본은 중국요리가 아닌 이태리 요리나 한식에도 적용 가능하다. 이런 식의 지식 활용은 특수 지식이나 정보를 통한 일반적 지식으로의 확대를 보인다는 점에서 지식의 핵심 개념의 학습을 강조한 브루너(Bruner)의 '지식의 구조'와 연결시켜 볼 수 있다. 실제로 중국요리 이외 다른 강좌를 수강할 때에도 중국요리 강좌에서 언급된 요리의 기본은 반복된다. 이런 점에서 특정 요리를 배우는 것은 결국 요리의 '기본'을 배우는 것으로 해석할 수 있다.

둘째, 실생활에서 활용이 전제된 교육내용의 선정이다. 중국요리 강좌를 통해 배우는 것은 각종 중국요리 조리법이다. 12회 강좌를 통해 습득한 각종 중국음식은 가정에서 실습 가능성을 염두에 둔 것들이다. 이 중에는 탕수육, 물만두, 자장면처럼 익숙한 요리가 있는가 하면 공보기정이나 오향장육처럼 생소한 것들도 들어 있다. 중국요리는 요리이름의 앞이 조리법이고, 뒤가 재료를 가리킨다는 사실을 비롯해서 이 강의 후에는 중국요리에 관한 상식이 증가한다. 12회 수업을 반복해 가면서 재료를 기름에 볶아 소스를 뿌리는 중국요리의 일반성과 규칙성을 발견하게 된다. 시중에서 파는 꽃빵을 직접 밀가루 반죽해서 만들어보는 작업, 뜨거운 물을 부어 해파리를 삶는 방법, 볶음 요리에 사용되는 해물과 야채를 80%만 익혀야 하는 원칙, 물 대신 물전분을 넣어 요리 간을 잡아주는 방식은 모두 중국요리 조리법을 배우면서 얻게 된 새로운 방법적 지식들이다.[48] 특히 가정실습 시 질문을 강사가

---

48) '방법적 지식'은 과정적 지식, 절차적 지식으로 불리기도 하는데, 이는 학습한 결과의 기억이 아니라 결과가 성립됨을 증명하기, 과제 해결방법을 순서에 따라서 직접 시연해 보이기 등 '수행의 과정과 절차를 아

운영하는 홈페이지 질문란에 올려 답변을 듣는 열성학생들도 있다. 중국요리의 구체적인 조리법 습득, 이것이 전부가 아니다.

셋째, 중국요리를 배우는 과정에서 학생들은 중국요리와 중국에 관한 새로운 지식과 정보를 얻게 된다. 중국요리에 사용되는 다양한 재료들, 특이한 중국요리 이름, 중국요리의 유래에 대해서도 배울 수 있게 된다. 수강 전에는 이름도 들어보지 못했던 산초, 팔각, 굴소스, 송화단, 민스(mince), 두반장 소스, 중국간장, 대료, 잇몸살과 같은 특이한 재료들의 이름과 사용방법, 구매 장소 등에 관한 정보를 얻게 된다. 강사는 강의 도중 자투리 시간을 활용하여 오소리 요리, 거위 발바닥 요리와 같은 특이한 요리도 언급하고 요리 이름에 얽힌 고사와 유래도 소개한다. 중국의 미인 서시의 이름을 딴 '서시 볶음밥'이나, 8가지 보물을 이용하여 만든 음식이라는 팔보채, 불쌍한 충신의 죽음을 애도하는 주먹밥 '즌즈'의 유래, 마파두부의 유래 등은 이 수업을 통해 알게 된 문화적 지식들이다. 다음 <사례 36>은 요리교실 강의 중 강사가 들려준 마파두부의 유래이다.

〈36〉

이 강사: 마파두부가 왜 마파두부인 줄 아세요? 볶았을 때 두부에 고기가 점점이 붙어 있는 것이 얼굴에 깨가 많은 것 같아서 마파두부라고 하거든요. '마'는 깨, 곰보, 깨보, 죽은 깨라는 뜻이고요. '파'는 결혼한 여자라는 뜻입니다. 유래를 보면 사천지방의 대표적인 요리가 두부인데, 그 두부요리

---

는 것'(knowing how)을 일컫는다. 이에 비하여 결과적 지식은 선언적 지식 혹은 명제적 지식이라고도 하며 어떤 명제에 대해서 안다. '~라는 것을 안다'(knowing that)는 것임을 의미한다.

를 잘하는 아주머니가 주근깨가 많고 곰보라서 그 여자의 이름을 따서 붙인 겁니다. 마파두부가 왜 마파두부인지 알아놓으세요. 어디 가서 써먹을 일이 있을 거예요.

넷째, 중국요리 강좌를 통해 음식문화와 이를 바탕으로 확장된 한국문화와 중국문화 간 비교의 시각을 획득할 수 있다. 중국요리 강사는 '한국식 중국요리'를 설명하면서 요리의 '국제적 전파'는 단순한 전파가 아닌 전파시킨 요리의 '현지화'의 개념임을 강조한다. 즉, "외국에 나가서 성공하기 위해서는 중국요리의 고유한 맛과 그 지역의 맛을 혼합해야 한다. 내 것만 고집해서는 절대 성공할 수 없다. 마찬가지로 우리가 배운 중국요리는 한국에 들어와 변형된 한국식 중국요리이다." 수업 내내 강사는 중국식 중국요리와 차이점을 세세하게 지적하면서 한국식 중국요리로의 전환을 설명하였다. 매콤한 음식인 '짬뽕'을 중국에서는 찾아볼 수 없다는 것, 이 시간 배운 요리의 거의 모든 주재료가 원래 돼지고기이지만, 한국에 와서 소고기로 대체된 것, 중국 사람이 좋아하는 향신료 팔각을 한국 사람은 싫어한다는 것, 한국 사람의 입맛에는 중국 사천요리가 적합하다는 것 등을 구체적인 사례로 설명하였다.

음식을 매개로 한 한국인과 중국인의 관점 비교가 한국에 살고 있는 '외국인 아닌 외국인'인 화교의 시각으로 재단되어 수업 중 종종 등장한다. 한국 사람은 음식점에서 깨진 그릇을 주면 기분 나빠하지만, 중국 사람은 그것을 그 음식점의 전통과 역사로 인식하면서 "그것을 왜 바꿔요?"라고 묻는단다. 또 설날 만두 속에 동전을 넣어 빚는 중국 전통을 설명하면서 중국 사람도 돈을 좋아하고 한국 사람도 돈을 좋아하지만, 한국 사람은 "남의 눈에 보이는 것을 중시하고 명예를 더 중시한다."는 점을 꼬집어 냈다. 자연스러운 한국문화와 중국문화의 비교가 만두라는 음식 설명에서 출발해서 도출되는 장면이다. 물론 특정 시각을 가진 사람의 비교인지라 일반화하는 데 어려움은 있겠지만, 요리를 통한 동일 유교문화권으로 분류되는 중국과 한국을 비교해 볼 수 있는 단초를 제공하였다.

## 2) 실습

실습시간은 레시피에 나온 과정을 좇아 요리를 만들면서 수시로 동료에게 질문하고 답하는 과정을 밟는다. 실습 시 요리에 자신 있는 조원이 주로 가장 어려운 일이나 중요한 일을 맡아서 하는 분업이 자연스럽게 나타난다. 이때 조의 조장에 해당하는 동료에게 질문을 던지는 일이 빈번하다. 이때 동료들 간 나누는 질문은 두 가지 의미를 가진다. 하나는 정말 몰라서, 자신 없어서이고 또 하나는 '책임회피용'이다. 강의를 들었다 해도 써는 방법이나 양념 분량 등은 명확하지 않아 서로 질문하게 된다. 나중에 요리가 잘못된 경우를 대비하여 재료를 써는 방향과 같이 사소한 것도 다른 조원에게 확인성 질문을 한다. 시식시간에 요리의 간이 맞지 않거나, 재료가 바뀌거나 음식 맛에 대한 강사의 지적이 있으면 조원들의 그 책임을 그 일을 맡았던 사람에게 찾는 경향이 있기 때문이다.

⟨37⟩
수강생 1: 물 끓일까요? 냄비 몇 개 꺼낼까요?

수강생 4: 끓여요. 두 개에 올려요.

수강생 2: 소라는 어떻게 썰어요? 편으로 썰어요?

수강생 1: 그냥 편으로 썰어요. 채를 썰라는 게 아니죠.

수강생 3: 청경채도 썰어야죠?

수강생 2: 청경채 너무 비싸. 죽순은 어디로 가요?

수강생 4: 팔보채로 가야 되는데. (레시피를 보면서) 아니야, 단춘권
에도 들어가.

수강생 3: 헷갈리죠. 그냥 팔보채부터 완성해 놓고 해요.

수강생 4: (레시피 보며) 대파, 마늘, 생강…….

수강생 1: 여기 썰어 놨어요.


실습시간은 '행하면서 배우기'와 '동료에게 배우기'가 주가 되는
시간이다. 물론 이 시간에도 강사가 각 조를 순례하면서 질문에 답하
고 요리 만드는 과정에 대한 코멘트를 한다. 그러나 이 시간의 중점
은 머리로 받아들인 강의 내용을 직접 내 손을 이용해서 만들어 보는
것에 있다. 특히 수강생들이 요리교실에 기대하는 것은 혼자 힘으로
할 수 없는 어려운 요리를 배우는 것이다. 볶음밥과 게살 스프를 배
운 날 사람들의 반응은 '괜히 왔다.', '할 것도 없네.'였다. 이 정도는
정말 레시피만 보고도 얼마든지 해낼 수 있고, 별로 고난도의 공정이
없으므로 배울 것이 없다는 의미에서 한 말이다.

수강생들은 바쁜 경우 강의와 실습 중 한쪽만 참여하는 경우도 종
종 있다. 강사는 강의와 실습 모두 중요하지만, 보다 중요한 것을 들
라면 '실습'을 꼽았다. 일단 한번 요리를 만들어 보면서 '실수를 줄이
고 맛을 확인할 수 있다.'는 점에서 실습은 레시피나 요리책을 능가

한다. 요리교실에서 행하면서 배우는 실습은 가정에서 실습의 전초전으로 매우 중요하다.

실습시간 중 강사는 각 조를 돌아다니며 질문에 답하고 세부사항을 지도해 주지만, 절대 손으로 해주는 일은 없다. 예외적으로 만두피 밀기와 같이 무척 고난도의 일이나 찜기에서 도미찜 접시 꺼내는 것처럼 위험한 경우에는 직접 손을 댄다.

이 실습시간에는 조원들 간에 협동이 매우 중요하다. 짧은 시간에 일사천리로 새로 배우는 요리를 하기 위해서는 조원들 간 마음이 맞아야 하기 때문이다. 이 문제는 결국 조 편성의 문제와 연결된다. 요리교실에서 실습은 조별로 이루어진다. 문화센터 요리교실의 조 편성은 자연스럽게 이루어진다. 첫날 본인이 선택해서 앉은 자리가 그대로 조로 굳어지는 관행이 있다. 첫날 결석으로 조 편성에 참여하지 못한 사람은 맨 뒤의 조로 가거나 조원이 부족한 조에 채워 들어가는 방식을 택한다. 그런데 간혹 새로 들어오는 사람이 있어 기존 조원의 변화를 보이기도 한다. 우연히 이루어지는 조 편성이 결과적으로 나이를 중심으로 형성된 것을 보고 우리 사회의 '연령주의'[49]가 우리의 무의식에 들어와 있음을 확인했다. 간혹 운이 나빠 마음이 맞지 않는 조원을 만나거나, 무척 고집이 세고 개성이 강한 조원이 있을 경우 마음고생[50]을 하게 된다. 우리 조에 들어온 완고한 성격을 지닌 사람을 '어르신'이라고 부르면서 부정적으로 보는 윤수진의 평가이다.

---

49) 우리 사회에서 직장을 비롯한 각종 기관에서 집단 형성 시 나이가 매우 중요한 기준이 된다. 이것은 성과 연령을 권위의 중요한 준거로 삼는 '가부장적 이데올로기'의 산물로 볼 수 있다.

50) 그럼에도 불구하고 갈등이 표면화되지 않는 것은 단기간에 걸친 강좌 진행이라는 점도 이유이다. 일주일에 한 번, 2시간 정도 서로 대면하기 때문이다. 그러나 동일한 이유로 사람들은 서로를 이해하기보다 자신을 먼저 생각하는 '이기주의'적 자세를 보이기도 한다.

〈38〉

(집에 돌아오는 차 안에서)

연구자: 오늘 요리 좀 짜지 않았어요?

윤수진: 오늘 요리 별로였어. 망쳤다. 새로 온 아줌마가 우리를 막 무시하고 자기 뜻대로 다 해서 그래. 사공이 많아서 요리가 꽝이 된 거지. 그리고 너무 짰어. 간장 너무 많다고 조금만 넣자고 하니까 자기는 레시피대로 했다고 우기더라구. 무슨 말을 해도 들어야 말이지.

실습시간에는 조별로 배부된 재료를 이용하여 강사가 시범으로 만든 음식을 동일하게 만드는 과정을 거친다. 이때 조별 특성이 나타난다. 젊은 사람들은 레시피에 표기된 양념의 분량을 준수하고 강사의 강의대로 요리를 만든다. 반면 나이가 있는 사람들이 모인 조는 두 팀으로 나누어 각자 자신들의 '요리 노하우'를 동원하여 두 개 요리를 동시에 만들어 낸다. 그러나 "실습시간에 너무 급하게 요리를 만들어 내는 것이 집에서 실습에 도움이 되지 않는다."고 강사는 지적한다. "경쟁심에 요리를 빨리 만들면 집에서 할 때 하나도 생각이 나지 않기" 때문에 제대로 배우려면 천천히 차분차분 하는 것이 바람직하다며 '지진아조'인 우리 조원들을 격려해 주었다.

## 3) 시식

다음 사례는 음료와 음식을 먹으면서 오늘의 요리에 대한 평가를 하는 전형적인 시식시간의 모습이다.

〈39〉

수강생 1: 자, 요리 완성되었으니까 한번 먹어봐요. 의자 가져와서 앉아요.

수강생 2: 제가 커피 뽑아올까요? 오늘 요리가 짬뽕하고 고추잡채 인데. 좀 느끼하죠. 커피 다 드실거죠? 프림, 설탕 다 넣 은 다방커피로 할게요.

수강생 3: 그런데 왜 우리 조 짬뽕 맛이 이상하죠? 다들 한번 드셔 보세요. (뒷조 사람들 보고) 그 조 맛은 어떤데요? 한번 먹어봐도 될까요?

수강생 4: 우리 조 것도 한번 드셔보세요. 왜 그러지. 순서대로 다 했는데.

이 강사: (강사가 다가와서) 맛이 어떻게 이상한데요? (한입 먹어본 후) 일단 너무 싱겁고 간을 하기 전에 물을 부어서 맛이 재료에 배어들지 않았네요. 집에서 하실 때는 이 점을 생 각하고 하세요. 이제 졸업도 다가오는데 계속 이러면 졸 업 못하죠.

강사는 3개월 강좌의 끝을 '졸업'이라고 표현했다. 3개월 동안 12 번의 강의를 통해 20개가 넘는 중국요리를 다룬 수업은 내용 면에서 알차고 보통 주부들로서 쉽게 접할 수 있는 것이 아니다. 그런 점에 서 강사는 마지막 수업이 되면 수강생들의 기본적인 실력이 향상되 었으리라 기대하고 요구한다. 강사가 완성된 요리를 맛보고, 재료의 양, 불의 사용, 요리 순서 과정에서 발생한 실수를 정확히 지적해 주 는 것은 가정실습에서 동일한 실수를 방지하여 보다 완성된 요리를 할 수 있도록 가르치는 것이다.

이 시식시간은 '맛보면서 배우는' 시간이며, 요리에 대한 평가가 이루어지는 시간이다. 이 시간에는 음식에 대한 품평과 끝없는 질문을 통한 지식 획득, 다양한 정보의 교환이 이루어진다. 강의시간에서 실습시간으로의 전환은 질문시간을 기점으로 명백한 분기점이 있지만, 실습시간에서 시식시간으로의 전환은 조별로 자연스럽게 이루어진다. 실습을 빨리 마친 조가 시식도 빨리 들어갈 수 있기 때문이다. 실습시간에는 강의를 듣는 동안 앉아 있던 의자를 실습을 위해 강의실 한쪽에 몰아 정리해 놓는다. 시식시간에는 다시 의자를 가져와 앉아서 차분하게 한숨 돌리고 음식을 먹는다.

이때 단순히 음식을 먹는 것이 아니라 음식 맛을 음미하고 분석하고 평가한다. 우리 조가 만든 음식 맛의 간이 제대로 되었는지, 음식이 예쁘게 제대로 만들어졌는지를 스스로 평가하고 다른 조 동료들이 평가하고 강사가 평가한다. 이 평가의 과정에 다른 조 사람들도 개입할 여지가 생긴다. 수업할수록 다른 조 사람들과 친밀감이 형성되면서 조별 교류도 일어난다. 각 조에서 자기 조의 음식을 다른 조의 음식과 나누어 먹고 서로 품평해 준다. 강사가 조별 교류를 유도하기도 한다. "이 조 음식 맛이 특이하다. 한번 시식해 보라."는 제안도 한다.

문화센터 요리강좌 중 가정용 찌개나 반찬 강좌의 경우 시식을 위해 요리교실 측에서 밥을 따로 준비하는 배려를 한다. 요리를 하면서 시식이 무척 중요한 단계이기 때문이다. 왜냐하면 음식을 먹어보아야만, 요리가 제대로 되었는지 평가할 수 있기 때문이다. 특히 강의실 앞에 강사가 만들어 놓은 음식이 있어서 필요한 경우, 그 음식과 비교도 한다. 시식을 통해 각 조별로 맛의 미묘한 차이를 느낄 수 있고, 이 차이를 가져온 원인을 찾는 과정에서 요리에 대한 감각이 발전한다. 서정인은 요리를 배운 후 외식할 때 음식 맛을 더욱 세심히 살피는 변화를 가져왔다고 했다.

시식시간은 담소 과정에서 서로에 대한 사적인 정보를 공유하면서 회원들 간 사귐의 기회가 된다. 강의 시간에는 강사의 수업에 집중하고 정해진 질문시간에만 말을 할 수 있다. 실습시간에는 요리 만드는 것과 관련하여 질문하고 그 과정을 쫓아가기에 바쁘다. 이제 요리를 다 만들고 다시 의자를 가져다 좌정하고 앉아서 요리를 먹으면서 맛도 음미하고, 자신들의 일주일 동안 생활에 대해서도 이야기를 나누는 시간을 갖는다. 이 시간을 통해 남편이나 자식, 시댁 이야기를 하면서 자신에 대한 정보를 제공한다. 또 오늘 수업 이후 스케줄을 서로 확인해 보고 수업 후 애프터 약속을 정하여 한 사람 차를 타고 움직이기도 한다.

중국요리 강사는 모든 조의 음식을 먹어보고 평을 해 주어 '섬세하다.'는 평가를 받았다. 문화센터 요리교실을 수강한 경험이 있는 한 제보자는 자신이 많은 문화센터 요리 강좌를 다녀보았지만, "모든 조의 음식을 시식하고 평가해 주는 선생은 아무도 없었다."면서 이 강사를 매우 꼼꼼하고 좋은 선생으로 꼽았다. 한편 강사 스스로는 자신도 이 음식들을 시식하면서 배운다고 밝혔다. 가르치는 위치에 있으면서도 항상 배우려는 자세를 견지하는 강사의 자세는 강의의 진지함과 성실함에도 묻어난다.

〈40〉

연구자: 선생님은 매번 매조 음식을 다 시식해 주시는데 구체적인
　　　　평가기준이 따로 있나요?

이 강사: 내가 이야기해 주는 것은 보통 기준에 의해서죠. 그래야
　　　　자기가 알죠. 본인은 이 맛이 진짜 맛인지 아닌지를 모르
　　　　니까 먹어 주어야죠. 한번 먹어봐야 이 사람들이 만든 것
　　　　이 간이 제대로 되었는지, 제대로 조리법이 정석적으로
　　　　되었는지 알 수 있거든요. 그리고 거기서 나도 배우거든
　　　　요. 왜냐면 사실 열 사람이 만들면 만드는 법이 다 달라
　　　　요. 같은 레시피로 하더라도 내가 볼 때는 전혀 달라요.

시식시간은 실패한 음식의 원인을 스스로 또 강사에 의해 발견할
수 있는 시간이다. 이 실수는 가정에서 실습 시 주의점이 된다. 시식
시간에는 본인들이 만든 음식을 먹어보고, 또 강사가 시연을 통해 만
든 음식과 다른 조에서 만든 음식을 먹고 비교하기도 한다. 그 과정
에서 자신이 속한 조의 잘못이나 미비한 점을 알게 된다는 점에서
'실수를 통해 배우는' 경험을 한다. 중국요리 교실에서 실수는 비난의
대상이 아니라 극복의 대상이며 이런 점에서 교육적 소재이며 학습
의 모티프로 사용된다.

<사례 39>에서 요리교실 강사가 시식을 하면서 학생들이 실수한
내용 하나하나를 들어 설명하는 과정을 보면 강사 역시 실수를 통해
배우는 것이 요리 실습에서 매우 중요하다는 것을 인정하고 있다. 한
편 프로 요리사인 강사도 때로 실수하는 모습을 찾아볼 수 있었다.
공보기정과 팔보채를 만드는 날 강사가 지각을 했고 좀 서둘러 요리

를 만들었다. 그 과정에서 재료를 빼놓고 넣지 않는 실수가 석 달 동안 딱 한 번 있었다. 가르치는 전문가도 실수할 수 있는 것을 보면 배우는 사람 입장에서 실수를 겁내고 두려워 할 것은 아니다. 문화센터는 실수를 점수화하여 평가하는 곳이 아니기 때문에 수강생들이 편하게 학습하고 실수로 놓친 점을 찾아 사후에까지 학습하는 기회를 갖게 된다.

시식시간은 시간적으로 가장 여유가 있어 많은 질문과 답변이 오고 간다. 전체적으로 요리교실에서 '질문하기'는 가장 중요한 배움의 방식이다. 강의 시간의 끝에 제공되는 공식적인 질문시간 외에도 실습하면서도 강사와 동료에게 끝없이 질문한다. 편하게 요리를 먹으면서 맛에 대한 구체적인 평가에서부터 다른 조의 음식평, 자신들의 실습 과정에 대한 반성, 오늘 요리와 관련된 재료나 요리 등에 관한 질문을 주고받는다.

시식시간 후 조별 설거지와 뒷정리가 끝나면 자연스럽게 귀가가 이루어진다. 보통 설거지는 조원들 간 두 명씩 짝을 지어 교대로 한다. 특별한 사정이 있는 경우 조원들에게 양해를 구하고 일찍 귀가한다. 주부들의 특별한 사정은 대부분 아이들 찾는 시간과 관련된 문제이다. 주부들 중 백화점 버스를 이용하고 싶어도 귀가 시 아이 찾는 시간을 맞추기 위해 차를 가져오는 경우도 있다.

## 4) 가정실습

가정실습은 '혼자서 해보기'를 통해 배우는 과정으로 진짜 요리를 할 수 있는가를 스스로 점검하는 단계이다. 혼자서 하는 '테스트'라고 할 수 있다. 보통 교육학에서 평가는 교육목표가 특정 교육장면이나 활동에 제대로 구현되었는지 검증하기 위한 차원에서 시도된다. 타일러(Tyler, 1948: 105)의 정의를 빌리면, "평가의 과정이란 본질적으로 교육과정 및 수업의 프로그램에 의하여 교육목표가 실지로 어느 정도나 실현되었는지를 밝히는 과정"이다. 물론, 사전에 학습자의 선행학습 정도나 발전 단계, 준비도를 알기 위한 '진단평가'와 수업 소단원 종료 시 확인을 위한 '형성평가'가 있지만, 기본적으로 평가는 교육활동에 대한 검증 과정으로 볼 수 있다.

학교교육과 달리 문화센터의 경우, 자발성을 매우 중요한 학습의 동인으로 하고 있다. 학교는 정규적인 시험을 거쳐 학생들의 교육 수행 여부를 검토한다. 문화센터의 요리교실에서 배운 요리를 가정에서 실습하는 것은 바로 '시험'이다. 그러나 감독자도 없고, 시험관도 없이 내가 시험관이며 감독자이며 학생인 매우 특이한 상황이 된다. 이때 학생들로 하여금 스스로 해 볼 수 있도록 하는 동기부여를 하는 것이 문화센터 요리교실 강사의 능력이다. 주부들에게 '비싼 레슨비'와 '잘 먹어주는 가족'은 좋은 동기유발의 계기가 된다. 자발적인 선택에 의한 시험을 스스로 선택하고 운용할 수 있을 정도의 학생들이라면 이들은 정말 학습의 자유를 누리는 '자유로운 학습자'의 모습이다. 시험에 의해 규정 당하는 것이 아니라, 시험을 즐길 줄 아는 능력을 갖고 있는 것이다.

요리교실에서는 동료들과 강사의 도움으로 쉽게 만들 수 있던 요리도 막상 집에서 혼자 만드는 데는 어려움이 많다. 여러 명이 힘을 합해 해결하던 요리의 전 과정을 재료준비에서부터 설거지까지 혼자 하는 것은 많은 시간을 요구한다. 또 요리교실에서는 옆의 동료나 강사가 다음 단계를 자연스럽게 지적해 주어 순서가 눈에 보이지만, 혼자서 요리를 하려면 요리의 전 과정을 혼자 처리해 나가야 한다. 요리교실에서 자연스럽게 할 수 있던 요리도 막상 집에서 혼자 해 보면 시간도 부족하고, 순서도 뒤집히고 화력도 그렇게 좋지 않고, 오랜 시간 준비하고 요리를 해야 해서 피곤하기도 하다.

많은 어려운 점이 있어도 가정에서 혼자 실습을 해보는 것은 맛있는 요리를 만드는 하나밖에 없는 비법에 속한다. "하나의 레시피를 온전히 자기 것으로 하려면 집에서 10번 이상 실습을 해보아야 한다.", "레슨비가 비싼데 연습 안 하면 요리가 늘지 않는다."는 말은 요리실력 향상에서 실습이 중심이 됨을 강조하는 말이다. 강사 역시 학생들이 방법을 묻는 질문에 "맛있는 만두를 드시려면 많이 해 보셔야 한다."며 여러 번의 실습이 실력향상의 지름길임을 강조한다. 가정에서는 가족의 입맛에 맞추어 재료가 변경[51]되기도 하고 첨가되면서 요리교실에서 배운 레시피에 수정을 가한다. 사람들은 집에서 하는 요리가 더 좋은 재료를 풍성히 사용하므로 맛이 더 좋다고 평한다. 가정에서 실습 시 어려움이나 문제점은 다음 주 강의 시작 전이나 질문시간에 다루게 된다.

⟨41⟩

이 강사: 지난 번 배운 탕수육 집에서 해 보신 분 손들어 보세요(11
명이 손을 들었다).

---

51) 윤수진은 가족의 입맛을 고려한 새로운 요리의 개발을 다음과 같이 소개했다. "소류완자를 만들 때 고기 대신 새우를 갈아서 전분을 넣고 만들었다. 그랬더니 너무 고소하고 맛있다. 대신 새우는 너무 묽어서 냉장고에서 두 시간 숙성시켰다."

수강생: 왜 탕수육이 바삭바삭하지 않죠? 집에서 하니까 흐믈흐믈
　　　　해지던데요.

이 강사: 똑같이 하지 않아서 그런가?

수강생: 똑같이 했어요.

이 강사: 똑같이 했는데 뭐가 달라서 그런가? 전분 때문에 그런가?
　　　　전분에 따라 약간 차이가 있거든요.

수강생: 중국요리에서 쓰는 전분이 따로 있다고 하던데 어디서 살
　　　　수 있죠?

이 강사: 사랑백화점이나 북창동에 가서 사면 돼요. 일반적으로 감
　　　　자 전분 구입하시면 큰 차이가 나지 않을 겁니다. 튀김하
　　　　는 데 문제가 없을 겁니다.


　강의시간에 학생들이 하는 수많은 질문은 주로 가정에서의 실습을
염두에 두고 이루어진다. 강사 역시 메뉴 선정에서부터 가정에서 실
습가능성을 고려하여 강의 내내 가정실습 시 주의할 점을 덧붙여 설
명한다. 예컨대, 요리교실과 가정에서 가장 심각한 차이는 화력의 차
이라는 것이다. 특히 볶음이 주를 이루는 중국요리의 특징은 '센 불
에서 단시간에 볶는 것'인데, 가정에서는 화력에 한계가 있다. 이외에
도 가족 수에 따른 요리의 분량 조절 문제, 가족들의 기호를 고려한
요리의 변형과 같은 문제를 언급한다.


〈42〉

수강생: 집에서 하면 용량이 늘어나는데 소스 양은 딱 지정되어 있
　　　　지 않잖아요. 일정 비율로 곱해 주면 되나요?

이 강사: 물은 화력에 따라 차이가 많이 나요. 고기 양이 두 배라고
해서 물을 두 배하면 너무 많고, 1배 반만 하고 나머지 재
료는 두 배로 하세요. 물은 많이 줄이고 나머지 재료는 조
금만 줄이구요, 깐풍기 양이 많으면 소스를 줄여야 해요.
이 강사: 보통 집에서는 몇 인분 하시는데요? 우리가 하는 것이 보
통 4인분 기준이에요. 약간 못 미치지만.
수강생: 여기서 하는 것의 두 배에서 세 배요. 지난번 탕수육에서
설탕 3술에서 6술을 넣으려니까 너무 많은 것 같아서 어떻
게 해야 하나 하다가 좀 줄였어요.
이 강사: 다른 재료는 같은 비율로 쓰고 물은 더 적게 써요. 이 레
시피는 일반 가정용이죠. 업장에서는 아주 센불로 하기
때문에 레시피에 나와 있는 양을 줄여야 해요. 정확한 기
준은 없죠. 많이 해 보셔야 해요.

가정에서 실습을 원활히 하기 위해 요리교실 측에서는 그날 배운
요리에 사용된 재료를 판매한다. 해삼, 게살, 팔각, 누룽지 등과 같이
시중에서 쉽게 구할 수 없고 북창동에 가야 구할 수 있는 재료를 사
전 주문을 통해 단체로 구입해서 수강생들에게 공급한다. 요리교실에
다니면서 요리교실 측을 통해 쉽게 재료를 구입할 수 있는 점 또한
수강생들에게는 편리하다. 그러나 요리교실은 수지타산을 맞추기 위
해 재료판매 시 약간씩 가격을 올려 판다. 학생들은 이 가격이 별로
싸지 않다는 것을 알지만, 손쉽게 구할 수 있고 당장 가정에서 실습
에 활용하기 위해 가격에 상관없이 구입한다. <사례 43>에서처럼 오
히려 학생들의 요구에도 불구하고 요리교실 측에서 회피하는 경우도

있다. 판매 전 재료 구입에 따른 사전 비용부담과 재료 손질 등이 번거로운 일이기 때문이다.

〈43〉

수강생: 해삼 더 살 수 있어요?

김 원장: 아니요. 팔 게 없어요. 우리도 해삼 미리 받아서 3일 동안 물 갈아주면서 불려야 하거든요.

수강생: 그럼 어떻게 하죠? 지난번 팔보채 너무 맛있다고 해서 다시 하려고 하는데.

김 원장: 북창동 상회 가셔야죠. 아니면 50만 원 이상이면 무료배달도 돼요. 여러분이 합해서 같이 주문해도 되죠. 우리는 지금 강의에 쓸 것만 챙겨놓았어요. 게다가 재료 가져간 후 돈을 모두 수합하기까지 시간도 많이 걸리고요. 좀 힘드네요.

# 2.
# 미술반: '수채화'


문화센터 미술반은 기본적으로 수업시간이 다른 강좌군에 비해서 상당히 길다. 수채화반의 경우, 공식적으로 부여받은 시간은 1시간 40분이지만, 실제로 운영되는 것은 1시 20분부터 3시 50분까지 2시간 30분이다. 데생과 색칠 모두 마무리하는 시간으로는 충분하지 않다. 문화센터 측에서도 이러한 미술반의 특징을 알고 그 수업 전후로 시간을 비워주는 배려를 한다. 사실 다른 강좌군이 50분 단위 수업으로 진행하는 것을 고려하면 미술반은 공간과 시간에서 많은 배려를 받은 셈이다. 미술반의 경우 수업과 관련된 주요 활동은 강의실 수업과 야외 스케치, 전시회로 범주화할 수 있다.

## 1) 강의실 수업

강의실 수업은 강의실에 도착 후 자리 잡기, 그림 그리기, 마무리의 흐름으로 진행된다. 미술반 수업 시작 전에 문화센터 아르바이트생이 강의실에 정물대를 설치하고 이젤을 펴놓는다. 학생들은 도착 후 소재를 고려하여 구도를 잡고 자리를 정하지만, 암묵적으로 누구의 자리라는 인식이 생긴다. 미술반 역시 요리교실과 마찬가지로 회원들이 앞치마를 착용하며 복장은 주로 평상복을 많이 입는다. 간식시간은 수업 중간에 간식도 먹고 대화를 나누는 휴식시간이다. 학생이 그림을 마친 후 강사의 총체적 평가와 지도, 그림 고쳐주는 작업이 뒤따르고 자연스럽게 마무리한다.

수업 첫날 강사는 학생들을 모아놓고 짧게 인사한다. 신입회원이 있는 경우 미술 전공 여부와 선행학습에 대해 묻는다. 실제로 대학에서 미술을 전공한 사람들의 비율도 20~30% 정도이다. 그리고 수업의 두 가지 원칙을 밝힌다. 첫째가 "문화센터에서 미술을 배운다고 해서 하루아침에 실력이 갑자기 늘지 않는다."는 경고이고 둘째가 강의실과 강의시간이 문제가 있어 "장소와 시간을 모두 변경해서 개별적으로 연락하겠다."는 것이다. 옆 강의실에서 동화구연 수업을 하느라 마이크 소음이 너무 컸고 오전 수업시간을 갑자기 오후로 변경한 문화센터 측의 잘못을 지적하였다.

문화센터 강의 경력 8년차인 미술반 강사는 주부들이 오전 수업을 더 선호하는 것을 알고 있었다. 수업시간의 차이는 등록률의 차이로 이어지고 강사의 수입과 연결되는 미묘한 문제이다. 문화센터 측에서 임의대로 기존 오전 수업을 오후로 변경한 것에 대해 미술반 강사는 심하게 화를 냈다. 그러나 이번 학기에 당장 수업시간 변경은 불가능하고 가을학기에 다시 오전으로 변경시켜 준다는 약속을 받고 사태가 정리되었다.

문화센터 강의실 내에서 미술반 수업의 주 소재는 정물이다. 수업 전 강의실 정물대 위에 적당한 정물들이 배치되어 있다. 문화센터 아르바이트생들이 기본적인 세팅을 해 놓은 것이다. 넓은 직사각형 정물대 위[52])에는 마른 꽃이나, 과일 모형, 실물 과일, 화병, 그릇 등이 배치되어 있고, 그날의 주요 소재로 정물대 중앙에 놓인 화병에 꽃을 꽂는다. 정물의 배치를 바꿀 수 있는 사람은 강사와 반장이나 고참 회원들 정도이다. 강사는 강의실 구석 창고에서 직접 정물들을 골라서 정물대 위를 정돈한다. 꽃은 문화센터에서 매주 1만 원씩 지급받는 소재구입비로 주로 아르바이트 학생이나 반장이 백화점 꽃집에서 구입한다. 회원들은 도착하는 대로 화판을 들고 와서 이젤 위에 올려놓고 스케치북을 편다. 자리를 잡을 때 이미 기본적인 구도를 잡아보고 자신이 원하는 소재가 포착되는 지점을 선택한다. 지난주 결석생들은 지난주 정물이 더 마음에 들면 그것을 선택하기도 한다. 수업 시작 후 회원들 간에는 "정물이 어렵다.", "정물이 후지다."는 식의 평가를 교환한다. 자리 잡을 때부터 수업에 처음 참석한 초보자는 처음 온 티를 낸다. 이젤을 설치하지 못해 옆 사람의 도움을 받고, 스케치북과 연필을 준비하지 못해 수업 중 문구센터에 가서 구입한다. 강사는 초보회원에게 그릴 소재도 정해주고 앉을 자리도 정해준다.

수채화반은 소재 배치와 자리 잡기에 이어 회원들의 자연스러운 데생이 이어진다. 수채화는 데생이 기본이 되기 때문에 처음 들어온 초보 회원들은 3개월간 데생만 하는 경우가 많다. 내가 참여관찰한 '수요수채화반' 역시 초보자는 3개월 동안 물감은 손에도 못 묻혀 보고 연필만 잡다 시간을 다 보낸다. 그러나 "데생이 그림의 기본이므

---

52) 구체적으로 묘사하면, 노란 꽃이 담긴 화병, 작은 항아리, 흙도자기, 파란 화분에 파와 배추 모형, 제기 위 자두와 딸기 모형, 둥그런 그릇에 오이, 복숭아, 귤, 자몽 모형, 정물대 바닥에 당근과 마늘 모형, 배추와 레몬 모형, 흰색의 직육면체와 원통 모형이 놓여 있다.

로 기본부터 익혀야 한다."는 강사의 생각이 확고해서이다. 동일 수채화반이라도 강사에 따라 데생을 시키는 기간은 차이가 있다.

수업의 중간 시간쯤 반장이 나서서 "간식 드시면서 좀 쉬었다 하시죠?"라는 멘트로 중간 휴식 시간을 갖고 간단히 간식을 나누며 담소한다. 간식은 회비[53]로 구입하거나 반장, 또는 "한턱 낼 일"이 있는 회원이 준비한다. 이 시간에는 "요즘 그림이 너무 안 된다."면서 슬럼프를 호소하기도 하고, 오늘 소재나 그림에 대해서 의견을 나누기도 한다. 결석생에 대한 안부를 물으면서 회원들의 출석률 문제도 거론한다. "출석률에 크게 신경 쓰지 않는다."는 평을 받는 이 강사도 여름학기 저조한 출석률에는 부정적인 반응을 보였다. "이 클래스에는 미술을 '취미'로 하는 사람들이 많아 꼭 나와야 된다는 생각들이 별로 없다."는 것이 강사의 소견이었다. 강사는 "빵은 많은데 사람이 없다."든가, "사람은 없고 꽃만 많다."는 등 자조적인 표현도 자주 하였다.

다음 <표 10>은 수업시간 사람들의 활동을 분석한 분류표[54]이다. 이 범주들을 보면 2시간 30분 동안 진행되는 수채화반의 면면을 퍼즐 맞추듯이 완성시켜 볼 수 있다.

<표 10>에서는 미술반 활동에 참여하는 강사와 학생, 아르바이트 직원이 수업시간 동안 하는 행동과 일을 관찰, 기록하여 수업과 관련된 행동과 그렇지 않은 것으로 분류하여 보았다. 특히 강사와 학생의 특정 상황에서 상호작용이 맞물려 가는 것도 있지만, 요리교실과 달리 각자 자신의 일을 하면서 개별적으로 움직이는 시간도 상당히 많

---

53) 문화센터에서는 "주부들에게 너무 부담되지 않는 수준"인 한 기에 만 원 정도 간식비를 걷는다.
54) 스프레들리(Spradley, 1980; 112)는 하나의 의미관계에 기초하여 조직한 일련의 범주들을 'Taxonomy'로 정의하고 있다.

은 것을 알 수 있다. 실제로 강사가 그림을 지도할 때와 간식시간을 제외하고 강사와 수강생 간 직접적인 교류는 많지 않다. 강사는 학생들이 스케치를 하고 색칠을 하는 동안 강의실을 계속 돌면서 그림을 보고 코멘트를 해준다. 이때 필요하면 말로 또는 직접 손으로 고쳐주면서 지도한다. 이 강사는 문화센터 회원들이 자체 전시회를 할 때 "강사가 손을 보아 비슷해진 그림을 전시하는 것은 의미가 없다."고 평가한다. 그럼에도 학생 지도를 위해 그림에 직접 손을 대서 고쳐주는 것 자체는 필요하다고 생각하고 고쳐준다. 학생들을 지도할 때 비슷한 문제를 가진 학생들을 그룹별로 묶어서 불러서 설명하고 자신이 고치는 것을 보게 한다.[55]

〈표 10〉 미술반 수업 참여자들의 수업시간 중 활동

| 강사 | 수업과 관련된 일 | 창고에서 소품 가져오기<br>정물대 위 소품 재배치하기<br>출석 부르기<br>학생들 그림보기<br>그림지도하기, 말로 고쳐주기, 손으로 고쳐주기<br>과제 내기, 과제 검사하기 |
| --- | --- | --- |
| | 수업과 무관한 일 | 앉아서 책읽기<br>점심 먹으러 나가기, 간식 먹기, 음료 마시기 |
| 학생 | 수업과 관련된 일 | 자리 정하기, 이젤판 꽂기<br>스케치하기, 물통에 물 떠오기, 색칠하기<br>남의 그림 보기, 다른 사람 그림 보고 평하기<br>강사 지도말씀 듣기<br>결석생 챙겨 연락하기<br>초보자 그림 가르쳐 주기(고참에게 배우기)<br>집에서 그린 그림 검사받기<br>재료(지우개, 칼, 붓) 빌리기<br>그림과 관련된 대화 나누기<br>물 버리기, 짐 싸기 |

---

55) "이리 좀 와 보세요. 설명 같이 들으세요."하면서 나를 포함한 초보자들을 모이게 한 후 설명한 내용이다. "각도가 굉장히 위에서 보는 것처럼 되어 있는데 각도를 잘 보세요. 일어나서 뒤로 가서 멀리서 보세요. 무엇인가 찌그러졌죠. 고치세요."

| | | 핸드폰 걸고 받기 |
| | | 간식 먹기 |
| | 수업과 무관한 일 | 커피나 음료수 사오기 |
| | | 휴게실 가기, 물 마시러 갔다 오기, 화장실 가기 |
| | | 자신의 일상사에 대해 이야기하기 |
| | | 점심 먹으러 가기 |
| 문화센터 직원 | 수업과 관련된 일 | 정물대 배치, 이젤 옮겨놓기 |
| | | 소재 구입하여 배달하기 |
| | | 강의실 간 소품 옮기기 |
| | | 수업종료 후 정물대, 이젤 치우기 |

강사는 학생의 그림을 고칠 때 반드시 학생을 자리에서 일어나게 하고 자신이 그 의자에 똑바로 앉아서 고친다. 이때 학생은 옆에서 바라본다. 그리고 강사의 교정이 끝나면 다시 자리에 앉아서 그림을 본다. 정확한 각도가 중시되는 미술의 특성 때문이다. 또한 항상 시범을 먼저 보이고 설명을 덧붙이는 방식도 많이 택한다. 특히 초보 회원들에게는 더 많은 시범을 보이고 고쳐준다. 초보 회원들에게 부과되는 과제를 검사하고 새로운 과제를 부과하는 일도 강사의 주된 임무이다. 초보회원들의 경우 특정사항을 지도한 후 "이것을 고려하여 새로 한 장을 더 그려 보라."고 주문한다.

미술시간 마무리는 물통의 물을 버리고 그 주변에 튀어 있는 물감을 휴지로 닦는 정도이다. 나머지 정리는 문화센터 측 직원이 알아서 한다. 요리교실은 설거지와 행주 빨기까지 모든 뒷정리를 회원들이 직접 다 해야 하므로 시간이 오래 걸린다. 수채화반은 처음에 이젤도 다 펴 있고, 나중에 치우지 않아도 된다. 이 점은 회원들의 입장에서는 편리한 시스템이다. 반면, 요리교실은 백화점 문화센터와 별도로 독자적으로 운영되는 시스템을 가진 곳이어서 문화센터의 지원을 받지 않는다. 요리교실에서는 휴지도 아주 소량씩 공급하는 데 반해 수채화반은 충분히 공급한다. 비용절감 차원에서 요리교실에서는 모든 소모품이나 재료에 대해서 관리하기 때문이다.

수업 종료 후 강사와 같이 식사하는 문제를 두고 반장과 회원들 간에는 약간의 미묘한 시각의 차이가 있다. "강사에 대한 예우 차원에서 매번 수업 후 식사 대접을 꼭 해야 한다."는 반장과 달리, 회원들은 경제적 부담을 이유로 들어 호의적이지 않다. 이 문제와 관련하여 회원 김현주와 반장 사이에 있었던 대화를 옮겨보면 <사례 44>와 같다.

〈44〉

김현주: 식사하고 매번 만 원씩 내는 것은 좀 부담되죠. 매번 참석하면 3개월 수강료보다 더 많은 거예요. 그렇다고 선생님 모시고 북적대는 지하식당 가기도 그렇고. 이번 기는 수업시간이 오후라서 간식시간으로 때워서 그것은 좋았어요.

권 반장: 그동안 내 돈 들어간 게 얼만데. 식사에 꼭 의무적으로 참석해야 하는 것은 아니에요. 뭐, 종강날 다 같이 모여서 식사하는 것은 누구나 다 당연하다고 생각하고 있으니까 별 문제가 아니고, 오전 수업이면 한 시에 끝나는데 그리고 식사 안 하고 보내드리기는 좀 그렇잖아요. 게다가 선생님께서 대부분 연이어 대학에 강의가 있으시고. 내가 그걸 아니까. 격주라도 하면 좋을 것 같아요. 다음 기는 형편껏 하도록 하고. 이번에는 내가 집에서 빵이랑 간식 좀 챙겨가지고 온 거죠. 아줌마들은 시간과 돈에 좀 부담을 느끼잖아요.

## 2) 야외 스케치

주부 회원들에게 야외 스케치는 학창시절 소풍과 같은 특별한 이벤트다. 단지 그림을 그린다는 것 외에 "바깥바람도 쐬면서 분위기를 전환"하는 하나의 계기이다. 개인적으로 시간이 안 되는 사람을 제외하고는 대체로 참여율[56]이 높다. 도시락도 개별적으로 준비하기보다 회비를 걷어서 김밥이나 도시락을 주문하고 음료수와 과일도 단체로 준비한다. 반장과 총무가 책임지고 회비 수납에서부터 도시락과 간식 준비의 모든 과정을 진행한다.

봄에는 꽃을 보기 위해, 가을에는 단풍을 볼 수 있다는 계절적 요인으로 봄과 가을에 야외 스케치를 많이 간다. 특별히 장소가 정해져 있는 것은 아니지만 봄에는 꽃이 많은 창경궁, 가을에는 단풍이 좋은 북한산으로 움직이는 식이다. 때로는 회원들의 주거지와 가까운 일상적인 공원, 보라매공원 같은 곳도 야외 스케치 장소로 채택되거나 "꽃이 유난히 예쁜 누구네 집 정원"과 같이 사적인 공간도 간혹 대상이 된다.

야외 스케치는 평상시 강의실에서 이루어지는 수업과 소재 면에서 크게 차별화 된다. 강의실 수업 시 소재가 정물에 국한된다는 한계를 극복할 수 있다는 점이 야외 스케치의 가장 큰 장점이다. 야외 스케치를 나가면 소재가 다양화되고 풍경을 그릴 수 있다. 강의실에서 규격화된 틀 안에서 그림 그리던 자세와는 달리 폭을 넓게 잡고 그릴

---

56) 동일한 야외 스케치라고 해도 여름·겨울학기에 이루어지는 야외 스케치는 대체로 참석율이 저조하다. 또 미술강좌라 해도 학습공동체 형성이 잘된 클래스와 그렇지 못한 클래스 사이에는 야외 스케치나 전시회 참여 시 차이가 크다.

수 있다. 정물이라 해도 모조품이 주를 이루고 풍성하지 못한 빈약한 소재를 가진 강의실 내 한계가 극복되는 상황이 풍경이 주는 장점이다. 동일한 북한산에 올라서도 동서남북 어디에 초점을 두고 구도를 잡느냐에 따라 전혀 다른 그림이 나올 수 있다.

야외 스케치는 또한 회원들 간 친목을 도모하고 나와 친할 수 있는 사람을 선별할 수 좋은 기회이다. 평상시 수업 시간에는 조용히 각자 자기 그림 그리고 짧은 간식 시간에는 충분한 대화의 시간을 갖기는 힘들다. 그러나 야외 스케치날은 아침 10시에 만나서 뒤풀이로 차라도 한 잔 같이 하면서 헤어지는 오후 4시, 5시까지 오랜 시간을 보낸다. 같이 식사하고 서로 그림 평해주고 차도 마시면서 자연스럽게 평소 소원했던 사람들과 '안면을 트는' 계기도 된다. 행사를 마친 후 수업시간에도 야외 스케치를 모티프로 하여 많은 대화가 가능하므로 참여했던 회원들 간에는 더욱 친밀감이 형성된다.

야외 스케치에 참여하는 초보 회원들의 경우, 다른 사람들 앞에서 그림을 그린다는 점에 대해서 상당히 부담스러워 한다. 경험이 많은 강사들은 학생들에게 부담을 주지 않기 위해 "스케치북만 작은 것으로 준비해 오라."고 가볍게 참여를 유도하지만 실제로 학생들은 채색까지 완성한다. "사람 많은 곳에서 그림을 그린다는 것은 한편으로는 부담이지만, 다른 한편으로는 자부심과 자신감을 갖는 계기가 될 수도 있다."는 미술반 강사의 지적처럼 학생들 역시 참석 이후 좋은 느낌을 갖게 된다.

야외 스케치가 강의실 수업보다 이상적이라는 것을 알지만, 주부들의 생활주기 때문에 현실적으로 자주 실시하기 어렵다고 미술반 강사는 밝힌다.

〈45〉

　이 강사: 야외 스케치를 자주 나가면 좋겠지만, 너무 자주 가면 안 나오고 많이 빠지니까 그렇죠. 제 생각 같으면 적어도 한 기에 한 세 번 정도는 나갔으면 좋겠어요. 뭐 사물을 보고 풍경을 보고 하는 것도 좋은데, 실제로 막상 가보면 20명 중에 절반 정도만 오는 경우도 있으니까. 수업을 계속해서 야외 스케치로 대체할 수가 없죠. 그러니까 뭐 봄·가을에 한 번 정도 하는 수밖에 없죠.

　<사례 45>에서 알 수 있듯이 미술반 강사가 말한 야외 스케치의 결석은 자녀가 방학 때인 여름과 겨울에 심하게 나타난다. 주부회원들의 결석과 지각은 거의 자녀나 집안의 행사 등과 같은 사정에 기인한 경우가 많다. 강사들 역시 주부들의 입장을 이해하기 때문에 결석이나 지각에 대해 대부분 관대하다. 그리고 가정에서 과제부과도 어렵다는 점을 너무 잘 알기 때문에 무리하게 요구하지 않는다.

## 3) 전시회

　문화센터 미술반에서 전시회는 미술반 모든 수업을 총정리하는 행사이다. 백화점 측에서는 문화센터 강좌에 참여하는 다양한 강좌 회원들을 대상으로 6개월 또는 1년에 한 번 '예술제'나 '문화제'를 개최한다. 미술반의 전시회가 바로 이러한 성격을 갖고 있다. 백화점 측에서는 예술제를 통한 홍보가 매우 효과적이라고 판단하여 최소 1년에 1회 이상 예술제를 개최하고 있다.

아동 강좌의 경우 예술제에 '100% 참여'를 원칙으로 한다. 예술제에 참여한 자녀들의 발표를 지켜본 후 학부모들의 높은 만족도가 다음 기 등록률로 연결되기 때문이다. 문화센터 예술제에는 각종 고가의 경품이 내 걸리고 외부에서 사회자도 초빙하고 회원들과 관람객들에게 예술제가 열리는 곳까지 버스 편을 제공한다. 세심한 배려와 상당한 액수의 예산 투입이 예술제에 집중된다. 예술제가 열리는 공간 로비를 활용하여 미술반 전시회를 여는 경우도 많다.

동일 백화점 문화센터의 미술반이라 해도 '전시회를 하는 클래스'와 '하지 않는 클래스'로 구분할 수 있다. 일단 1년에 한 번의 전시회를 할 수 있는 강좌는 강사와 학생들이 모두 열심을 갖고 임하는 클래스로 공동체의 개념이 강하다. 그리고 신규회원의 진입은 간혹 있지만, 기존회원들이 거의 빠지지 않고 오랜 시간을 같이 가는 패턴을 보인다. 이렇게 "열심히 하는 반은 강사와 학생과 반장의 삼박자가 맞아떨어져야 가능하다."고 사랑문화센터 평생교육사는 말한다. 전시회를 할 수 있는 반의 특징을 질문하자 <사례 46>과 같은 답을 주었다.

〈46〉

연구자: 전시회를 하는 반과 그렇지 않은 반은 눈에 띄는 차이가 있나요?

최명지: 선생님, 학생 다 열심히 하는 거죠. 선생님은 선생님대로 잘해 주어야 하고, 가르치는 것도 잘해야 하는 면도 있고, 회원들도 열성을 보이거든요. 반장을 중심으로 해서 조직화라고 하면 좀 웃기지만, 연락망도 다 갖추고 있고, 서로 간에 친목도 돈독하고 잘 묶여져서 흘러가는 반은 잘돼요.

그런 조건이 안 되는 반은 회원들 간 친목이 어긋나거나 삐끗거리거나 하면 이런 행사까지 할 수 있는 데까지 못 가죠.

2000년도 사랑백화점의 경우, 7개의 미술반 강좌 중 두 개의 미술반이 전시회를 가졌다. 누드 크로키반은 인사동에서, 토요 서양화반은 구로구민회관을 빌려서 전시회를 가졌다. 사랑백화점은 백화점 문화센터 개원 초기에는 백화점 내 사랑갤러리를 전시회장으로 많이 이용했었다. 최근 그곳을 매장으로 바꾸면서 전시회 장소가 백화점 외부로 바뀌었다. 간혹 백화점 1층 광장을 이용한 소규모 전시회도 있지만, 정식으로 전시회를 할 때는 일단 '인사동'을 선호한다. 미술계에서 경력으로 인정하는 전시회는 백화점 외부에서 개최된 경우에 한정하기 때문이다.

사랑백화점의 경우, 전시회를 개최하는 클래스에 대해 백화점 문화센터 측에서 대관료의 액수에 상관없이 지원한다. 그러나 이런 시스템은 각 백화점 문화센터마다 차이를 보인다. 소망문화센터 미술반의 경우 거의 대부분의 경비를 사비로 충당하고 문화센터 측에서 지원은 별로 없었다고 했다. <사례 47>은 전시회 소요 비용에 관한 소망백화점 문화센터 미술반 반장의 이야기이다.

⟨47⟩
연구자: 전시회 비용이 많이 들었나요? 전시회에 개인당 평균 얼마 정도의 비용을 소비하죠?
김희진: 백화점 내 갤러리에서 전시회를 할 때는 그렇게 비용이 많

이 들지 않았는데, 외부로 나가서 인사동에서 정식으로 하려니까 부담이 되죠. 표구비용까지 해서 일 인당 25만 원 정도 냈으니까요. 액자 하나 하는데 4만 원에서 8만 원 정도 드는데 액자 호수에 따라 다르죠. 그리고 대관료를 참여한 20명이 나눠서 냈는데, 대략 일인당 20만 원 정도 냈어요. 그림 액자비는 개인별로 했는데 나는 25만 원 들었어요. 문화센터 측에서는 음료수 정도 지원했고, 그것도 교수님이 의뢰한 후에요.

전시회 계획은 주로 봄학기에 수립된다. 미술반 역시 3개월을 한 기로 운영하는 백화점 문화센터의 등록방식을 따르지만, 회원들이 1년, 2년 계속해서 등록하는 지속성이 강한 클래스이다. 따라서 주로 봄학기에 올해 전시회 개최 여부를 정하고 들어가는 경우가 많다. 물론, 계획과 달라지는 상황도 발생하지만, 일단 전시회를 하기로 결정하면 회원들이 적극적으로 그림을 준비한다. 한 기에 한두 작품을 완성해서 모아놓았다가 전시회 날짜가 정해지면 작품 선정을 한다. 그후 가을학기에 그림을 고치고 강사가 손보아 준 후 마무리하여 전시회에 참여한다. 사랑문화센터 미술반 강사는 '강사가 그림에 손을 대는 것'을 이유로 전시회를 비판적으로 본다.

⟨48⟩

이 강사: 자체 전시회를 한다는 것이 뭐 그렇게 큰 의미가 있는 것이 아니구요. 자체 전시회를 하려는 욕망이 그분들에게는 사실 굉장히 있어요. 그것을 하게 되면 직접 그린 작품을

그대로 내기보다는 선생님이 막 손을 대서 고쳐야 되고 그런 건데. 그런 것은 전 의미가 없다고 보거든요. 잘 그리고 잘 못 그리고 간에 자기 나름의 특성이 드러난 그림들이라면 전시할 가치가 있지만 비슷한 그림, 선생이 막 손대서 똑같이 만들어 전시하는 것은 아마추어건 프로건 무의미하다고 생각하니까요.

<사례 48>의 진술처럼, 사실 그림의 순수성을 기준으로 놓고 보면 이미 그림으로서의 가치를 상실했다고 보는 시각도 일견 타당하다. 그러나 회원들의 입장에서는 자신들의 '보잘것없는' 그림을 내 보인다는 사실에 한편으로는 자신 없고 부끄럽고 창피해한다. 이 과정에서 강사가 그림에 손을 대어 다듬는 것에 대해서 심한 거부감을 갖지 않는다. 자신들의 작품을 보다 완성도 높은 작품으로 만들어 가족과 친구들에게 전시할 수 있다는 점에 대해 상당히 의미를 부여한다. 오히려 전시회를 하기 전보다 그 이후에 회원들이 더욱 적극적인 반응들을 보이는 것은 전시회 과정에서 많은 경험을 하고 배울 수 있기 때문이다.

전시회를 앞두고 반장과 총무를 중심으로 모든 회원들이 여러 번 자발적 모임을 갖는다. 전시회 팸플릿 준비에서부터 비용산출까지 서로 협의하여야 할 문제가 많다. 그리고 전시회 나온 그림들을 가지고 달력과 액자 같은 소품을 만드는 일도 참석자들의 의견 통일을 거쳐야 하는 일이다. 이 과정에서 약간의 의견 충돌은 있지만, 반장이 조절하고 서로 비슷한 성향과 그림을 한다는 공통점에 의견을 모으기가 그리 어렵지만은 않다. 드디어 다과와 차를 준비한 후 전시회 오프닝

을 하고 꽃을 들고 찾아오는 가족과 친구들을 맞이한다. 그림을 내지 못한 초보 회원들은 전시회에 같이 참여하면서 후일을 기약한다.

전시회를 거치면서 얻게 된 가장 큰 소득은 화가가 하는 '예술인의 체험'을 해 볼 수 있었다는 것이다. "이런 과정을 밟아서 작업을 하고 전시회를 하는구나, 굉장히 힘든 작업이구나." 하는 것을 몸소 체험했다는 것을 제일 큰 소득으로 생각한다. 이제 화가라는 전문가의 시각으로 그림을 보는 방식을 배우게 된 것이다.

전시회는 주부회원들에게 새로운 정체성을 형성하게 만드는 계기가 된다. 한편, 전시회를 보러온 가족들과의 관계에서도 변화의 단서가 발견된다. 가족들에게 엄마와 아내에 대한 재이해의 동기를 부여한다. 집에서 '밥하고 빨래하던 부엌데기'가 아니라 우아하고 기품 있게 정장 반듯하게 차려 입고 자기 이름을 건 예술 작품 앞에 서 있는 엄마는 이전의 엄마가 아니었다. 그 새로운 모습에 가족들은 '권주희'라는 그의 이름을 새롭게 기억해 낸다. '아, 우리 엄마가 이렇게 멋진 면이 있구나.' 하면서 자기 세계를 가진 주체적인 존재로 인정할 수 있는 계기가 된다.

이 전시회를 통해 이제 '그리는 그림'에서 '보는 그림'으로 전환을 가져오게 된다. 처음 막연히 그림을 잘 그린다는 것이 '형태를 똑같이 그리는 것'이라는 단순한 사고에서 탈피하여 이제 자기 세계관을 담은 그림이 좋은 그림이라는 것을 알게 된다. 회원들 스스로 "그림을 볼 수 있는 시야가 넓어졌다."는 평가를 한다. 단순히 기법을 익히고 그림을 그리는 데 급급하지 않고, 이제 그림을 감상하는 능력을 키우는 중요한 학습의 장이 된 것이다.

미술반 수업을 통해 강사는 그림 감상의 중요성을 강조하고 각종 전시회 관람을 권유하고 좋은 전시회를 소개하거나 같이 동행하는 노력도 한다.[57] 이때 강사의 전시회도 그 대상이 되며 회원들의 1년 작업을 총결산하는 자체 전시회도 그림감상 능력 배양과 관련된 학습기회로 활용되는 측면도 강하다. 이때 문화센터 회원들은 강사의 전시회를 관람하면서 전문가 집단이 하는 전시회 작품을 보고 비판적으로 평가할 수 있는 안목을 기르게 된다.[58] 국전 수상작이 언론에 발표되면 그 작품에 대한 의견을 주고받는 소통의 과정 역시 미술반 수업에 꼭 등장한다.

미술반 수업을 통해 학생들은 그림과 미술에 대한 기초를 배우고 나아가 "좋은 그림"의 의미를 알고 또 그림으로 세상을 보는 방법을 발견하게 된다.[59] 바로 미술교육의 목표는 '미술을 매개로 한 세계관 형성'이라고 할 수 있다. 미술반 반장 권주희는 그림을 오래 하면서 자신의 그림에 대한 생각이 바뀐 것을 다음과 같이 밝혔다.

〈49〉

권주희: 옛날에는 묘사력이 있고, 정확성이 있고 그런 것이 그림을 잘 그리는 건 줄 알았어요. 그런데 지금 그림을 오래 하다 보니까 대상을 정확히 재현하는 것 자체가 그림을 잘 그리

---

57) 백화점 문화센터 측에서는 각종 미술 관련 전시회의 포스터를 문화센터 게시판에 붙여 수강생들에게 이와 관련된 정보를 제공한다. 전시 정보에 대해 포스터 앞에 서서 대화를 나누면서 가장 민감하게 반응하는 것은 미술반 수강생들이다.

58) 문화센터에 출강하는 미술 강사들은 현직 화가이면서 대학 강사들이다. 따라서 이들은 대부분 일 년에 한 두 번 정도의 개인전이나 최소한 단체전에 참여한다. 간혹 강사들 중 자신의 전시회 작품 구매로 수강생에게 부담을 주는 경우 수강생들이 문화센터 측에 항의하는 일도 발생한다.

59) 미술반 강사는 지도할 때 '좋은 그림'과 '나쁜 그림'을 구분한다. "똑같이 그린 그림이 잘 그린 그림이 아니다. 그림 전체를 만들어서 그려야 한다. 입시미술은 그런 점에서 꽝이다. 가장 좋은 그림은 자기 느낌에 충실한 그림이다.", "나쁜 그림은 아주 잘 그렸는데 정말 재미없고 생명력이 하나도 없는 그림이라고 할 수 있다."

는 것이 아니더라구요. 그런 것은 어느 정도 기술만 쌓이면 누구든지 할 수 있으니까요. 결국 그림은 자기 안에 있는 그 무엇을, 내가 살고 있는 이 시대와 세계를 표현할 수 있는 능력이 있어야 하는 거죠.

<사례 49>의 권주희의 지적을 토대로 하면, 동일한 그림을 그린다 해도 그것을 '기술(skill)'로 재현하는 것과 '예술(art)'로 승격시키는 것이 별개의 것임을 알 수 있다. 사진으로 찍어내듯, 동일한 장면을 묘사해 내는 능력은 단순한 기술의 문제이지만, 그 속에 내가 살고 있는 시대와 세계를 표현하는 것은 생명력을 담은 그림일 때 가능하다. 그리고 인간과 자연과 세계를 보는 올바른 시각과 이해가 요구된다. '성찰'은 이 과정에서 그림을 매개로 나와 사회를 이어주는 중요한 통로가 된다. 수요수채화반 강사는 이런 시각의 미술교육을 매우 중시하여 학생 지도 시 더욱 미술교육의 철학적 측면을 강조하였다.

# 3.
# 문화센터 수업의 구성원리

## 1) 학습자의 '자율성' 존중

　문화센터 수업에서 학습자들은 기본적으로 강좌의 종류, 강사, 강의 시간 등에 대한 선택권을 갖는다. 최근 평생교육 이념의 대두로 수요자 중심 교육 원리를 우리 공교육 현장에서도 언급하고 있지만, 실제로 그것이 얼마나 실현되고 있는가에 대해서는 회의적이다. 반면, 문화센터의 모든 강좌들은 100% '수요자 부담의 원칙'에 입각해서 운영이 되기 때문에 더욱 수요자들의 요구에 부응하는 프로그램을 개발하기 위해 노력하는 것을 볼 수 있다.

　문화센터 수업에서 학습자가 누릴 수 있는 자율은 먼저 시간과 관련된 측면이다. 미술반의 경우, 2시간 30분에서 3시간 정도 시간을 회원들은 자신들이 편한 시간을 중심으로 수업시간을 재조직해서 사용한다. 바쁜 일이 있으면 2시간 30분의 수업 시간을 앞뒤로 조정하여 1시간만 참여하기도 한다. 요리교실의 경우에도 강사의 강의만 듣기도 하고, 늦게 도착하여 실습에만 참여하기도 한다. 요리교실과 같이 정해진 시간별로 수업이 진행되는 경우 강의와 실습을 놓치게 되지만, 미술반은 수업 시간을 조정해도 스케치와 색칠, 지도받는 일까지 모든 것을 할 수 있다. 이런 자율성은 자녀와 집안일과 관련하여 모든 일정을 조절해야 하는 주부들에게는 매우 편리한 시스템이다.

성인학습자가 참여하는 문화센터 수업에서는 '땡땡이'의 개념이 성립되지 않는다. 수업 중간에 개인적으로 자유롭게 공간을 이동하면서 휴식을 취하기도 하고 식사하러 식당에 가기도 한다. 연구자이면서 동시에 참여자인 나 역시 수업 중간에 화장실에 갔다가 점심식사를 하기 위해 휴게실을 통과하던 중 미술반 회원 세 명이 커피를 마시는 것을 보았다. 나보고 "커피 한잔 하죠." 권했지만, 점심 먹으러 간다고 말했다. 세 명 중 반장은 "조용히 나와서 커피 마시려고 했는데 들켰다."면서 약간 쑥스러워 했다.

이런 행동은 사실 학교나 학원에 다니는 학생들에게는 '땡땡이'에 해당하는 행동이다. 제도권인 학교에서는 이런 행동이 '결과(缺課)', 수업에 빠진 것으로 출석부에 기록이 된다. 사회교육기관으로 분류되는 재수학원에서 이런 행동은 '땡땡이파' 학생들이 하는 행동으로 볼 수 있다. 그러나 성인들이 학습자로 참여하는 문화센터 수업에서는 잠깐 나와서 커피 한 잔 마시고 들어갈 수 있는 자유를 누릴 수 있다. 강사도 그 행동에 대해 잔소리하지 않는다. 이 행동을 하는 당사자들은 오히려 좀 답답할 때 자유롭게 나가서 쉬고 들어오는 것이 더 생산적이라고 생각한다. 자유로움이 보장되는 문화센터 수업은 학습자가 성인일 경우에만 가능한 것인가? 동일한 미술 교과를 학교에서 가르치고 배우는 경우 다른 교과와 차별성이 인정될 수 있는 여지가 있다고 본다. 특히, 예체능 교과의 특성상 개방적이고 학생의 자율성이 존중될 수 있는 방식의 도입이 가능하고 이를 위한 구체적인 교육적 고려가 필요하다고 본다.

나는 "재수생들의 생활과 배움에 관한 문화기술적 연구"(배수옥, 1991)에서 재수생들을 '노력파'와 '땡땡이파'로 구분하였다. 문화센터에 다니는 주부들을 대상으로 하여 이 구분이 가능하다. 그러나 대입 재수학원에 다니는 학생들은 부모에 의한 강제로 비록 땡땡이를 치면서 학원 수업을 제치고 당구장에 가는 한이 있더라도 출석을 해야 하는 강제성이 있지만, 주부들의 경우 땡땡이파는 결국 낙오로 연결된다. 문화센터 미술강사는 "미술코스가 잘하고 못하고가 눈에 확연해서 아줌마들이 적응하고 살아남기 어려운 코스"라고 설명한다. 실제로 문화센터 미술 수업에 한두 번 참석한 후 장기결석이 낙오로 연결되는 시스템을 갖는다고 미술반 강사는 <사례 50>과 같이 설명한다.

⟨50⟩

연구자: 여기 사람들 많이 왔었나요?

이 강사: 그동안 왔던 사람 합하면 학교 하나 열 수 있어요. 일 년에 100명 이상. 내가 여기 문화센터에 6년 있었으니까 600명 이상이죠. 한 번 왔다 간 사람이 100에서 150명 될 겁니다. 처음 와서 아는 사람 없고 낯설고 그림도 해보니까 뜻대로 잘 안 되고 기대는 있었는데 쪽팔리니까 안 오고. 그래서 처음에 10명에서 15명 정도 들어와도 기대를 안 해요. 한 번 오고 안 오는 사람들도 많고 그중 두세 명 남으면 많이 남는 거지.

물론 제도교육기관인 학교에서도 요즘 학교에 적응하지 못하고 중퇴하는 학생들의 문제가 국내외적으로 심각하게 제기되고 있다. 자발성에 근거하여 학습이 시작되는 문화센터는 학교와 같은 제도교육기관이 갖는 강제성을 위임받은 기관이나 개인이 존재하지 않는다. 문화센터 수업에서는 숙제나 출석 역시 강제성이 부과되지 않는다. 그러나 '강제성'이 '자발성'으로 대체되지 않을 때 문제점을 문화센터에서 쉽게 찾아볼 수 있다. 회비를 완납한 이후에도 환불받지 못하는 것을 알면서도 자발적인 낙오를 택한다. 문화센터를 이윤추구에 초점을 두면 생각하면 이 사태가 별문제가 되지 않는다. 그들은 이미 회비를 완납한 상태이므로. 그러나 교육의 시각으로 보면 낙오생을 방치하고 있는 사태는 분명 비교육적 사태임에 틀림없다.

미술반 내에서 누리는 자율성은 미술반에 최근에 등록한 '초보회원'에서 오랜 시간 참여한 '고참 회원'으로 갈수록 점점 권한이 커진다. 대체로 초보 회원들은 출석도 제시간에 맞추어서 하고, 과제부과나 시간 배정도 강사의 지도에 따르거나 관례를 따르고 준수한다. 그러나 초보회원들조차 강사가 부과하는 숙제에 대해 크게 부담을 갖지 않는다. 이 역시 자신의 시간과 건강 같은 객관적 조건이 허용된 경우에만 응하는 것을 볼 수 있다. 강사 역시 수강생들의 과제 수행 여부에 대해 크게 문제 삼지 않는다. 수강생들의 과제수행과 관련하여 관찰한 자료를 미술반 참여관찰일지에서 옮겨 적으면 다음과 같다.

⟨51⟩
전 주에 선생님이 신참인 나와 또 한 명에게 책 한 권씩을 그려오라고 숙제를 내줬다. 그 선생님은 출입문 앞에 서 계시다가 들어오는 나를 보시고 내 자리 쪽으로 오셔서 내 스케치북을 말없이 펴 보았다. 숙제로 그려온 그림에 대해서는 별 다른 코멘트를 하지 않으셨다. 내가 지난주에 숙제를 해 오지 않았을 때에도 별 다른 말씀이 없으셨다.

학교에서는 교사, 학생 간에 숙제검사를 통한 권력 행사가 가능하다. 즉 교사가 학생에게 자신의 권력을 행사할 수 있는 중요한 채널이 과제부과 및 과제 평가이다. 일례로 학생들이 잘못을 저지른 경우 과다한 과제를 부과해서 학생들에게 부담을 주고 괴롭힐 수 있다. 중고등학교의 경우, 담임교사들은 자신의 담당과목이 아닌 영어, 수학을 주 내용으로 하는 연습장 메우기(일명 '깜지')라는 '고전적'인 방법을 동원하기도 한다. 그러나 문화센터의 수업 장면에서는 교사, 학생 간에 이러한 권력관계가 형성되지 않는다. 학습비의 부담을 학습자가 한다는 '수익자 부담의 원칙' 때문이기도 하고 학습자의 연령이 성인이라는 점 때문이기도 하고 또 학습자의 생활 여건이 바쁜 아줌마들이라는 점이 과제에 강제성을 부과할 수 없는 이유들이다. 그러나 이런 강제성이 자발성으로 대체되지 않는 한 문화센터 수업의 충실성은 보장되기 어렵다는 한계를 갖고 있다. 높은 결석률을 해결할 다른 방법이 없다는 것도 이 문제와 비슷한 맥락에서 제기할 수 있는 문제이다.

미술반 수업은 학생들이 자율성을 누리는 만큼 지도하는 강사 역시 자율적인 시간 활용이 가능하다. 실제로 미술반 강사는 시작 시간은 엄격하게 준수하지만, 수업 중간에 식사를 위해 20분을 할애한다. 지도할 학생들이 적거나, 개인적 일이 있는 경우 "조퇴하겠습니다."

라고 인사한 후 30분, 40분 미리 강의실을 나서기도 한다. 물론 이런 경우에는 학생들 지도를 미리 해 준다. 만약 지도를 마치지 않은 상태에서 강사가 가 버리게 되면 학생들은 이에 대해 불만을 갖고 심한 경우, 문화센터나 백화점 소비자 고발센터에 신고하기도 한다.

미술반 강사가 개인적 사정으로 하루를 휴강한 후 그 다음주 '법정 공휴일'에 '야외 스케치' 형식을 빌려 보강을 해 주었다. 사람들이 많이 참석하지 않았음에도 불구하고 행정적인 하자를 남기지 않기 위해서였다. 주부들은 자신이 개인적 사정에 의해 결석하거나 지각하는 것과 별개로 강사가 문제가 되어 결강이나 지각 사태가 발생하면 예민하게 반응하고 소비자로서 권리[60]를 주장한다.

종강 날 강사와 같이 식사하는 자리에서 이번 기 수업이 처음 고지된 대로 11회가 진행되지 못한 것에 대해 강사에게 질문했다. 다음주 수요일 수업이 있는지 반장이 강사에게 묻자, 강사가 직접 문화센터에 전화를 걸어 확인한 후 "다음 주는 문화센터 수업이 모두 휴강"이라고 전했다. 그러자 반장 권주희가 이런 질문을 회원이 제기하게 된 배경을 설명했다. 다음 <사례 52>는 그때 상황을 기록한 참여관찰일지 내용이다.

⟨52⟩

지난번 수채화반 요일을 수요일에서 금요일로 옮기고 사람들에게 개인적으로 연락해 주지 않아서 사람들이 개강 첫 주 수업을 못 온

---

60) 이런 적극적인 소비자의식은 백화점이 소비자의 권리를 존중하는 기본 노선을 가진 서비스 업체라는 점 때문에 가능하다. 이 점이 우리 사회에서 백화점 부설 문화센터가 다른 기관 부설 문화센터에 비해 더욱 성장하는 원동력으로 작용하였다.

것에 대해서 항의했어요. 그러자 문화센터 과장이라는 사람이 "그럼, 다음 주 수요일부터 수업한 것으로 치자."고 말했다. 그렇게 되면 종강이 다음 주까지 넘어가게 되는데. 그래서 물어본 거죠. 아줌마들이 이런 것은 깐깐하게 따지니까요.

## 2) '개인차'에 기반한 '개별화' 지도

문화센터 수업의 개별성은 앞서 기술한 자율성에 입각하여 이루어지는 원리로 볼 수 있다. 각 학생들이 누리는 자율성은 수업의 개별성으로 연결된다. 자율은 획일과 상반되는 단어로 다양한 선택이 있을 수 있음을 의미한다. 이런 점에서 자율은 그 결과 다양한 모습의 선택들을 가능하게 한다. 문화센터 수업을 관통하는 개별성은 '개인차에 기반을 둔 차별화된 지도'라는 수업원리로 정리할 수 있다. 이곳에서는 획일적 집단을 대상으로 한 강의식 가르침이 아니라, 한 개인을 대상으로 한 지도이다. 물론, 이 지도를 공유하지만, 중요한 점은 특정 개인의 그림을 소재로, 특정 조에서 만들어낸 음식을 소재로 학습자들을 지도한다는 것이다.

문화센터 미술반에 작용하는 개별성은 문화센터 수업이 갖는 한계를 수용해야 하는 현실적 조건에서 나온 것이다. 문화센터 미술반 강사는 "문화센터의 제일 취약점이 '수준별 수업'이 이루어지지 못하고 '심화반'을 운영할 수 없다."고 지적하였다. 항상 초보자들을 대상으로 반이 운영되는 한계가 있고, 수준별로 사람들을 나누게 되면 한 반의 정원을 채울 수가 없는 현실적인 문제가 있다. 그 결과 다양한 수준을 가진 사람들을 한 클래스에 묶어 놓는 '억지춘향식 통합수업'

의 형태를 보이게 된다. 이때 통합수업의 정확한 의미는 '복식수업'이다. 마치 학생 수가 많지 않아 전 학년의 학생들을 한 교실에 모아 놓고 한두 명의 교사가 지도하는 방식의 복식수업과 같은 의미이다. 문화센터의 이와 같은 수업 방식은 최소한의 강좌 구성 인원이 필요하다는 것과 공간의 부족이 원인이다. 그 속에서 강사들은 대안으로 학생 '개인차에 기반한 개별화 지도'라는 수업원리를 택하게 된다.

미술반 수업과 달리 요리교실은 조별로 실습하고 일종의 공동학습을 한다. 따라서 내 개인의 실력보다는 우리 조 전체의 실력에 따른 공동의 지도를 받게 된다. 내가 요리를 잘한다 해도 조원 중에 실수하는 사람이 있는 경우, 그 실수에 대해 강사는 전체적으로 지적한다. 물론, 실습 중간 중간에 강의실을 돌면서 구체적인 재료 손질법이나 요리 시간이나 순서와 같이 한 사람이 하고 있는 행동에 대해 교정해주기도 한다. 그러나 그 경우에도 조원 전체를 놓고 설명한다. 요리교실에서는 한 팀을 개인과 같이 취급하여 조별로 상이한 지도가 가능하다.

미술반은 요리교실과 같은 시간에 따라 수업의 과정이 정해져 있는 것이 아니라 내가 그곳에 도착하는 시간이 내 수업의 시작이고 내가 그림을 완성하는 시간이 내 수업의 끝이다. 이처럼 유동적인 시간 활용이 가능하기 때문에 미술반의 경우 지각, 조퇴를 하더라도 수업에 참여하는 비율이 더욱 높다. 다른 강좌와 달리 거의 3시간에 달하는 미술반의 수업시간이 이런 행동방식을 이끌어 낸다. 이런 점에서 문화센터 측에서 각 강좌의 수업시간을 충분히 확보해 주는 것은 회원들의 자율적인 선택의 폭을 넓히는 데 배경이 된다.

요리교실은 내가 제 시간에 도착하지 않아도 강사의 강의를 시작으로 수업이 시작된다. 때문에 내가 정해진 시간에 참석하지 못하면 강의나 실습을 놓치게 되고 그 활동을 소급해서 할 수 없는 한계가 있다. 그런 경우 내가 혼자 요리를 만들 때 많은 어려움을 겪는다. 강사의 강의를 듣고 요리를 만드는 경우와 지각하여 강의를 건너뛰고 요리를 만드는 경우 두 가지 요리에 들어가는 재료부터 혼동하는 실수를 하게 된다. 반면 미술반의 경우 수업시간을 개인의 형편에 맞게 자율적으로 운영한다 하여도 특정 단계 수업을 놓치는 경우는 없다. 다만 시간이 절대적으로 부족한 경우 스케치와 채색 모두를 완성하기 힘든 경우도 있다. 이럴 때는 스케치만 해 가고 채색은 집이나 다음 시간에 미루는 방식도 택한다.

학생들의 개별화는 강사의 지도가 학생 개개인의 실력에 따른 차별적 지도로 이어진다는 점에서 상당히 교육적이다. 미술반의 경우 초보회원이 등록하고 처음 출석하면 일단 강사는 선행학습 여부를 확인한다. 그 후 선행학습 여부에 의해 그룹으로 나누고 테스트용 그림그리기를 시킨다. 첫 시간에 네 명의 신입회원 중 '진짜 초보'에게는 선긋기와 명암 넣기를 시키고, 약간의 선행학습 경험을 가진 두 명에게는 물체 그리기를 시켰다. 수업 종료 후 선행학습 경험이 있는 두 명도 결국 이날의 그림 평가에 의해 다시 세분화되었다. 동양화를 1년 정도 문화센터에서 배운 '개봉동 아줌마'에게는 "다음 주 수채화 준비를 해오라."고 했지만, 취미로 데생을 했다는 사람에게는 "데생을 조금 더 한 후에 수채화로 넘어가자."고 말했다.

미술반 수업의 개별화는 처음 소재 선택에서부터 시작된다. 주로 초보자들은 구체적 선을 가진 정물을 강사가 직접 지정해 주는 데 반해, 고참 회원들은 꽃과 과일 같은 정물을 직접 구도를 잡고 선택한다.

6주 수업에서 강사는 내 숙제를 본 후 다시 소재를 선정하였다. 추측컨대, 약간 난이도를 높인 것 같았다. 이처럼 미술반에서 수업원리에서 개인차는 최대한 존중되어야 하는 원리로 작용한다. 왜냐하면 미술이란 기본적인 소질이나 선행학습에 따른 실력이 구분되기 때문이다.

초보회원들도 시간이 흐르면서 자율적으로 자신의 학습 소재를 선택할 수 있는 권한을 갖는다. 초보회원들의 경우, 모든 것을 강사의 지도에 맞추어 진행한다. 그러다 점차 수업 참여 횟수가 누적되고, 미술반의 운영 방식을 이해하면서 소재 결정을 비롯한 각종 사안에서 점차 자신의 권한이 확대된다. 미술반 참여관찰 일지에 기록된 <사례 53>은 미술반 수업 진행에 따라 학습자의 권한 확대 과정을 보여준다.

〈53〉

나는 지난주 내가 그리다 만 화병을 재료실에 가서 내가 직접 들고 나왔다. 그날 다 완성을 하지 못했기 때문에 오늘 이것을 완성시킬 계획으로 그렇게 했다. 특히 오늘은 수업을 일찍 마칠 계획이기 때문에 새로운 것을 시작하기보다는 그냥 하던 것을 마무리하는 것으로 택했다.

이런 모습은 수업 초기라면 불가능한 장면이다. <사례 53> 역시 수업이 석 달째 접어든 시점이었고, 그 상황에서 나는 내가 그릴 그림의 소재를 선택할 수 있게 되었다. 그런데 그 이행 과정이 무척 자연스러웠다. 그렇게 해도 좋다고 강사나 선배인 고참 회원들이 명시적으로 말해준 것도 아니다. 그냥 자연스럽게 이런 행동이 나왔다. 그 당시 강사가 내 옆에 서 있었지만, 다른 지도를 하지는 않았다.

본인의 학습내용을 스스로 선택할 수 있는 권한을 성인 학습자는 갖고 있다. 하지만 그것이 성인 학습자와 아동 학습자의 차이가 아니라, 학습에 대한 익숙함의 차이로 보인다. 나 역시 성인 학습자였지만, 모든 학습 활동의 소재와 과정 등에 대해서 강사의 지도를 따랐다. 하지만 수업의 횟수가 누적되면서 소재 선택, 학습 과정 운영 면에서 점점 나의 선택의 폭이 넓어졌다. 그 과정은 절대 공식적이지 않았으며 매우 자연스러운 이행을 보였다. 그렇다면 아동들의 학습에서도 학습활동이 익숙해진 단계에 들어선다면 보다 더 학습에 관련된 사항을 결정할 수 있는 권한[61]을 위임해야 하는 것 아닐까?

문화센터에서 이루어지는 개인차에 근거한 차별화된 지도 방식은 분명 현재 비평준화 지역의 대다수 한국 중등교육 현장의 문제점과 극명하게 대조를 보인다. 1975년부터 시행된 고교평준화 정책은 현재 전국 대도시 지역 중고등학교에 일반적인 형태로 자리 잡고 있다. 평준화의 문제점을 극복하기 위한 현실적인 대안으로 교육부는 1990년 이후 과학고와 외국어고 같은 특수목적고등학교의 설립을 허용하고 있다. 현실적으로 우수한 학생들이 그 학교들로 집중하는 현상을 볼 수 있다. 현재 우리나라 중등교육의 대다수를 차지하는 중학교 전체와 대다수 일반 고등학교의 경우 이질적인 집단으로 구성된 한 학급 학생들을 대상으로 수업을 진행하는 어려움은 영어, 수학 과목의 경우 더욱 극심하다. 이 점을 해결하기 위해 '수준별 교육과정'이라는 '대안 아닌 대안'이 7차 교육과정으로 제시되고 현재 일선 학교에서

---

61) 기존의 '어른의 축소판'으로 아동과 청소년을 상정하는 편협한 시각에서 탈피하여, 아동이나 청소년 역시 개성을 가진 독립적 존재로 인정하는 시각이 교육학계 내에 확산되었다. 배은주(2004)의 연구는 '대안교육' 센터에서 독립적이고 자율적으로 자신들의 학습을 기획하고 실행하는 청소년 집단의 학습에 대한 교육학적 통찰을 보여준다.

시행되고 있지만, 이질적 수학능력을 가진 집단을 대상으로 한 교육의 '수월성' 획득에는 실패하고 있다.

선진과 후진이 한 장소에서 동시에 수업을 하면서 서로 보고 배울 수 있다는 장점 이면에는 심각한 프로그램 진행상의 문제가 있다. 예를 들면, 악기를 다루는 수업의 경우 회원모집 시 성인과 아동을 구분하지 않고 모집한 후 수업을 진행하여 연령별 통합수업의 형태를 보인다. 이때 아동, 청소년과 어른이라는 연령상의 구분보다 그 해당 악기에 대해 모두 동일하게 초보자라는 조건이 앞서기 때문에 수업 진행상의 문제점은 심각하지 않다.

미술반의 경우 성인학습자들의 수업이 수준별로 구성되지 않고 통합식 수업으로 이루어진 것은 일면 초보 학생들에게는 유리하고 도움이 된다. 그러나 오랜 선행학습 경험이 있는 고참 회원들과 지도하는 강사에게는 실제적인 어려움이 많다. 고참 회원들은 자신들이 보고 배울 그림을 그려내는 사람이 없고, 선의의 경쟁자가 될 만한 사람이 없다는 점, 또 신입회원들의 결석과 낙오가 많아 반이 지속적으로 구성되지 못한다는 문제점을 제기한다. 게다가 강사의 지도가 가르칠 것이 많은 신입회원에게 집중되면서 고참 회원들에 대한 세심한 일대일 지도는 약할 수밖에 없다고 지적한다. 강사 역시 동일한 장소에서 각기 다른 소재를 주면서 다른 수준의 학생들을 지도하는 것이 별로 바람직하지 않고 비효율적이라고 지적한다. 이와 관련된 사랑문화센터 미술반 강사 이홍수의 비판은 다음 <사례 54>와 같다.

〈54〉
이 강사: 이질적인 집단을 지도하려면 소재준비부터 따로 해야 하

고 에너지 소비가 많아요. 같은 레벨은 끌고 가기가 편한데. 학생들에게도 피차 손해일 수 있죠. 서로 자극에 의해서 그림이 느는 건데. 기초반, 심화반으로 분리가 안 되는 것은 분리 시 클래스 형성이 안 돼서 그렇죠. 한 클래스에는 적정인원이 필요해요. 숫자가 너무 적으면 경쟁심과 자극이 부족하니까. 또 문화센터 운영 기본 원리가 교육적 측면이나 학습보다는 이윤이나 상업적 측면이 강하니까 더 이상의 배려는 없는 것 같아요.

문화센터 미술반 강사는 이 문제를 해결하기 위해서는 "문화센터 측의 논리가 교육의 논리로 전환되어 보다 적극적인 해결책을 찾지 않으면 어렵다."고 대안을 제시한다. 예를 들면, 문화센터 강좌들이 백화점식으로 유아교육부터 성인교육까지 포용하고 있는 현실에서 백화점마다 특성을 살려 전문성을 띠고 육성하는 방향을 제시하였다. 그러나 이런 제안은 롯데나 신세계처럼 백화점 본점이 있어서 각 지점들과 역할 분담으로 가는 차원에서나 가능할까? 동일 지역 내에서 백화점 간 경쟁을 하고 있는 현실에서는 쉽지 않다. 게다가 이것을 서로 조정해 줄 수 있는 백화점 문화센터 관련 중앙 기구도 존재하지 않고, 무엇보다도 자신들의 이익이 모든 의사결정의 기준이 되는 유통업의 속성상 인근 지역에서 어필할 수 있는 강좌의 성격이 명백한데 이것을 양보할 곳은 없다고 보아야 한다. 결국 문화센터 간 해결이 어렵다면 이제 남은 해결책은 문화센터 내에서 찾아야 된다.

## 3) '질문'을 통한 '교육적 관계' 형성

문화센터 수업 참여관찰 첫날 수강생들이 수업시간에 수많은 질문을 자유롭게 던지는 것을 보고 매우 놀랐다. 많은 변화를 추구하였음에도 불구하고, 오늘날 우리 학교교육의 전형적 수업방식은 강의식이 주를 이루고 있다. 학교수업에서는 질문이 없는 수업 문화가 지배적이다. 그런데, 성인학습자들이 참여하는 백화점 문화센터 요리교실에서 '질문이 그치지 않는 수업'과 끝까지 성의 있는 답변을 하는 강사를 보면서 오히려 학교보다 더 '교육적 관계'를 보여주고 있지 않나 하는 생각을 하게 되었다. 사랑문화센터 평생교육사 최명지에게 문화센터 수업 중 강사로 대변되는 '교수', '가르침', '하화'의 특징을 질문하자 다음 <사례 55>와 같이 설명하고 있다.

⟨55⟩

연구자: 문화센터 수업에서도 교수를 담당하는 강사 부분이 중요하지 않나요? 학교와 비교해서 어떤 차이가 있다고 생각하세요?

최명지: 문화센터에서는 교수부분이 학교처럼 절대적이지 않고 일부 작용해요. 주입식 교육이 많지 않기 때문에 학습자와 교수자가 주고받는 형식의 대화식 수업을 많이 합니다.

최명지의 지적과 같이 문화센터 수업에서 강사와 회원들 간, 회원들끼리 대화가 아주 빈번하게 발생하고 그 주요 형태가 질문의 형식을 갖는다. 이것은 문화센터 수업이 기본적으로 소규모 집단을 대상으로 하는 방식이라서 가능하다. 또한 학습자들이 가진 기본적인 배움에 대한 요구의 차이이기도 하다. 자발적 학습동기를 갖고 참여한 문화센터 학습자들은 "무엇인가를 배울 수 있는 수업"을 좋은 수업으로 생각하고 자신 혼자서 하기 힘든 것을 강사가 도와줄 수 있어야 자신이 수강료를 납부한 것에 대한 반대급부라고 생각한다. 실제로 요리교실 강좌 구성 중 아주 간단한 요리는 "시시한 요리"로 표현하고 별로 적극적인 자세로 배우고자 하지 않을뿐더러 시간 낭비를 했다는 생각을 한다.

문화센터의 요리교실에서 또 미술반 수업에서 질문하기는 중요한 학습방법으로 활용된다. 그리고 질문을 던지는 대상이 꼭 강사 한 명만이 아니고 동료, 고참 회원으로 다양한 것을 볼 수 있다. 특히 강사들이 수업을 진행하는 과정에서 유도성 질문을 던지는 경우 외에도 수강생들의 자발적이고 다양한 질문을 접할 수 있었다. 문화센터의 수업 분위기가 자유로워서 누구나 쉽게 질문할 수 있는 열려진 교육 공간의 모습이라는 것도 중요한 이유가 될 수 있다. 주로 답을 요구하는 질문을 던지는 주체는 학습자들이며, 강사는 답을 준다.

요리교실 수업에서 주로 전업주부들로 구성된 수강생들이 매우 진지한 자세로 수업에 임하면서 '질문'을 계속 던지는 것을 볼 수 있었다. 미술반 수업 중 회원들은 자신의 그림을 그리다가 한 번씩 다른 회원들의 그림을 들여다본다. 한 번씩 남의 그림을 보고 질문하고 나름대로 평가하는 과정에서 배운다. 한 고참 회원은 신입회원에게 "구경하는 것도 배우는 것"이라고 명확하게 말하였다. 즉, "남의 그림 보고 질문하고 평하는 과정에서 배우는 것이 많다."는 점을 강조한 것이다. 이 말은 다양한 수준의 구성원들로 구성된 미술수업에서 회원들 간의 상호작용이 교육적 관계를 형성할 수 있음을 잘 표현해 주고 있다.

교육방법으로서 '질문하기'는 두 차원으로 이해할 수 있다. 하나가 강사 입장에서 취하는 '교수방법으로서 질문하기'이고, 다른 하나는 '학습방법으로서 질문하기'이다. 강사가 질문을 던지면서 수업이나 강의를 이끌어 나가는 방식은 전자에 해당한다. 수업을 매끄럽게 연결하기 위해, 또 학생들에게 생각할 시간을 주기 위해 강사들은 자신이 강의할 내용에 대해 질문의 형식으로 미리 문제를 던지는 방식을 종종 취한다. 이때, 강사가 학생에게 던지는 질문은 결국 자신이 가르치고자 하는 바, 자신의 강의를 대체하는 것이다.

문화센터 요리교실 강의실에서 주부들은 강사의 강의 후부터 계속되는 질문을 통한 학습, 질문을 통해 배우기의 형태를 보인다. 이들의 '질문하기'는 학습방법으로서 질문하기의 성격을 갖는다. 이들은 수동적인 자세를 갖고 수업에 임하는 것이 아니라, 아주 사소한 것까지 질문할 만큼 적극적이고 개방적이다.

자신이 생각하는 작은 의문도 그대로 묻지 않고 공개할 수 있을 만큼 강사가 허용적이고 동료들의 인정이 가능하고 강의실 분위기가 개방적이라는 점에서 문화센터 강의실은 학습공간으로 탈바꿈한다.

주부들이 이 정도의 적극성과 개방성을 갖게 된 이면에는 비용의 '수요자 부담' 원칙 외에 기본적인 '동기'의 차이를 들 수 있다. 이들은 '무엇인가를 제대로 배우기 위해 이곳에 왔기 때문'에 요리와 관련된 사항은 아주 작고 미세한 사항까지도 그냥 넘어가지 않는다. 따라서 강사의 강의 시간을 제외한 나머지 요리교실 수업은 끝없는 질문의 연속이다. 실습시간에도, 시식시간에도 학생들의 입에서는 끝없는 질문이 쏟아져 나온다. 학생들이 강사에게만 질문하는 것이 아니라, 동료들끼리, 요리교실 원장에게, 그러고도 해결되지 않는 문제는 강사에게 질문한다. 문화센터에서 학생들이 질문을 가지는 것은 '자발성'에 기인하며, 그것을 매 순간마다 밖으로 표출하여 동료들과 공유하고 강사에게 검증받는 과정을 거친다.

한 번은 한 수강생이 아주 사소한 질문을 연속적으로 하면서 수업을 끌자, 다른 학생들은 짜증을 냈지만, 요리교실 강사는 끝까지 친절하게 설명을 해 주었다. 나중에 면담하면서 그 당시를 상기시키면서 요리교실 강사에게 질문했을 때 강사의 답변이 상당히 학생을 배려하는 것이라서 매우 인상적이었다.

〈56〉

연구자: 1조 질문 잘하는 아줌마요. 정말 사소한 것까지 질문하던데 혹시 그런 질문 받으시면 짜증나지 않으세요?

이 강사: 아뇨. 아주 작은 것 하나라도 의문이 풀리지 않으면 다음 설명이 귀에 들어오지 않는 법이거든요. 저 자신도 그래요. 뭔가 궁금하면 그 해답을 꼭 얻고 지나가야 하거든요. 그리고 그 사람이 질문한 것을 다른 사람들도 궁금하게 생각하고 있었을 수도 있거든요. 한 사람의 질문으로 많은 사람들이 알게 되는 거죠. 그래서 되도록이면 성실하게 답변해 주려고 하죠.

중국요리 강사 이경복은 자신이 학생의 사소한 질문이라도 그냥 넘기지 않는 이유를 자신의 경험에 비추어 설명해 주었다. 또 한 사람의 질문으로 다른 사람들의 궁금증이 동시에 해소될 수 있다는 점에서 의미가 있다는 것을 지적해 주었다. 그러나 동일한 상황에 대해 동료 학습자들은 "매우 짜증난다."는 반응을 보였다. 동일한 학습자의 태도에 대해 동료의 반응과 강사의 반응이 아주 다르게 나타났다. 역시, 가르치는 사람은 배우는 사람에 대해 기본적인 호의를 가지고 있는 것을 볼 수 있었다. 이런 점은 중국요리 강사의 개인적 성향에 기인한 면도 있지만, 기본적으로 '선진-후진' 사이의 교육적 관계에서 찾아볼 수 있는 모습이다. 기본적으로 가르치고 배우는 관계로 맺어진 사제관계에서 가르치는 사람이 배우는 사람의 무지에 대한 인정과 배려가 없다면 그 관계는 성립되기 힘들다.

미술반의 경우 요리교실보다 기량과 실력에서 개인차가 극명하게 드러나서 '선진'과 '후진'의 구분이 명확하다. 따라서 앞의 사례에서처럼 동료의 질문에 대해 평가절하하지 않고, 그 사람의 수준에서 나오는 질문을 존중해 준다. 그리고 자신의 실력이 낮고 경험이 없는 사람들은 자신보다 나은 사람에게 배우고자 하는 자세를 취한다. 이런 점에서 미술반은 요리교실보다 학습자 간 위계가 뚜렷하고 가르치는 사람이 강사 하나에 국한되지 않는다. 나보다 더 많이, 오래 그림을 한 선배회원들이 모두 나의 선생이 된다. 실제로 요리교실에서 보다 훨씬 더 구체적인 가르치고 배우는 관계가 미술반에서는 나타난다. 예를 들어 강사가 수채화 준비를 해 오라고 말하면서 물감이나 붓과 관련하여 구입할 품목, 상표 구입처 같은 구체적인 사항을 설명한다. 그러나 필기하지 않고 그냥 귀로만 듣고서는 기억하기 힘들다. 이때 초보회원은 고참 회원들에게 도움을 청하면 구체적으로 어느 지역에 가면 더 저렴하게 구입할 수 있다는 현실적인 제언까지 해준다.

초보회원들과 선배회원들 사이에는 구체적인 그림 지도도 많이 이루어진다. 다음 <사례 57>은 초보회원 김미숙이 선배회원들의 지도를 받은 후 반응이다.

〈57〉
(나와 같이 데생을 하는 초보자가 지난 시간에 그린 그림을 보게 되었다. 내가 먼저 물었다.)
연구자: 지난 시간에 뭐 그리셨어요? 제가 결석해서요.
김미숙: 화분 그렸어요(말하면서 스케치북을 넘겨 그림을 보여 주었다).
연구자: 잘 그리셨네요.
김미숙: 도와주셨어요.
연구자: 누가요? 강사요?
김미숙: 아니요. 다른 분들이요. 선배들이요.

선배들의 신입회원 지도는 수업이 진행되고 일정 정도 친밀감이 형성된 이후에 가능하다. 서로 그림을 보면서 누가 누구의 선진이고 후진인지를 자연스럽게 파악하게 된다. 선배 회원들도 처음에는 섣불리 남의 그림에 대해 이야기하지도 않고 손도 대지 않는다. 상대에 대한 그림의 수준이나 개성이 파악되지 않은 상태에서 섣부른 평가가 인간관계를 껄끄럽게 만들 수도 있다는 것을 경험으로 알고 있다. 몇 번의 수업을 거치면서 초보자들은 주로 잘하는 선배 회원들의 그림을 구경하고 강사에게 직접 질문하기보다는 선배에게 질문하는 것을 편하다고 생각한다. 다음 <사례 58>은 반장을 '새끼 선생'으로 부를 정도로 선배들에게 배우는 것을 당연하게 생각하는 초보 수강생의 자세를 보여준다.

〈58〉
연구자: 그림 좀 보여주세요.
수강생: 영~ 잘 안 그려지네요. 다음에 와서 '새끼 선생'에게 물어
봐야지.
연구자: 새끼 선생이요? 그게 누군데요?
수강생: 반장이죠.
연구자: 반장이 선생님 대신 잘 가르쳐 주고 새끼 선생 역할도 하
니까 그렇게 불러도 되겠네요.

반장을 '새끼 선생'으로까지 인정하는 초보수강생의 자세를 동일
한 초보수강생인 나로서는 충분히 이해할 수 있었다. 사소한 것을 강
사에게 직접 질문하기 힘들 때 반장이나 고참 회원들에게 질문하면
친절히 설명해 주니까 그것이 더 편하다고 생각하게 된 것이다. 나
역시 화병을 그리면서 내 그림을 보던 반장에게 "좌우 대칭이 안 맞
는다."고 말하자, 반장이 직접 연필을 들고 선 긋는 법을 설명해 주었
다. "선을 한 번에 그으려고 하지 말고, 무수한 선이 만나서 하나의
선을 이루어낸다는 사실을 기억해야 한다." 초보회원들의 질문에 고
참 회원들은 초보회원이나 자기보다 '후진'인 사람의 그림을 보고 말
로 평가도 해주고 연필로 직접 고쳐주기도 한다. 주로 강사가 강의실
에 있을 때보다 강사가 자리를 비울 때 이런 일을 한다.
요리교실에서도 항상 주도적으로 칼을 잡고 요리를 주도해 나가는
사람이 있었고 암묵적으로 그 사람의 지휘하에 요리를 완성했다. 미

술반에서 그 위계질서가 더 극명하게 드러난다는 차이가 있지만, 미술반 역시 선진에게 배우고 후진을 가르치는 교육장면이 많이 연출된다. 그런 점에서 문화센터의 수업에서 가르치는 사람은 단지 강사 한 명으로 보기 어렵다. 동료들 간의 상구와 하화 관계가 또 자연스럽게 형성되고 작동하는 것을 볼 수 있다. 그리고 강사, 고참 수강생, 초보수강생 어느 누구도 이런 방식의 관계 형성을 어색해 하거나 꺼려하지 않고 적극적으로 수용한다. 학교와 달리 문화센터에서 이런 방식의 가르치고 배우는 관계 형성이 가능한 것을 어떻게 설명할 수 있을까?

먼저 선행 학습의 정도나 소질에 의한 개인차를 인정하고 출발하는 것이 중요한 원인이 될 수 있다. 교육심리학에서 학습의 효율적 진행을 위해서 진단평가 등을 통해 '준비도'를 측정하는 것의 중요성을 강조한다. 사실 선행학습의 정도나 개인의 심리적 상태 등과 같은 미세한 차이가 학습결과에서는 큰 차이로 나타날 수 있고 그 기준에 미달된 학습자에게는 학습부진의 주요한 원인이 된다. 문화센터에서 수업은 강좌에 따라 개인화 전략을 택할 수 있는 여지가 충분하다. 따라서 자신이 그림을 그리지 못하는 것에 대해서 부끄럽게 생각하지 않고 자신의 현재 실력을 인정하고 들어간다. 그리고 자신보다 실력이 나은 사람이 있으면 설사 강사가 아니라도 배우고자 하는 자세를 보인다. 이런 자세가 나올 수 있는 더욱 중요한 이유는 문화센터에서 학습은 '학습'을 위한 것이지, '평가'를 위한 것이 아니라는 점이다. 즉 점수를 가지고 선발을 위해 경쟁할 필요가 없고 평가가 교육의 목표가 되지 않아서이다. 학교 사태에서는 모든 학습의 결과가 평가의 대상이 되며 그 평가를 통해 서열화한 내신성적이 상급학교 진학에 중요한 영향을 미치고 있다. 그러나 문화센터에서 학습은 '점수'를 위한 것이 아니라, 자발적 동기에 의한 필요를 충족시킬 '학습'을 위한 것이다. 이와 같은 '학습' 지향은 문화센터 동료들 간 배우고 가르치는 교육적 관계를 형성하는 원동력이 된다.

선진의 입장에서는 후진들이 던지는 어리석은 질문이 참으로 어리석다는 것을 알고 있지만, 그것을 무시하지 않는다. 그리고 그것을 모티프로 삼아 자신이 가르치고자 하는 것들을 가르친다. 후진 역시, 그것을 통해 배운다. 이 과정에 선진과 후진 간 '교육적 관계'가 형성된다. 장상호(2000)는 교육적 관계를 서로 수준이 다른 지식을 가진 사람들이 후진 편에서 선진 편으로의 개선을 위해서 서로 돕고 도움을 받는 관계로 규정하고 있다. 이 교육활동을 통해 선진과 후진 간에는 인간적인 연대성을 형성하며 교육적인 협동관계를 형성한다. 요리교실에서 '선진'은 강의를 한 강사 외에 요리교실 원장 또 동일한 수업을 들은 주부들 중 자신보다 요리에 관한 한 높은 '품위'를 가진 사람 모두를 포함한다. 이들 선진과 후진의 교육적 관계 형성 시 '질문'은 중요한 매개가 된다.

백화점 문화센터 학습의 의미

이 장에서는 중산층 전업주부들이 백화점 문화센터에서 하는 학습의 의미에 대해 탐색해 보고자 한다. 이 과정에서 오늘날 후기 산업 사회에서 백화점의 위상과 백화점 문화센터의 특색을 찾아볼 수 있을 것이다. 요리교실과 미술반을 참여관찰하고 그 강좌 수강생과 면담을 통해 획득한 자료를 기준으로 요리교실과 미술반에서 이루어지는 문화센터의 학습을 살펴보았다. 두 강좌를 종합하여 보다 체계적으로 중산층 전업주부의 문화센터에서의 학습이 갖는 다양한 의미를 분석하고자 한다. 그 결과 중산층 전업주부들의 문화센터 학습의 의미를 크게 문화적 의미, 교육적 의미로 구분하여 서술하고자 한다.

# 1.
# 문화적 의미

백화점 문화센터의 주 수강생인 중산층 전업주부들은 문화센터 강좌 선택 시 '중층적 구별 짓기' 과정을 거쳐 학습공간을 선정한다. 문화센터에서 이루어지는 학습은 문화센터가 백화점의 부속기관이라는 특수성에서 또 주 수강생들이 중산층 전업주부라는 점에서 '중산층 지향'을 보인다. 중산층 전업주부들은 백화점 문화센터에서 학습을 진행하는 과정에서 친구를 사귀는 기준으로 "성향"의 유사성을 강조한다. '성향'이 갖는 문화적 의미에 대해서 살펴보면서 교육과 문화의 관련을 정리하도록 한다.

## 1) '중층적 구별 짓기'를 통한 학습공간 선정

후기 산업사회의 고도화된 자본주의의 집결지가 바로 백화점[62]이다. 이러한 백화점의 이미지가 부설 기관인 백화점 문화센터에 그대

---

62) 강내희(1995)는 놀이동산과 백화점으로 대표되는 '롯데월드'를 '소비공간'으로서 문화공간으로 이해하고 있다. 롯데월드는 압구정동과 같이 80년대 들어와서 새로 생겨났으며 독점자본이 문화를 통해 사회 장악을 하고 있는 점을 명백히 보여주는 장소로 규정하고 있다.

로 투영되어 중산층 전업주부들의 관심을 유도하고 그들의 발걸음을 신문사나 구민회관, 요리학원이 아닌 이쪽으로 돌리게 만든다. 사랑 백화점 문화센터 담당자는 백화점을 선택하는 중산층 주부들의 시각을 <사례 59>와 같이 표현한다.

〈59〉

최명지: 백화점 자체가 부를 뭉쳐 놓은 공간으로 시장과는 다르게 꿈, 환상이라는 이미지를 갖고 있다. 고급스러운 인테리어가 된 백화점에서 행복한 시간을 보내고 싶다는 생각이죠. 정말 미술을 하고 싶어서 미술을 하는 것보다 나는 일주일에 한 번씩 화통을 들고 화구를 들고 이렇게 잘 설비된 곳에서 깨끗하고 깔끔하게 우아하고 품위 있게 배우고 왔다는 충족감이 있는 거죠.

백화점이라는 공간 자체가 일상을 탈피할 수 있는 곳이며, 꿈이나 환상을 심어주는 곳이다. 백화점은 서비스가 완벽하게 되는 곳이며 고급스러운 상품들이 구색을 갖추고 있는 곳으로 그런 매장을 돌면서 중산층 전업주부들은 스스로 고급스러워지는 느낌을 받는다. 백화점에 설치된 문화센터는 백화점의 특징을 공유하는 곳이다. 여느 사회교육기관과 비교해도 시설, 서비스 면에서 떨어지지 않는다는 점이 주부들이 백화점 부설 문화센터에 쉽게 발을 들여놓을 수 있는 이유이다.

때로는 중산층이라 해도 백화점의 거품과 고급스러움을 개인적으로 거부하는 사람들은 구청이나 동사무소의 여성교실을 값싸게 이용하기도 한다. 이것은 단지 6만 원과 2만 원이라는 회비의 차이 때문이 아니다. 그러나 대부분의 주부들은 "체면을 중시하는 한국 사회에서 남의 시선을 의식하여 보다 싼 강좌를 선뜻 선택하지 못하는 경우도 있을 수 있다."고 문화센터 담당자는 지적하였다.

중산층 주부들이 문화센터 중국요리 강좌에 참여하는 과정에서 우리는 '구별 짓기'의 '중층성'을 발견할 수 있다. 문화센터 강좌를 하나의 상품으로 본다면 강좌에 참여하는 것은 일종의 소비 행위이다. 1970년대 소비는 사물의 유용성을 이용하기 위한 욕구충족의 차원이었다면, 1980년대 소비는 사물의 상징적인 가치의 이용이고 기호소비가 뚜렷한 경향을 보이고 있다(McCkraclen, 1988/1996: 329). 이제 소비는 보다 포괄적인 문화현상으로 취급된다. 이제 상품 구입을 결정할 때 포장의 정도가 매우 중요한 기준이 된다. 중산층 주부들은 요리를 배우기 위한 학습공간으로 중산층의 코드로 포장하고 있는 백화점을 학습지로 선택한다. 이것이 일차적 구별 짓기이다.

이 과정에서 일차적으로 백화점과 백화점이 아닌 곳을 구별하는 작업을 한다. 사실 중국요리를 배우기 위해서 이들은 자치단체의 여성교실 같이 보다 비용이 저렴한 곳을 선택할 수도 있다. 아니면 보다 전문적 기량을 갈고 닦기 위해 요리학원을 선택하여 다닐 수도 있다. 서정인은 양식조리사 시험을 준비하기 위해 요리학원을 다니지 않고, 문화센터의 양식조리사반에 등록하여 혼자 수업을 들었다. 이처럼 중산층 주부들이 선택한 곳은 자신들의 취향에 익숙하고 자신들의 희망을 현실화한 공간인 백화점이다.

이제 백화점 문화센터를 결정한 후 특정 백화점 문화센터를 선택할 때 다시 한 번 백화점 문화센터 내에서 평가를 하게 된다. 해당 지역 주부들 사이의 입소문과 각 백화점 문화센터 홈페이지를 이용하여 필요한 백화점 문화센터와 강좌에 대한 정보를 수집한다. 이 과정을 거쳐 자신의 목표와 취향에 맞는 곳을 선택한다. 이것이 2차적 구별 짓기이다. 동일 주거지 내에서 '프랑스 인상파 그림 감상반', '오페라 감상반' 같은 고급 교양 강좌를 표방하는 곳과 요리와 같이 실용적인 강좌를 주력 강좌로 내세운 곳을 주부들은 정확히 알고 있다.

이제 평생교육기관 내 선택, 백화점 문화센터 내 선택을 거쳐 강좌 선택 시 차별화를 시도한다. 백화점 문화센터의 강좌들은 표면적으로 '단지 배우기 위해' 참여하는 강좌와 '뭔가에 써먹기 위해' 배우는 강좌로 구분할 수 있다. 대체로 문학과 예술이 인문의 성향을 가지며, 실용예술이나 지도자 과정, 자격증 획득과 연결된 강좌는 직업교육 지향을 갖고 있다. 중산층 주부들은 실용적 지식 관련 강좌보다는 인문교육의 성격이 강한 강좌들을 선호하고 '인문교육'의 자세로 강좌를 수강한다. 이것이 3차적 구별 짓기이다.

백화점 문화센터에서 동일한 강좌라 해도 다양한 학습자들의 의도에 따라 동일 강좌가 상이한 용도로 사용되는 것을 볼 수 있다. 동일 요리강좌라 해도 학습자의 자세에 의해 인문교육[63]과 직업교육 지향으로 구별할 수 있다. 예를 들면, 중식조리사 시험을 위해 강좌를 수강하면 직업교육 차원이지만 요리의 맛을 느끼기 위해 중국요리를 배우는 것은 인문교육의 자세로 볼 수 있다. 미술반을 예로 들면, '아동미술 지도자 양성반'은 명백히 직업대비 강좌이다. 그러나 동일한 수채화반을 수강한다 해도 집에서 '새끼 선생'을 하기 위해서 또 미술학원을 개원하기 위해서라면 직업교육 지향이다. 반면, 미술의 세

---

63) 인문교육을 고대 희랍 시대에 기원한 '3학과 4학'으로 대변되는 고전적 교육내용의 답습으로 보는 자세가 아니라 안목을 갖게 할 수 있는 '교육원리'로 파악하는 자세(이돈희, 1993)에서 볼 때 요리나 미술은 충분히 인문교육의 소재가 될 수 있다.

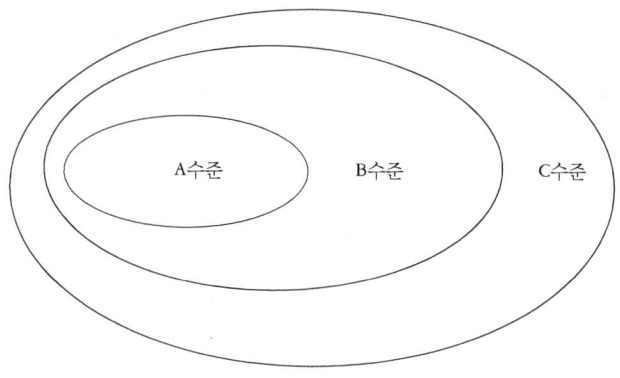

A수준: 구체적 강좌 내 선택
B수준: 백화점 문화센터 내 선택
C수준: 평생교육기관 내 선택

〈그림 2〉 문화센터 강좌 선택 시 중층적 구별 짓기

계를 탐색하기 위한 수강은 인문교육적 자세이다.

이런 점에서 중산층 전업주부들이 백화점을 자신들의 학습공간으로 설정해 나가는 과정은 '중층적 구별 짓기' 과정으로 정리할 수 있다. 이상의 과정을 그림으로 나타내면 <그림 2>와 같다.

중산층 주부들이 학습공간으로 다양한 평생교육기관 중에서 백화점을 선택하고 다양한 강좌들 중에서도 이미 '중국요리'라는 강좌를 선택한 것 자체가 '구별 짓기'에 해당하는 행동이다. '미술반'을 선택하는 것도 역시 마찬가지로 일종의 구별 짓기이다. 부르디외(P. Bourdieu, 1984)의 연구, <구별 짓기 distinction>에서 보면 일정한 사회집단이 일정한 종류의 지식(노래, 시, 놀이, 춤, 와인, 예법, 의복)을 연마하여 그것들을 결정적이며 가장 뚜렷한 소속기호(signs of belong)로 삼는다. 중국요리를 할 줄 안다는 것, 중국요리에 관한 지식을 갖고 있다는 것은 일종의 문화적 자본이다. 또한 절대 낮은 가격이 아닌 정통 중국요리를 제대로 갖추어 즐기기 위해서는 경제적 자본의 소유도 필수적이다. 이 과정에서 이들은 자신들을 중산층으로 규정짓고 다른 계층과 차별화될 수 있음을 자신에게, 타인에게 알린다.

부르디외는 '구별 짓기'를 "남들로부터 자신을 구별하여 두드러지게 하는 것으로 계급분화와 계급구조를 유지하는 기본원리 중의 하나(Bourdieu, 1984/1995: 11)"로 규정하고 있다. <문화와 소비>의 저자 매크래켄(G. McCracken, 1988) 역시 계급제도가 잘 확립되어 있는 유럽에서 의복의 유행이 '하위 계급의 모방(subordinate imitation)'과 '상위 계급의 차별화(superordinate differentiation)'의 순환을 통해 파급되고 있음을 지적한다.

부르디외와 매크래켄이 지적한 상류층의 '구별 짓기'와 '차별화' 과정을 백화점 문화센터를 이용하는 우리나라 중산층 주부들의 선택에서도 찾아볼 수 있다. 이미 우리나라 백화점들은 입지 여건에 따라 차별화 전략을 사용하고 있고 문화센터 역시 그 방향을 따르고 있다. 부유층이 거주하는 지역의 백화점 문화센터에서 개발한 인문주의적 강좌들이 차례로 다른 외곽지역으로 퍼져 나가는 양상을 보인다.

평생교육기관 내 이상과 같은 중층적 구별 짓기는 결국 평생교육기관의 서열화를 가져온다. 각각의 백화점 문화센터가 자신들의 특성에 맞는 선택을 하여 운영하고 각기 상이한 평가를 받는 것은 별문제가 아니다. 그러나 모든 평생교육기관이 교육의 내용적 측면 못지않게 문화센터의 시설과 강사의 출신대학이나 경력과 같은 외적인 요인에 의해 평가받고 서열화된다. 백화점 문화센터의 경우, 백화점의 지명도와 수준에 의해 문화센터의 수준이 평가받는 부속성을 갖고 있다.

## 2) "성향"이 갖는 문화적 의미

중산층 주부들이 갖고 있는 '중산층 의식'은 학습공간으로 백화점을 선택하도록 하며 그중에서 인문 교육 중심 강좌를 선택하게 하였다. 이들은 동일한 백화점 문화센터에 오는 사람들 중에서도 또 동일 강좌 내에서 사람을 사귀면서 '계급'과 '아비투스(habitus)'라는 이중 잣대로 다시 구별 짓기를 한다. 이제 백화점 문화센터에서 중산층 주부들이 친구를 선택하는 "성향"이라는 기준이 갖는 문화적 의미를 살펴보기로 한다.

중산층 주부들은 백화점 문화센터 강좌를 수강하면서 친구를 사귈 수 있는 새로운 네트워크를 형성한다.[64] 문화센터에 출석하면서 같은 강좌에 참여하는 회원들과 지속적 상호작용을 하지만, 모든 사람이 다 친구가 되는 것은 아니다. 중산층 전업주부들은 친구가 될 수 있는 조건으로 "성향이 비슷한 사람"이라는 아주 '까다로운 조건'을 내건다. 이 '성향'이라는 말은 충분히 사회문화적으로 또 교육학적으로 분석될 수 있는 여지를 갖고 있는 단어이다. 단순히 사회경제적 지위의 유사성을 의미하는 것도 아니고 사고방식의 유사성을 의미하는 것도 아니다. 아마도 이 개념을 가장 잘 설명할 수 있는 것은 부르디외가 사용한 '아비투스'이다.

아비투스는 부르디외의 설명에 따르면, 행위자의 무의식적 수준에서 취향을 일관되게 조직하는 체계이며, 그것은 물질적, 비물질적(가

---

64) 전업주부들의 경우 형성할 수 있는 사회적 네트워크는 한계가 있다. 학창 시절 친구들은 대부분 지역적으로 흩어져 살고 있다. 아이가 어린 경우, 같은 주거지역에 살고 있는 아이들을 중심으로 한 엄마들의 사귐은 임시적인 탁아 기능도 공유한다(문옥표, 1992).

족의 문화적 유산이나 교육) 존재조건에 의해 형성된다. 사회적 존재 조건을 달리하는 각각의 계급 혹은 계급분파들은 각기 다른 특정한 아비투스를 갖는다. 객관적 조건은 아비투스를 통해 취향으로 다시 내재화된다. 아비투스가 구조와 행위를 매개하는 객관적이면서도 주 관적인 인식틀이라는 점에서, 그리고 각 계급은 특정한 아비투스를 공유한다는 점에서, 아비투스는 행위자의 주관적인 인식에 기초한 객 관적인 계급구분의 원리로 작용함은 주목할 만한 일이다(함인희·이 동원·박선웅, 2001: 49).

단순한 생산수단의 소유 여부를 가지고 자본가와 프롤레타리아로 나누는 마르크스주의적 계급과 구분하여 문화 자본의 소유를 중심에 놓고 생각해야 이 아비투스의 개념을 정확히 이해할 수 있다. 이제 계급의 문제는 단순한 경제적 요인만 고려한 '일원론'적 개념이 아니 라, 보다 다양한 측면을 고려하는 '다원론'적인 접근으로 전환되었다. '계급' 문제를 학문의 핵심 개념으로 하는 사회학계의 '중산층'의 개 념과 범위에 대한 논의[65]를 살펴보면 '중산층'에 대한 개념적 이해가 마르크스주의적인 계급[66] 개념보다 베버적인 계층의 개념으로 이동 하고 있음을 알 수 있다.

임영일(1992)은 중산층의 개념을 경제적 측면과 문화적 측면을 고 려하여, "재산소유에 있어서의 중간적 위치를 차지하고, 상대적으로

---

65) 김영모(1982)와 서관모(1987)는 고전적 마르크시즘에 근거하여 한국 사회 계급모형을 자본가계급과 노동 자계급의 양대 기본계급으로 설정하였다. 반면, 구해근(1982)과 홍두승(1983)은 베버의 개념화를 채택하 여 구해근은 화이트칼라, 일반관료, 소자본 자영업자, 부농을 중간계급으로, 홍두승은 신중간계급(대개 정 부와 기업의 사무직 노동자들), 구중간계급, 자영농으로 중산층을 설정하였다.

66) '계급'이란 개념은 엄밀한 의미의 마르크스주의적 '계급'의 개념으로 사용되는 경우와 계층과 같은 의미 로 사용하는 경우로 나눌 수 있다. 이 글에서는 '계급'이란 용어를 다원적 계급인 '계층'을 대신하는 용어 로 사용하였다.

높은 임금을 보장해 주는 고급기술을 소유하고 있으며, 문화적으로 중간층 귀속의식과 중위의 소비생활 및 생활양식을 가진 사람"(함인희 외, 2001)으로 규정하였다. 함인희 · 이동원 · 박선웅(2001)은 중산층 규정 시 가장 중요한 조건으로 '안정된 소득과 경제적 여유' 및 '직업 지위' 같은 경제적 요인들을 사람들이 가장 중시하는 것으로 보고하고 있다. 경제적 요인 이외에 문화 및 여가생활의 향유, 도덕적 양심과 건전한 가치관 등을 고려하여 사람들이 중산층을 규정한다는 것이다.

이제 중산층이란 용어 자체를 계급과 등치시키지 않고, 특히 주관적 계급의식, 계급 귀속의식의 중요성을 인정하는 연구들(한상진, 1984)이 주를 이루고 있다. 물론 문화자본의 획득에 경제 자본이 기초가 된다는 사실을 부정할 수는 없다. 그러나 우리나라 중산층 전업주부들이 말하는 '성향'은 단순한 생활수준의 유사성만 의미하는 것은 아니다. 경제적 수준이 중요한 구별 요소이긴 하지만, 교육에 기초한 체화된 문화적 지식의 정도 또한 중요한 한 축을 형성한다. 사실 아비투스 자체가 체화되었다는 것은 '학교교육'이든, '가정교육'이든 어떤 교육의 장을 통해서 이루어진 학습의 결과물들이다.[67] 계급과 문화와 교육의 관계를 설명하는 것이 바로 아비투스 개념이다.

문화센터에서 중산층 주부들이 중시하는 '취향'을 '아비투스'의 개념으로 설명하고자 하면 교육과 문화의 관계를 규명해야 한다. 부르디외(1984)는 문화자본을 학교 졸업장과 같이 제도화된 상태로 존재하는 경우와 한 개인에게 축적되어 '체화'된 상태로 존재하는 경우를

---

67) 우리가 일상적으로 사용하는 '학교교육', '가정교육'의 개념 중 기초 생활 습관 형성과 관련된 부분은 사실 '교육'이라기보다는 '사회화'의 개념에 가깝다. 교육과 사회화의 구분은 조용환(1997b) 참조.

구분하고 있다. 부르디외의 아비투스 개념에 대한 분석을 통해 학력자본과 문화자본의 관계를 구명할 수 있다. 자격증으로서 교육은 학력자본으로 표현되지만, 교육의 내용적 측면은 '아비투스'와 같은 체화된 문화자본으로 변화하는 것이다.

중산층 주부들은 문화센터 학습 과정에서 다시 한 번 한국 사회에 팽배해 있는 '중산층 의식'[68]을 가지고 동료들을 재단하고 구별 짓는다. 이들은 친구의 기준을 묻는 질문에 '성향이 비슷한 사람'이라는 모호한 기준을 제시한다. 그러나 이 기준은 상당히 자의적인 듯하지만, 몇 가지 기준으로 정리할 수 있다. 먼저 중산층 주부들은 사람을 사귈 때 일차적으로 경제적 수준이나 학력이 차이 나는 사람은 기피한다. "편하게 내 이야기를 할 수 없어서"이다. 그러나 경제적 수준이나 학력이 맞는다 해도 '삶의 지향', '사고방식'이 맞지 않으면 상대가 아무리 적극적으로 친구가 되고 싶어 해도 거절한다. 서정인은 가정오븐 요리 강의 때 자신과 친구가 되기를 원했던 사람을 거절한 이유를 다음과 같이 설명했다.

〈60〉
서정인: 가정오븐 요리 들을 때 같은 조에 속한 엄마가 있었어요. 목동에 살고 배울 만큼 배웠는데, 사고방식이 나랑은 안 맞더라구요. 말도 잘 안 통하고. 그런데 그쪽은 나와 잘 맞는다고 생각한 것 같아요. 수업 중에도 같이 이야기하고

---

68) "중산층의 정체성과 소비문화"에 관한 연구에서 한국의 상층과 하층 모두 중산층과 동일시하려는 경향을 보고하고 있다. 이는 중산층 귀속의식이 비정상적으로 높은 우리 사회의 특수성을 반영하는 지극히 한국적인 현상이다(함인희·이동원·박선웅, 2001: 225).

싫어 하고 수업 끝나고도 연락하는데 나는 아니니까 그냥
끊었죠.

이런 점에서 성향은 단순히 경제적 수준이나 학력과 같은 문화자
본의 소유로 설명될 수 있는 것이 아니다. 중산층 주부들이 성향의
조건으로 내건 '삶의 지향', '사고방식'은 그들의 외모에서 배어 나오
는 분위기부터 말하는 톤이나 어조을 포함하는 체화된 문화자본인
아비투스의 측면이 강하다. 물론 경제적 수준이나 학력이 아비투스
형성의 토대가 된다는 점에서 결국 한 계급의 아비투스의 유사성을
전제할 수 있다.

부르디외의 아비투스는 "각 계급이 특정한 아비투스를 공유한다는
점에서"(함인희·이동원·박선웅, 2001: 49) '동일 계급의 사람이라면
동일한 아비투스를 갖는다.'는 가정이 성립된다. 그러나 실제로 동일
계급에 속한 사람들이 동일한 아비투스를 갖는가에 대해서 제고해
볼 필요가 있다. 이런 점에서 중산층 주부들이 제도화된 문화자본인
'학력'과 체화된 문화자본인 아비투스로서 사람의 '품격'을 구별하는
것은 의미 있다.

부르디외에게 있어 '교육'은 제도화된 '문화자본'으로 양적인 척도
인 졸업장, 학위 같은 '학력'과 질적인 지표인 '학벌'을 포함하는 개
념이다. 한 개인에게 축적되어 체화된 상태인 '아비투스'는 '문화재생
산'론의 맥락에서 '가정교육'의 산물로서 '사회화'의 성격이 강하다.
동일 계급 내에서 성장한 사람들은 언어와 지식 같은 상징적 재화의
가정 내 획득을 통해 학교에서 빠른 적응과 수월성 획득에 성공한다.
즉, 부모의 소속 계급의 산물인 가정의 아비투스가 가정교육을 통해

제도화된 문화자본의 취득에 직접적, 간접적으로 영향을 미친다.

　이제 계급의 문제가 단순한 경제적 지표로 획일적으로 발현되는 단계를 넘어서서 상징과 같은 문화적 코드로 포장하는 문화의 시대가 되었다. 경제 자본을 문화 자본으로 변화시켜 상속하는 '문화재생산'의 시대에 일상생활에서도 '아비투스'를 통한 계급 간 구별 짓기가 이루어진다. 주거지, 가구, 옷, 음식, 이용하는 식당, 청취하는 음악, 휴가를 즐기는 방식 모든 것에서 계급적 취향이 하나의 유행을 만들어 내고 상위 계급의 차별화 시도는 계속된다.

　사회화와 교육은 이 유행과 차별을 만들어 내고 전승하는 중요한 도구로 활용된다. 그러나 교육은 자신이 가진 상대적 자율성으로 인해 완전히 종속적 위치만 보이지는 않는다. 즉, 동일한 경제 자본과 문화 자본을 가졌다 해도 아비투스 내에서 보이는 교육의 결과들은 개인에 따라 상이하다. 이것은 교육이 가진 개별성의 특징 때문이다. 동일한 가정교육을 받고 동일한 지원을 받은 형제들 중에도 다른 인성과 학업 성취 결과를 보이는 것은 교육이 기계적 모형에 의한 '투입-산출' 모형이 아니라, 한 개인의 삶을 통한 '구성적 창조' 과정이기 때문이다. 중산층 전업주부들이 제시하는 '성향'에는 학력이나 학벌로 표현되는 문화자본의 소유 여부 외에도 아비투스 내에서 개인의 고유한 인성의 격을 표현하는 '품격'을 포함한다.

　중산층 주부들이 가장 선호하는 사귐의 대상은 경제적으로 같은 수준에 속한 사람 중 비슷한 학력을 갖추고 자신과 아비투스의 유사성을 가진 사람이다. 아비투스의 유사성은 결국 자신이 인정할 수 있는 '품격'을 갖추어야 한다는 기준이다. 이제 양적 지표를 넘어서 질적 지표까지 동원하여 더욱 정교한 구별 짓기를 시도하고 '교육'은 그 과정에서 중요한 하나의 평가 기준이 된다.

이제 문화센터 회원들 내에서 중산층이라는 사회 특정 계층이 소유한 '삶의 양식'인 문화에 의해 구별 짓기가 이루어진다. 백화점 문화센터의 선택에서부터 문화센터에서 학습 시 친구를 사귈 때 자신과 동일한 문화를 공유하는 사람들을 선호한다. 삶의 양식으로서 문화는 계층에 의해 규정되기도 하고, 자신이 받은 교육에 의해 생성되기도 한다. 비록 동일 계층에 속하였다 해도 교육 수준을 비롯한 대화 상대자로 부적합한 경우, 철저히 배제시킨다. 중산층 전업주부들은 자신의 사회적 관계망을 형성할 때 주요한 기준이 '계급'이다. 그러나 그 과정을 잘 들여다보면 경제 자본, 문화자본 외에 본질적 의미의 '교육'을 중시하는 것을 볼 수 있다.[69] 이때 '교육'의 개념은 상당히 복합적인 개념이다.

이때 교육은 학력, 학벌과 같이 외적으로 표현되는 제도화된 학력자본 외에 '아비투스'와 같은 문화자본의 소유를 포함한다. 문화 자본의 재생산이 부모를 통해 가정에서 이루어지고 그 과정에서 전달된 계급의 '아비투스'는 상당 부분 '사회화'의 속성을 가지고 있다. 나아가 아비투스는 자기계발의 결과 체득된 생활양식, 사고방식, 가치관 등의 결정체인 자유인으로서 '품격'을 형성한다는 점에서 '교육'의 개별적 측면과 자율적 요소를 포함하는 매우 포괄적인 개념이다.

---

69) 사회학자인 한상진(1984)은 중산층과 중간계급의 차이를 지적하면서 직업·수입·교육·주택의 변수로 계급을 산정하는 객관적 모델에서 교육을 하나의 독립된 요소로 상정한다.

## 2.
# 교육적 의미

　문화센터에 오는 수강생의 동기는 크게 '일'과 '취미'로 구분할 수 있다. 학습 진행과정에서 양자 사이에 호환이 발생하기도 한다. 이 중 '일' 삼아 문화센터를 다니면서 학습하는 수강생들이 학습공동체의 지향을 가진 학습동아리를 형성, 발전시켜 나가는 경향이 강하다. 문화센터를 자기발전의 학습공간으로 삼은 수강생들은 수강 강좌를 통한 학습 내용과 수강하는 과정에서 사귀게 된 비슷한 삶의 조건을 가진 동료들과의 대화를 통해 자신을 성찰하는 기회를 얻게 된다. 그 과정에서 자신을 주체로 세우는 데 성공한다.

### 1) 문화센터 수강: '일'과 '취미'

　문화센터에서 참여하는 학습자들은 크게 '일'[70] 삼아 오는 사람'과 '취미' 삼아 오는 사람으로 구분할 수 있다. 문화센터를 찾는 학습자들

---

70) 이때 '일'은 '직업'과는 구별되는 개념이다. 직업은 명백한 생산활동으로 임금, 이윤의 창출과 연결되지만, 일은 이 외에 소비활동, 봉사활동까지 포함하는 광의의 개념이다. 이 연구에서는 '자신이 의미를 부여하고 시간과 노력을 투여할 수 있는 종류의 활동'을 의미하며 따라서 개인에 의해 '일' 여부가 판단될 수 있다.

의 동기가 '일'로 시작하는 경우와 '취미'로 시작하는 경우가 있다. 문화센터에서 학습을 자신의 중요한 '일'의 수준에 두는 학습자들은 수적으로는 소수이지만, '취미'로 오는 다수의 학습자들을 선도해 나가면서 그 강좌를 주도해 간다. 대체로 강좌의 성격에 따라 '일' 삼아 오는 학습자가 많은 경우와, '취미'로 오는 학습자가 많은 경우가 극명하게 갈리기도 한다. 미술반은 전자의 예가 될 수 있고, 요리교실은 후자의 예가 될 수 있다. 그러나 대체로 모든 강좌에는 "붙박이 수강생"이 있어 그 강좌를 이끌어 간다. 특히 성인 강좌의 경우, 봄학기에 편성된 집단이 1년 동안 유지된다는 점에서 더욱 그러하다. 사랑문화센터 평생교육사는 장기간 수강하는 강좌의 수강생 특성을 다음과 같이 표현했다. 이것이 바로 '일' 삼아 문화센터에 오는 학습자들 특성과 일치한다.

〈61〉

연구자: 수강생들이 3개월 듣고 끝나는 것이 아니라 지속적으로 참여하는 대표적인 강좌들을 든다면 뭐가 있을까요?

최명지: 주로 미술, 악기, 글쓰기, 공예, 역학 같은 강좌가 장기간 수강하고 참여하시는데요. 단순히 재미있게 배우려는 것이 아니라, 좀 더 깊이 있게 배우고 싶어 하시고, 의욕이나 강한 욕구를 가지고 계신 분들이 많아요.

사랑문화센터 미술반 반장 권주희는 미술반을 '취미' 이상으로 생각하고 오는 사람들을 정확히 구분한다. 이 부류의 학습자들이 바로 문화센터에서 미술을 배우는 것을 자신의 삶에서 중요한 '일'로 의미 부여하는 사람들이다. 미술을 '취미' 이상으로 생각하고 참여하는 적극적인 학습자들은 <사례 62>에서처럼 결국 진로 모색을 통해 전문적으로 그림을 할 수 있는 곳으로 이동한다.

〈62〉

권주희: 미술반을 취미 이상으로 생각하고 참여하는 적극적인 사람들이 있죠. 이런 사람들이 많으면 미술반 내 그룹 활동도 많고, 전시회도 하게 되고 좋은 점이 많아요. 그런데 그런 사람들 중 "그림을 타이틀로 하려는 사람들"은 공모전도 신경 쓰고, 그림을 통해 자아실현을 하려는 욕망의 크기가 큰 사람들은 결국 대학 평생교육원이나 다른 곳으로, 보다 더 전문적인 곳으로 옮기는 것을 볼 수 있어요.

"단순히 재미있게 배우려는 것이 아니고", "취미 이상으로 생각하고" 문화센터 수업에 참여하는 것이 바로 '일' 삼아 참여하는 경우이다. '일'과 '취미'로 대변되는 문화센터에서 학습의 두 측면을 그림으로 제시하면 다음과 같다.

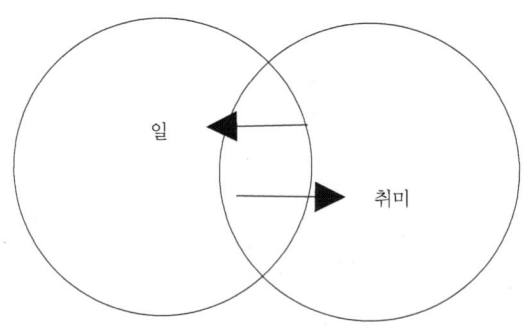

〈그림 3〉 문화센터 학습의 두 유형

문화센터에 나와서 강의를 듣고 배우는 것을 자신의 '일'로 생각하는 부류와 '취미'로 생각하는 사람들로 나눌 수 있다. 그 중간 영역은 가로이언(Garoian)의 용어로 하면 교육적 '역경'(limen)으로 설명할 수 있다. 이것은 '일'이며 동시에 '취미'라는 교집합의 개념보다는 양자 사이를 왔다 갔다 하는 사람들의 이동이 가능한 중간지점으로 '접경지대'(liminal area)의 의미에 부합한다. 문화센터에서 학습을 자신의 삶에서 '일'의 위치에 놓고 중요성을 부여하다가 어느 순간 다시 '취미'의 수준으로 바꾸는 사람들도 있다. 역으로 취미에서 시작하여 일로 전환하는 사례도 있다. 이 모든 전환의 과정은 자신의 삶에서 새로운 계기에 의해 자연스럽게 이행한다.

권주희의 예를 들어보면 다음과 같다. '과외교습'이라는 새로운 일을 시작하기 전 권주희에게 문화센터에서 그림 그리는 일은 중요한 최우선의 '일'이었다. 그러나 '과외교습'이라는 새로운 일이 생기면서 권주희는 그림을 '일'에서 취미'로 위치를 바꾸었다.

〈63〉

권주희: 옛날에는 그림 그리는 것을 전부라고 생각하고 내가 이거를 잘해 봐야겠다고 생각했어요. 그런데 지금 과외를 전문적으로 하려고 하니까, 그림은 즐기면서 하려고 해요. 그러나 일만 하게 되면 단지 돈이 없어서 돈을 벌어야 되나 하는 생각에 취미로 그림을 계속하려고 하는 거죠. 그리고 언젠가 '여건'이 되면 나는 그림을 제대로 배워보고 싶어요.

'취미'라고 표현했지만, 그림 그리는 것은 여전히 권주희에게 의미 있는 영역으로 "언젠가 경제적 상황이 허락되고 애들이 다 커서 자유롭게 그림을 그릴 수 있는 날이 오면 대학원 진학을 고려"하고 있다. 흥미 있는 것은 권주희는 돈을 벌긴 하지만, 과외교습은 '일'이지 '직업'은 아니라고 생각한다. 직업의 조건을 묻는 질문에 "직업이 되려면 전문적이고 규칙적인 근무와 일의 지속성이 있어야 한다."고 대답했다. 권주희는 취미와 일과 직업을 전문성과 규칙성, 지속성의 기준으로 구분하고 있다.

그런데 권주희는 문화센터 강좌 수강을 '일' 삼아 한다 해도 '좋아서 하는 일'과 '필요해서 하는 일'로 구별될 수 있음을 지적한다. 문화센터 수채화반에서 학습과 제과제빵반의 학습이 다른 의미를 갖고 있다는 것이다. 그림 그리는 것은 자신이 '좋아서 하는 일'이지만, 빵 만드는 것을 배운 것은 취직을 위한 자신의 '필요에 의해서 선택한 일'로 확연하게 구분하고 있다. 양자 간 차이가 있느냐는 질문에 다음과 같이 답했다.

〈64〉

연구자: 아까 말씀하시면서 '좋아서 하는 일'과 '필요로 하는 일'을 구별해서 말씀하셨는데, 양자가 차이가 있나요?

권주희: 다르죠. 좋아서 하면 일의 필요성을 떠나서 그 일을 계속 하게 되는데 필요에 의해서 하는 경우는 필요성이 없어지면 그것을 안 하게 되죠. 내가 요리 자격증을 원한 이유는 내가 일을 하고 싶어서 요리를 하는 거지, 요리가 좋아서 요리를 하는 게 아니니까 그게 문제죠. 그전에는 그림 그리는 것이 주였고, 작년에는 '일'을 갖고 싶어서 요리학원에 다니고 요리에 관한 일을 하는 게 주였죠. 그런데 일식 조리사 시험을 두 번이나 떨어졌어요.

<표 11> '일'과 '취미'로 강좌 수강

| '일' | '취미' |
|---|---|
| 단일 문화센터 정착 | 문화센터 간 잦은 이동 |
| 단일 강좌의 지속적 수강 | 다양한 강좌의 선별적 수강 |
| 초기에 혼자서 등록 | 친구와 같이 등록 |
| 낮은 결석률 | 높은 결석률 |
| 강한 동기부여 | 약한 동기부여 |
| 장기적인 수강 | 단기적인 수강 |
| 다양한 후속 진로 개척 | 후속 진로 개척에 무관심 |
| 직업과의 연계 고려 | 직업과 연계 없음 |

<사례 64>에서 보듯이 조리사라는 직업을 얻기 위해 요리를 배운 권주희의 학습은 '필요에 의한 일'로서 목표가 상실되면 더 이상 유지되지 않는 학습이다. 문화센터에서 학습자 집단은 크게 자신의 '일'로 규정짓는 사람들 중 '좋아서 하는 경우'와 '필요로 하는 경우'로 나눌 수 있고, 완전히 '취미'로 참여하는 사람들이 광범위한 집단을 형성한다. 그런데 동일 강좌를 수강한다 해도 '취미'로 오는 학습자와 '일'로 오는 학습자는 상당한 차이를 보인다. 이 차이점을 정리하면 <표 11>과 같다.

'일'로 문화센터 수업에 참여하는 사람은 단일 강좌를 집중적으로 수강하면서 그 강좌 내에서 친구를 사귀고 적극적인 참여를 한다. 자신의 문화센터에서 학습을 통한 다양한 후속 진로 개척과 직업과 연계시키려는 노력도 강하다. 미술반의 경우 화가로 등단하기 위해 국전에 도전하고 화실에 다니면서 개인 레슨을 받고 아틀리에를 만들고 개인전을 준비한다. 또는 제도권 대학의 미대나 미대 대학원에 진학하거나 대학 부설 평생교육원에 등록하기도 한다. 이외에도 어린이

들 미술을 가르치는 '새끼 강사'나 화실이나 미술학원 운영, 미술학원 교사로 취직하기도 한다.

'취미'로 문화센터 강좌를 선택하여 참여하는 사람들의 경우 일단 좋은 평판을 얻은 특정 문화센터나 특정 강좌를 "철새 옮겨 다니듯" 옮기면서 다양한 강좌를 수강한다. 처음 등록할 때부터 친구와 지인들과 같이 등록하고 '일'이 아닌 '취미' 차원의 학습활동이라서 크게 동기부여가 되지 않는다. 따라서 단기적인 수강이 주가 되고, 집안에 일이 있거나 아이를 돌볼 일이 생기면 쉽게 결석한다. 이런 점에서 중간에 낙오되는 비율도 높다. 미술을 취미로 하게 되면 특히, 오랜 시간이 걸리고 난이도가 높은 순수회화보다는 스텐실이나 판화와 같이 단기간에 기법을 배우는 응용회화 분야를 선호한다. '취미'로 문화센터 강좌를 수강하는 사람들은 기본적으로 직업에 대한 관심이 없다.

요리를 '취미'로 하고자 하는 사람들은 "가족에게 맛있는 음식을 먹이기 위해", "손님 초대 시 제대로 할 줄 아는 요리를 배우기 위해" 각종 요리 강좌를 듣는다. 반면, 자신의 '일'로 문화센터 요리교실을 선택한 주부들의 생각 깊은 곳을 들여다보면 '직업'으로 전환을 고려하는 것을 볼 수 있다. 문화센터에 다니면서 이태리 요리, 중국요리, 오븐 요리를 열심히 배우고 양식조리사 시험에 도전한 서정인의 최종 목표는 맛있는 스파게티를 파는 예쁜 가게를 내는 것이다. 중국에서 3년 랭귀지 코스를 마쳤지만, 중국어를 가지고 직업을 구하는 실패한 윤수진의 요리 학습의 최종 목표는 홍콩에 가서 딤섬을 배워 딤섬 레스토랑을 내는 것이다. 이들이 미래에 대한 소망을 갖고 "요리에 대한 전반적인 느낌을 갖기 위해" 열심히 요리를 배우고 있다. 자신의 학습과 직업과 삶을 총체적으로 연결시키고자 하는 이들에게서 주체적 삶을 사는 '건강한 전업주부'의 이미지를 찾을 수 있다. 문화센터 강좌는 '학습'을 '직업'으로 변화시키는 중간자적 역할을 한다. 요리강사 이경복은 새끼 강사를 하기 위해 강좌를 수강하는 사람들의 학습태도를 다음과 같이 설명한다.

⟨65⟩

이 강사: '새끼 강사'라는 게 있어요. 새끼 강사가 뭐냐면 이런 요리강좌에 와서 자기가 강의를 듣고 집에 가서 사람들 모아놓고 강의하는 거예요. 아무래도 그런 사람들은 필기도 더 자세히 하고 질문이 많죠. 자기가 직접 가르쳐야 하니까. 그리고 나에게 와서 자기가 새끼 강사라고 밝히고 더 자세히 물어보기도 하고 재료 구입을 부탁하기도 하고 그래요.

요리교실 강사의 말처럼, 실제로 문화센터에 와서 동일한 요리교실에 참여하는 학습자들 중 직업적 전환을 고려하는 '일' 삼아 학습하는 사람들이 학습 동기[71]도 높고 더 열심히 배우는 것을 볼 수 있다. 자신이 스스로 선택한 문화센터 강좌는 추후 '직업획득'의 통로나 기지로 활용되는 도구적 성격을 갖기도 하고 자신의 삶에 직접적인 유익을 주기도 한다. <사례 66>에서 유치원을 경영하고 있는 소망문화센터 미술반 반장 김희진은 문화센터 강좌 수강이 유치원 자모회의 활성화를 위한 사업적 측면과 미대를 준비하는 딸아이 입시지도라는 개인적 측면에서 모두 유익했음을 밝히고 있다.

---

71) 요리교실 강사는 자신이 출강하는 대학의 요리과 학생들과 문화센터 주부들의 수업을 비교할 때 자발성을 가진 주부들이 훨씬 열심히 참여한다고 평가하였다.

〈66〉

연구자: 문화센터에서 강의를 듣고 배우는 것을 어떤 식으로 활용
하나요?

김희진: 문화센터 수업을 통해 창업의 발판을 삼기도 하고 직업과
연결시키기도 하죠. 미술반에서 열심히 배워 화실 차려 나
가는 경우, 또 대학에 편입하는 사람, 미대 대학원에 진학
하는 사람. 참, 다양하게 진로를 결정해요. 아동 미술 같은
경우 전문 과정이 따로 있어서 4기, 1년 정도 마치면 정식
자격증이 주어지기도 하구요.

연구자: 김희진 씨는 문화센터 수강이 개인적으로 어떤 이익이랄
까, 좋은 점 같은 것 있으면 말씀해 주시겠어요?

김희진: 개인적으로 정말 유익하게 활용한 것이 많아요. 제가 스텐
실을 3기, 9달 동안 배웠는데 유치원 자모회의 때 무료 강
습을 해주니까 반응이 좋았어요. 조그마한 소품은 서비스
차원에서 공짜로 드리고 재료비가 비싼 경우에는 재료비
만 받았어요. 또 딸이 미대 진학을 앞두고 미술을 전공하
는데 그림에 대한 이해가 있으니까 입시지도하기에 좀 수
월했어요. 그림이 안 된다는 것이 어떤 의미인지 이해할
수 있으니까요.

문화센터에서 주부들의 학습의 필요성이 제기되는 맥락은 자신이
처하고 있는 사회적, 교육적, 경제적 상황과 필요에 의한 것이다. 주
부들이 선택한 강좌는 자신의 삶의 조건에서 '일'을 위해서건, '취미'
의 차원에서건 학습의 필요를 느낀 것들이라는 점에서 생태학적 학

습론의 논의와 연결된다. 한숭희는 학습생태계를 "그 자체의 숨겨진 규칙과 절차에 따라 교수자의 계획 수준을 넘어선 안정된 질서를 스스로 찾아가는 자기 규정성과 그 자체의 역동성에 따라 생명력을 유지, 보존하는 자기보존성(2004: 126)"을 가진 것으로 설명한다. 중산층 주부들은 문화센터의 특정 강좌를 선택할 때 자신의 삶의 조건에서 제기된 필요에 의해 자발적으로 선택한다. 이 점이 이들의 학습을 추동하는 내적 동기가 된다.

처음부터 구직을 위해, 직업과 관련된 능력 향상을 위해 평생교육의 장을 찾은 사람들도 있지만, 그 배움의 내용이 쌓여가면서 자연스러운 전환을 하게 된 사례들도 있다. 배움의 자연스러운 과정이 자신의 삶의 모습의 전환을 가능하게 하는 기회로 작용하기도 한다. 이런 점에서 문화센터에서 이루어지는 학습의 장면을 "전환 학습"의 개념으로 설명할 수 있다. 전환적 관점은 프레이리(Freire)와 메지로우(Mezirow)로 대표되는데, 학습을 통해 학습자가 자신이 처해있는 상황을 비판적으로 인식함으로써 의식이 어떻게 전환되는가에 초점을 맞추고 있다.

한숭희(2004)는 메지로우의 "관점전환학습 이론(transformative learning theory)"이 듀이의 경험과 반성에 관한 학습론과 상징적 상호작용론이 결합되어 탄생한 것으로 보고 있다. 메지로우는 인간 인식구조에 있어서 '의미도식(meaning schemes)'과 '의미관점(meaning perspective)'을 구별했는데 의미도식이란 일종의 표피적 행태이고 의미관점은 그러한 표피적 행태를 유발하는 원리 혹은 관점과 같은 것이다. 실제 생활 속에서 메지로우의 이론은 경험학습과 깊은 관계를 가진다. 우리가 경험하는 실제 사태 속에서 모종의 학습에 의한 변화를 유발하기 위해서는 경험 하나하나를 바꾸기보다 그 경험 전체를 지배하는 관점 자체를 바꿀 필요가 있다는 것이다(2004: 339).

실제 경험의 축적으로 이루어지는 일상생활 속에서 학습에 의한 변화를 유발하기 위해서는 경험의 내용적 측면이 변화되어야 하는 것이 아니라, 경험 전체를 바라보는 관점 자체를 바꿀 필요가 있다는 것이다. 중산층 전업주부들 중 처음부터 '일' 삼아 강좌를 수강하는 사람들은 물론이거니와 '취미'로 시작한 사람들 중에서도, 문화센터의 학습경험에 충실한 결과 '취미'가 '일'의 수준으로 올라가고 '직업'으로 연결되는 변화를 겪는다. 이 과정에서 전업주부들은 문화센터에서 자신이 행하는 학습경험을 보는 관점 자체가 달라지면서 그 학습에 임하는 자세의 전환을 가져온다. 문화센터 학습을 보는 관점 전환은 자신의 삶에 대한 관점 전환으로 연결되면서 '주체' 회복의 계기가 된다.

이런 점에서 전업주부들의 문화센터에서 학습은 '취미'건, '일'이건 간에 그 자체가 하나의 '일'이면서 동시에 직업과 같은 새로운 '일'을 찾기 위한 과정적 의미를 갖는다. '결과'보다는 '과정'을 중시한다는 점에서 문화센터에서 학습은 '가르침과 배움을 통한 바람직한 인간 형성의 과정'이라는 교육의 모습에 가깝게 접근해 있다. '일'로서 문화센터 학습을 의미 짓는 전업주부들이 '취미'로 참여하는 전업주부들보다 더 적극적으로 임하는 경향이 있다. 그러나 양자 모두 자신의 생태적 조건에 맞게 선택한 '일'과 '취미'로서 문화센터 학습은 각 목적에 충실하게 학습이 이루어질 수 있도록 배려해야 한다. 즉, '취미'로 오는 사람과 '일'로 오는 사람 모두 의미 있는 학습을 하는 것이 중요하다.

## 2) '학습동아리' 형성

백화점 문화센터의 학습을 '일' 삼아 행하는 사람들에 의해 '학습공동체'를 지향하는 '학습동아리' 형성에 관한 논의를 할 수 있다. 문화센터에서 학습을 통해 전업주부들이 지향하는 '학습공동체'와 '학습동아리'에 관해 살펴보면 다음과 같다.

먼저 학습공동체 논의에 대해서 살펴보고자 한다. 윤창국(2002)은 "학습공동체 논의의 유형과 특성에 관한 연구"에서 학습공동체의 공통된 가정과 특징을 다음과 같이 밝히고 있다. "학습공동체의 많은 논의들은 기본적으로 제도화되고 형식적인 학습집단보다는 비형식(informal) 혹은 무형식적(non formal)인 학습집단을 상정하고 있다. 이는 학습공동체 논의가 주로 생활세계 속에서 성인 학습자들이 영위하는 학습의 장을 파악하는 데에 초점이 맞추어져 있음을 의미한다." 백화점 문화센터에서 학습하는 중산층 전업주부들에게 이 학습공간은 중요한 생활세계를 구성하는 공간이 된다. 그들이 형성하는 비공식적 소규모의 사교모임부터 소속 강좌의 각종 공식적, 비공식적 모임 모두 학습자들의 자발적 참여에 기초하고 '학습'을 매개로 연결된다는 점에서 학습공동체 지향을 가지고 있다.

학습공동체와 학습동아리의 관계에 대해서 이지혜(2001)는 학습공동체를 보다 광의의 개념으로 현상을 설명해 주는 용어로, 학습동아리는 학습공동체라는 현상을 나타내는 실체로 보고 있다.

⟨67⟩

'학습동아리'란 스웨덴이나 미국에서의 스터디 서클 또는 호주의 학습서클, 일본의 자주학습조직과 유사어로써, 같은 주제에 관심 있는 성인들이 함께 모여 공부하는 소모임을 지칭한다. 보통 5～15명 내외의 성인들이 둥근 테이블에 둘러앉아 관심 주제를 놓고 열띤 토론을 벌이는 모습이 가장 쉽게 떠올릴 수 있는 장면이다. 여기서 학습동아리는 보다 폭넓은 개념으로 쓰여 주제 특성의 제한 없이 성인들이 스스로의 뜻에 따라 함께 배우는 소모임 일반을 가리킨다. 그러나 학습동아리는 단순히 친목 위주로 모이는 소모임과는 구분되는 것이다(2001: 21).

이지혜가 정리한 학습동아리의 특징은 네 가지로, "일정한 인원의 성인들"을 운영주체로 하며, 결성과정에서 "자발성"을 기초로 한다. 또한 사교나 친목을 위한 모임이 아니라, "정해진 주제에 대한 학습과 토론"이라는 구체적 목표를 갖고 있으며, "정기적" 만남을 원칙으로 한다. 문화센터 강좌는 일정 인원 이상 수강생들의 자발적 등록에 의해 특정 강좌를 중심으로 매주 정기적인 학습을 하고 있다는 점에서 학습동아리로 규정할 수 있다. 백화점 문화센터의 모든 강좌를 학습공동체 지향을 가진 학습동아리 형성으로 규정하는 것은 무리이다. 그러나 특정 강좌 중 적극적인 회원들에 의해 지속적인 학습을 하고 그 결과물로 전시회나 문집을 만들어 내는 미술반이나 글쓰기반 등은 충분히 학습동아리의 요소를 갖추고 있다. 이 연구에서는 학습공동체를 지향하는 문화센터 회원들이 참여하는 강좌 및 소모임을 '학습동아리'로 정의하고자 한다.

문화센터 강좌에 적극적으로 참여하기 위해서 주부들은 '경제적 자유'와 '시간적 자유'라는 "여건"이 충족되어야 한다. 자신을 위해 수강료를 지불할 수 있는 경제적 수준과, 육아와 가사에서 어느 정도 시간적 여유가 있을 때 지속적인 문화센터 강좌 수강이 가능하다. 따라서 문화센터에서 학습을 '일'로 참여하는 사람들은 대체로 이 두 가지 조건을 충족시킨 사람들이다. 좀 더 구체적으로 제시하면, 주로 육아에서 자유로워진 40대의 주부들이며, 계층은 중산층 이상이다. 이들은 문화센터 강좌 수강을 통해 자연스럽게 공동체 형성의 기회와 장소를 제공받게 된다. 이런 점에서 주부들 스스로도 "새로운 세상을 보았다."는 느낌을 갖게 되고 문화센터 담당자 역시 이런 점을 포착한다. <사례 68>은 문화센터 강좌의 학습공동체 지향에 관한 사랑문화센터 평생교육사 최명지의 평가이다.

〈68〉

최명지: 주부들이 문화센터에 와서 여가라고 하기에는 너무 광범위하고 나름대로 공동체 같은 것을 형성하는 것 같아요. 공동체라고 하면 너무 거창하고 일종의 모임이에요. 같이 수업을 듣고 요리를 배우면서 어머니들끼리 집단을 이루어서 자녀 교육도 팀을 짜서 같이 하기도 하고 주부들이 모여 차 마시면서 수다도 떨고. 주부들 입장에서 보면 이쪽도 또 하나의 생활인 것 같아요.

특히 대다수 회원들이 장기적으로 출석하는 미술반의 경우 학습동아리[72]의 성격이 강하다. 이들은 회비를 걷어 전시회 준비도 하고, 공

---

72) 문화센터 강좌를 수강한 학생들이 결성한 전문적인 모임으로 '인천 퀼트 연구회', '분당수필문학회', 와인 애호가 클럽인 '이너필리스트(oenophilist)' 등이 있다.

동 아틀리에를 구입하여 사용하기도 한다. 미술반 강좌에서는 반장이 회원 관리를 하고 강사를 챙기고 하면서 요리교실과 달리 더 체계적으로 운영되는 특징을 갖는다. 소망 미술반 반장은 미술반의 특징을 다음과 같이 정리하였다.

〈69〉
연구자: 문화센터 강좌 중 미술반이 다른 강좌와 구별되는 특징을 가지고 있나요? 혹시 그렇다면 어떻게 정리할 수 있을까요?

김희진: 문화센터 강좌 중에서도 3개월, 한 기만 하고 해체되는 요리반과는 달리 미술반은 한 기만 하고 끝나는 것이 아니라, 1년이고 2년이고 계속하기 때문에 서로 친하고 동아리 같은 느낌을 갖는 것 같아요. 거기서 마음 맞는 사람들끼리 모여서 적당한 장소를 구해 평소에도 같이 그림 그리는 시간을 갖는 사람들도 있어요. 그중 전공자도 있고 비전공자도 있지만 뜻을 같이 하고 마음이 맞는 사람들끼리 모여서 같은 공간에서 그림도 그리고 연말에 전시회도 같이 하는 팀이 많아요.

이외에도 학습동아리의 형성이 다른 형태로 이루어진 사례도 찾아볼 수 있다. 회원들 스스로 자발적으로 문화센터 정규 강좌와 무관하게 외부에 강좌를 개설하는 것이다. 예를 들면 중국요리를 듣던 회원들이 이태리 요리 '일일특강'에 참여한 후 강사와 협상하여 12명으로 구성된 한 달짜리 단기강좌를 자발적으로 만들었다. 또 영어회화반에 참석하던 회원들이 강사와 일대일로 협상하여 상위 수준에 있는 사람들 위주로 구성된 '영어 심화반'을 만들어서 문화센터 외부 회원의 집에서 수업을 진행시킨 사례도 면담 도중 접할 수 있었다.

<사례 69>나 자발적 강좌 개설과 같은 행위에서 문화센터를 자신들의 학습공간으로 구성해 가며 '자기주도적 학습'을 하는 학습자들의 적극성을 찾아볼 수 있다. 학습자들은 단순히 제공되는 교육 프로그램을 수용하는 소극적 '수요자'에만 머무르지 않고 자신들의 학습적 필요에 의한 교육프로그램을 생산해 내는 적극적 '창조자'상을 보이고 있다.

이 점은 교육과 사회 또는 산업을 연관 지어 매우 의미 있게 해석할 수 있다. 그 과정의 신속성과 유연성은 기존 학교교육과 상당히 다르며, 오히려 '다품종 소량생산'으로 대변되는 후기산업사회의 생산양식과 유사하다. 문화센터를 움직이는 백화점이 후기산업사회의 주요 영역인 유통업으로 유행의 창조와 폐기를 위한 빠른 변화를 주요 요소로 하는 기업임을 고려하면 문화센터의 신속한 변화 역시 이해하기 쉽다. '이태리 요리'를 예로 들면, 강좌 개설은 단 한 번의 특강을 통해 이루어졌고 마지막 강좌 때 수강생들의 자유로운 선택으로 자연스럽게 해산하였다. 이처럼 학습동아리는 형성과 해체가 모두 '자발성'에 기초하고 있어 자유롭고 신속하다는 특징을 보인다. 그런데 이런 이합집산(離合集散)의 신속성을 문화센터 내 공동체의 부재(不在)로 읽은 연구가 있다.

김명혜(2002)는 주부들이 문화센터를 수강하면서 다른 수강생들과 교류를 갖지 못하고 혹 가지더라도 피상적인 수준의 교류로 그친다고 보았다. 문화센터 강좌가 일주일에 한두 번 있다는 점에서 수강생들이 자신만의 하부문화나 커뮤니티를 형성하지 못하며 그들만의 사회적 정체성 형성이 이루어지지 않는다고 본 것이다. 주부들이 문화센터를 통해서 형성한 긍정적인 자아 정체성이 사회적 정체성으로는 연결되지 않으며 그런 점에서 수강생으로서 주부들의 정체성을 매우 불안정하고 가변적이며 유동적인 '의사정체성(pseudo-identity)'으로 규정하고 있다. 이 관점은 전업주부들이 문화센터에서 공동체 형성에 실패하고 학습자로서 정체성 획득에도 실패하는 것으로 분석하고 있다.

그러나 김명혜의 연구에서는 참여관찰과 면담의 대상이 된 구체적인 강좌에 대한 정보가 없어서 강좌의 종류나 수강생의 지향의 차이가 연구 결과의 차이로 나타났는지 여부를 검토하는 데 어려움이 있었다. 백화점 문화센터 내에는 다양한 종류의 강좌들에 다양한 동기를 가진 학습자들이 참여하고 있다. 즉, '취미'로 문화센터에 참여하는 사람들에 대한 설명으로는 적합성을 갖지만, '일'로 문화센터에서 학습하는 수강생들에 대해서는 포착하지 못한 면이 많다. 내 연구에서는 문화센터에서 학습이 '취미'와 '일'로 구분될 수 있으며 문화센터 내에서 주부들이 참여하는 강좌와 모임이 학습공동체를 지향하는 학습동아리로 해석될 수 있는 많은 자료들을 제시하고 있다. 특히 대학의 학과와 같이 강한 결속력을 갖고 운영되는 미술반이나 글쓰기반에서 학습자들은 '의사정체성'으로 규정하기에는 아까운 열심과 성실을 지닌 배우는 자로서 '학생'의 정체성을 보이고 있다.

학습동아리는 학습목적, 학습방식, 학습주제 등에 따라서 다양한 유형화가 가능하다. 크랜튼(Cranton, 1996)은 메지로우(Mezirow)가 제시하고 있는 세 가지 학습영역[73]을 토대로 '협동적 집단', '협력적 집

---

73) 메지로우((Mezirow)는 하버마스가 제시하고 있는 세 가지 관심을 토대로 학습의 영역을 도구적 학습(instrumental learning), 의사소통적 학습(communicative learning), 해방적 학습(emancipatory learning)으

단', '전환적 집단'으로 분류한다. "'협동적 집단'은 지식의 획득을 추구하며, 학습자 상호간의 필요성에 의해 형성된다. '협력적 집단'은 '타인에 대한 이해와 사회적 규범을 이해하고자 하는 관심'을 추구한다. '전환적 집단'은 자신의 삶을 되돌아보고 새로운 인식과 관점을 가지게 되는 관심과 관련되어 있다. 이 전환적 집단은 인격적 성숙 및 발달과 관련되어 있는 해방과 자유에 대한 관심이 바로 해방적 지식과 연결되는 학습의 장이 된다(Cranton, 1996: 29-31, 이지혜, 23에서 재인용)."

　문화센터에서 학습동아리의 성격을 보이는 강좌에서 이루어지는 학습 역시 협동적 학습, 협력적 학습, 전환적 학습의 성격을 모두 갖고 있다. 문화센터에서 회원들은 서로 간의 협동을 통해 특정 강좌의 교육내용을 학습하고 그 가운데 서로의 삶을 공유하고 서로를 이해하며 자신의 삶을 돌아보고 새로운 출발선으로 삼기도 한다. 물론 모든 문화센터 수강생이 그러하다고는 할 수 없다. 그러나 문화센터에서 학습 활동에 의미를 부여하고 '일'로 여기는 사람들은 문화센터를 충분히 의미 있는 학습의 장으로 활용하고 동시에 자신의 삶에서 직업적 전환으로까지 연결시킨다. 비록 '취미'로 문화센터에서 학습을 시작한 회원의 경우라고 하더라도 이런 학습동아리의 지향을 가진 강좌를 수강하면서 자신의 학습을 '일'로 전환하는 경우도 있다. 실제 육아 스트레스를 풀기 위해 미술반에 등록한 두 아이의 엄마인 오유경 씨는 처음 의도와 달리 문화센터 미술반 활동을 통해 경원대 미대 대학원에 진학하게 되었다.

---

로 구분하고 있다.

이렇게 일에서 취미로, 취미에서 일로 문화센터 학습을 전환시키는 과정에서 중요한 역할을 하는 것은 같이 학습하는 동료들과의 관계이다. 문화센터에서 전시회를 개최하고 상당히 체계적으로 운영되는 미술반은 '학습공동체'의 지향을 가지고 회원들을 강한 결속력으로 묶는다. 이들 미술반은 연말 전시회를 위해 회비를 정립하고 정기적인 모임을 진행하면서 자신들의 미술실력 향상을 위해 노력한다. 전시회를 앞두고 열리는 공식적, 비공식적 회의 형식의 정기모임은 훨씬 구체적인 집단의 학습목표를 가진 '학습동아리'로 볼 수 있다.

### 3) '성찰'을 통한 '주체' 회복

문화센터에서 학습을 통해 주부들은 성찰을 통한 '주체'의 회복 과정을 경험한다. 백화점 문화센터에서 주부들은 다른 주부들과 진솔하고 의미 있는 의사소통을 경험하게 된다. 특히 자신과 '성향'이 비슷한 친구와 사귐은 가정생활에서 오는 답답함을 풀 수 있는 대화의 통로가 된다. 전업주부라는 가장 기본적인 공통점이 있기 때문에 상호 간에 거부감이 없기 때문이다. 우리 사회에 존재하는 취업주부와 전업주부와의 미묘한 갈등[74]이나 긴장관계에 신경 쓰지 않아도 된다. 열린 마음과 사고를 갖는 '개방성'이 교육의 중요한 요소임을 고려해 볼 때, 개방성에 기반한 의사소통을 통해 이들은 자신에 대해서 성찰할 수 있는 계기를 얻게 된다.

---

74) 사회는 취업여성에게는 가정일을 소홀히 한다고 질책하고 가정주부에게는 능력 없고 뒤처졌다고 하면서 서로 간의 갈등을 부채질한다……가정주부는 잘난 척하는 직업여성이 자신의 불행의 씨앗인 양 원망하고 취업여성은 헌신적인 척하는 주부를 원망한다(여성을 위한 모임, 1999: 256).

한국 사회 중산층은 '부부' 중심이 아닌 '자녀' 중심의 핵가족 형태를 보인다. 특히 서구 핵가족이 부부중심의 성별분업에 기초한 가정을 이상화시킨 것과 달리, 한국 사회는 부부 중심이 아닌 자녀 중심의 핵가족이다(김미숙, 1993). 자녀교육을 위한 엄마의 희생을 당연시하다 못 해 '기러기 아빠'가 등장할 정도로 부모의 희생이 당연시되는 사회분위기이다. '자녀', '자녀의 성공'을 중시하는 사회분위기에서 전업주부들의 '자아'는 '모성'으로 대체되어 있었다.

"전업주부들의 일상성"을 다룬 윤택림(1996)의 연구를 보면 10년이라는 시간적 공백에도 불구하고 우리 사회 중산층 전업주부들의 모습이 얼마나 고착화되었는지 확인할 수 있다. 이 연구에 의하면, 성별분업에 기초한 핵가족 내에서 중산층 주부들은 사적 영역과 공적 영역에 걸쳐 다양한 역할을 수행하며 특히 자녀교육과 관련하여 어머니 역할의 비대화로 인해 주부의 생활 시간표와 공간, 친족 생활 패턴에 변화를 가져온다. 윤택림은 이런 현상을 여성에게 어머니의 역할이 가장 중요하다고 규정하는 모성이데올로기[75]의 작동으로 해석한다. 이 모성 이데올로기가 한국 사회 도시 중산층 전업주부의 일상생활을 구조화하고 있다는 것이다.

문화센터에서의 새로운 경험은 이제 삶의 주제의 전환을 가져오는 계기가 된다. 이제 다시 관심을 '아이'에서 '나'로 옮기게 된 것은 상당히 의미 있는 전환이다. 문화센터 미술반에 다니면서 전시회를 한 후 가족들의 반응을 묻는 연구자에게 소망미술센터 미술반 반장 김희진은 상당히 긍정적인 답변을 주었다.

---

75) 모성이데올로기는 여성의 위치는 가정이며, 가정에서 여성의 임무는 가족 구성원을 돌보고 이들에게 정서적 안정을 제공하는 것이라는 통념을 말한다(이연정, 1995).

⟨70⟩

연구자: 문화센터에 다닌 후에 가족들의 반응은 어떻게 나타나죠?

김희진: 문화센터에 다니면서 사람이 바뀌었다는 거죠. 전보다 여유 있어지고 다른 사람을 이해할 수 있는 폭도 넓어지고. 집에서 남는 시간 활용도 잘하고, 집에서 이젤 펴놓고 자기 일 하니까 가족들 보기도 좋구요. 특히 애들 교육에 도움이 된다. 아이들 교육에도 엄마가 집 밖에 나가 있는 것보다 집에서 그림을 그리니까 애들 관리도 되고 애들도 보고 배우고 하죠. 애들이 밖에 나가 자랑한대요. 우리 엄마 집에서 그림 그린다고.

자신의 삶에 대한 성찰의 계기를 얻게 되면서 이제 주부들은 '보다 나은 나'를 만들기 위한 교육적 향상의 의지를 보인다. 이제 교육적 필요를 인식하고 그것을 얻기 위해 노력하는 모습을 보인다. 인생의 전환기에 겪는 어려움을 해결하기 위한 노력들을 통해 자신에 대한 깊은 성찰을 하게 된다. '세상에 던져진 존재'이며 '신 앞에 선 단독자'로서 자신의 모습을 확인한다. 그 결과 자신을 실존적 존재로 인식하고 자신의 삶의 주인은 자신임을 깨닫게 된다. 아래 편지 <사례 71>은 제보자 서정인이 인터넷 관련 사업을 시작한 후 작년 초 나에게 보낸 전자메일의 내용이다.

⟨71⟩

사실 인생은 나이가 들수록 그 가치가 느껴져……

산다는 것이 주체적으로 되기도 하고

온전히 객체로 되기도 하는 전환점이 마흔인 것 같아.

나는 비로소 요즘 나 자신이 성인이라는 생각을 해. 웃기게도.

한 번도 내 인생을 온전히 책임지겠다는 생각을 안 했거든.

약간은 남편 덕에 살아보고도 싶고.

육아 뒤에 숨어서 적당히 세월을 채워도 용서되지 않을까 착각한 시간도 있었지만……

내 인생 경영의 책임은

온전히 나 자신의 행위로 채점되어진다는 생각이 왜 한 번도 안 들었는지.

희한하다니까.

죽는 날 이 땅에 회한이 없었으면 좋겠다.

그러려면 열정과 치열함을 잃지 말고

더욱이 관용과 여유를 늘 되새겨야겠지만.

타인에게 너그럽고 자신에게 엄격하다면,

그리고 하루하루를 즐거이 채우면,

세월이 잘 묻어난 멋진 노인이 될 거라 생각해.

노후가 멋지면 인생을 잘 산 거지.

서울에 돌아와 반가워. 얘기 친구가 하나 더 생겼으니.

친구들은 너무 자식에게 밀착되어 자신을 잃어가는 줄도 모르고,

나는 맥 놓고 쳐다만 보고 있네.

잔소리 같아 입 떼기도 만만치 않네.

아무튼 조만간 만나 얘기 좀 듣자고.


위의 편지에서 볼 수 있듯이 전업 주부들이 고민하는 '나를 찾는다

는 것'의 의미는 철학에서 깊이 있게 논의되어 왔던 주제로 교육, 교육학에서도 매우 중요한 주제 중 하나인 '주체'의 문제로 귀결된다. 서양 철학사는 주체와 구조 사이를 왔다 갔다 하면서 '주체의 절대화'와 '주체의 절대화 비판'으로 대비시켜 정리할 수 있다. 조용환(2004b)은 "대단히 애매모호하여 부단한 검토와 규정이 필요하기는 하지만" 교육이 형성하고자 하는 인간상을 <72>와 같이 주체로 규정하고 있다.

⟨72⟩

주체는 몸과 마음의 주인, 혹은 '나'이다. '남'이 아닌 '나'이기에 나를 존중하고 나의 삶을 사랑한다. 주체, 주인, 나는 '잘 살고자' 적극 노력하는 사람이다. 물론 '잘 산다'는 것은 참 애매모호한 말이다. 그렇지만, '잘 사는 삶'을 부단히 모색하고 나름대로 실천할 수는 있다. 잘 사는 삶이 어떤 것인지, 그 정답을 간단히 분명히 말할 수는 없지만 고립, 방관, 소외, 무관심, 무기력, 무능력, 무비판, 무정견, 오만, 편협 등이 잘 사는 삶의 상태나 태도가 아님은 대체로 공감할 수 있다. 주체는 자신을 부단히 성찰, 반성하는 가운데 향상과 완성을 지향하는 사람인 동시에, 혼자서는 결코 잘 살 수 없음을 깨달았기에 타자와 상생적 관계를 맺고자 힘쓰는 사람이다. 다른 말로 주체는 교육적 존재, 즉 '함께 나아감'(becoming in com-possibility)을 지향하는 존재다. 주체는 더불어 열어가는 가능성의 존재다(2004b: 1).

사례 <72>에서 제시한 조용환의 '교육적 주체론'은 주체의 개념에 공동체가 전제되어 있음을 의미한다. '함께 나아감'은 나 이외의 타인과의 관계를 전제한 것이다. 조용환은 "교육은 개성적 주체를 기르는 가운데 그 주체들 간의 공동체적 상생을 지향한다. 달리 표현하면, 내 교육(학)의 궁극적 지향이 '주체들의 공동체'에 있다(2004b: 2)." 고 밝히고 있다.

나 역시 교육은 특정 개인의 특이성이 존중되어야 한다는 점에서 지극히 개인적인 차원에서 시작한다고 생각한다. 그 과정에서 사회 구성원인 개개인들의 연결망으로 구성하는 공동체에서 개인들의 교육과는 다른 차원의 사회 유지를 위한 교육이 요구된다. 이런 점에서 원론적으로 라인홀드 니버(Niebuhr)가 지적한 '도덕적 개인과 비도덕적 사회'는 성립될 수 없는 조합이다. 니버는 개인적으로는 도덕적인 인간이 집단 내 편입되면 비도덕적 경향을 보인다고 지적하였다. 그러나 진정한 주체로 선 개인들이 구성하는 '주체들의 공동체'인 사회 역시 논리적으로 도덕적 강점을 갖기 때문에 도덕적 개인은 도덕적 사회/공동체로 이어져야 한다. 이런 점에서 나는 주체들이 구성하는 공동체의 윤리적 측면까지 담보할 것을 요구하는 레비나스(Levinas, 1993)의 시각이 시사하는 바가 크다고 본다. 레비나스는 타인의 존재를 자신이 인정하고 타인과의 윤리적 관계를 형성하는 것을 통해 자신의 주체성을 완성할 수 있다고 보았다. 레비나스의 주체론은 교육이 선한 공동체 형성에 개입할 수 있는 여지를 많이 열어놓고 있다는 점에서 교육적 주체론의 하나로 볼 수 있다.

백화점 문화센터에서 중산층 전업주부들이 자기 자신을 '주체'로 재인식하는 과정에서 이들은 타인의 모습에서 자신을 발견한다. 즉, 생활의 무료함을 채우기 위한 소박한 시작이건, 직업을 얻기 위한 하나의 과정으로 엄격한 의미부여 끝의 시작이건 이들이 백화점 문화센터에 와서 자신과 비슷한 고민을 하면서 사는 동료들의 모습에서 자신의 모습을 발견한다. 중산층 전업주부들은 개인에서 시작하여 이제 비슷한 사람들과 학습공동체의 지향을 가지고 문화센터 학습에 참여한다. 그리고 그 과정을 통해 자신의 모습을 성찰할 수 있는 전환적 계기를 갖는다.

이 과정에서 경험한 새로운 자각이 모든 주부들로 하여금 새로운 직업의 획득을 통한 '공적 세계'로의 진입과 같은 획일적 진로를 제안하지 않는다. 각자 자신의 삶에서 자신이 선택할 수 있는 자원을 활용하고 자신이 가진 한계 내에서 진로를 모색한다. 중산층 전업주부들은 현실과 타협하는 것처럼 보이지만, 실제는 자신에 맞게 현실을 조정해 가는 측면이 강하다. 즉, 단순한 '동화'가 아닌 '조절'을 통한 적극적인 적응방식을 구사하는 것이다.

주부들의 사고의 전환을 가져온 문화센터에서 학습은 '결과'가 아닌 '과정'으로 평가할 때 의미가 있다. 실제로, 주부들이 '일' 삼아 문화센터 강좌를 수강하고 자신의 삶에 대해 변화의 노력을 기울였음에도 불구하고 결과가 크게 다르지 않을 수 있다. 그들 중 다수는 여전히 외양으로 보면 전업주부로 살아가는 삶의 방식을 유지한다. 그러나 그 내면세계의 차이는 좀 더 시간이 흘렀을 때 다른 차이를 가져올 것이다. 외면의 동일성을 뚫고 들어가 보면 내면의 다양한 차이를 형성하고 있을 것이다. 즉, 자신의 삶에 관한 실존적 고민을 하고 사는 인간과 그렇지 못한 인간의 차이로 나타날 것이다. 교육의 결과는 단순한 외적인 결과물로 평가받을 수 있는 것이 아니라, 개인의 내면적 변화를 중시하기 때문이다.

교육은 생존을 해결해 주는 지혜를 얻는 도구적 개념을 넘어서서 자신의 실존을 고민하는 존재로서 인간에게 더 많은 영역을 할애하고 있다. 그리스 신화에 나오는 시시포스의 비극을 부조리한 삶 가운데서도 실존에 대한 찬양으로 재해석한 알베르트 카뮈(Camus, 1943)의 시각이야말로 교육적으로 재해석될 여지가 충분하다. 카뮈는 '시시포스 신화'에서 현실의 부조리함을 딛고 의연하게 자신의 길을 가고 있는 인간상을 시시포스의 노동의 반복에서 찾고 있다.

어느 누구도 시시포스의 짐을 대신 지고 갈 수 없다. 신이 허락하지 않으므로. 시시포스가 끝이 없는 형벌을 받으면서도 끝없는 형벌의 지독함보다는 그 과정에서 자신의 행위의 의미를 조용히 성찰하면서 삶을 영위할 수 있는 것은 존재가 주는 결코 가볍지 않은 무게 때문이다. 바위를 올리면서 올라가는 과정에서보다, 터덜터덜 혼자 산 아래 굴러 떨어진 바위를 응시하면서 내려오는 시간은 시시포스에게 조용한 성찰의 시간이 된다. 조용환(2001: 2) 역시 교육의 개념에서 "과거와 현재와 미래의 시간적 연장선 위에서 자아를 성찰하는 일"로 반성의 중요성을 설명하고 있다.

그 성찰은 차곡차곡 쌓여 그의 품성을 형성하고, 그의 인생관과 세계관이 되어 '주체의 공동체'인 사회를 형성하는 데 기여할 것이다. 굳이 '요람에서 무덤까지'라는 평생교육의 기치를 내걸지 않더라도, 배움을 삶의 기본 조건으로 하는 인간의 삶에서 교육은 우리의 인생을 관통[76]하여 어느 한 순간도 우리와 결별할 수 없다. 우리의 삶이 지속

---

76) 조용환은 〈사회화와 교육〉에서 교육의 영속성을 다음과 같이 정리하고 있다. "교육은 평생에 걸친 노력의 과정이다······일상적인 맥락에서 우리는 늘상 교육적 관심을 가지고 교육활동을 하면서 살지는 않는다. 교육은 정치, 경제, 예술 등과 마찬가지로 인간의 삶을 구성하는 한 가지 형식(a form of life)이다. 현상학의 표현방식을 빌리자면, 인간의 생활세계는 '일상'이라고 하는 '지고의 현실(a paramount reality)'과 여러 '다원적 현실(multiful realities)'로 구성되어 있다. 이 여러 현실 또는 형식 가운데서 어떤 것이 생활세계의 전경에 부각되면 다른 것은 배경으로 물러난다. 이러한 부침 속에서 교육이 한 사람의 삶에 가장 지배적인 형식이 될 수 있다. 말하자면, 교육은 가르침에, 배움에 몰입하는 경험이며, 그러한 경험을 중시하고 일

되는 한 생존과 더불어 실존에 대한 인간의 고민은 계속될 것이고 그 과정에서 '생존'과 '실존'의 교육의 양 측면에 대한 탐색 또한 계속될 것이다. 이 교육적 과제 해결을 위한 노력은 개개인에게는 실존적 과제이면서 생존적 과제이고, 동시에 사회 전체에게도 그러하다.

상화한 삶이 '교육적 삶'이다(1997b: 40)."

마치는 글

# 1.
# 교육과 문화의 관계

    이 글은 백화점 문화센터에서 이루어지는 중산층 전업주부들의 학습활동에 관한 문화기술적 연구를 통해 생성된 결과물이다. 이 글에서는 면담과 참여관찰을 주된 연구방법으로 하는 질적 접근을 통해 교육 인류학적 보고서를 작성하고자 하였고, 백화점 문화센터에서 중산층 전업주부들의 학습에 대해 평생교육의 시각으로 접근하고자 노력하였다. 이를 위해 백화점 문화센터의 요리교실과 미술반을 참여관찰하였으며, 수집된 자료의 분석 과정을 거쳐 학습의 다양한 의미를 밝혀내었다. 이 장에서는 백화점 문화센터에서 문화의 의미를 살펴봄으로써 백화점 문화센터에서 문화와 교육의 결합 방식을 검토해 보고 문화와 교육의 관계를 규명하는 교육학적 논의를 개진하도록 한다.

    처음 백화점에 문화센터를 부속기관으로 설립한 백화점 측은 '문화'를 '문명'의 동의어로 교육내용이 될 만한 가치 있는 것으로 보는 시각에서 출발하였다. 즉 지역주민들에게 다양한 문화 강좌를 제공하고 문화센터를 세련되고 편안한 문화공간으로 제공하고자 하는 의도에서였다. 이런 결정의 이면에는 기업이익의 사회환원을 통한 기업

이미지 향상이라는 문화 마케팅 활성화라는 의도가 있었다. 그러나 문화센터 운영을 위한 최소한의 경비를 얻기 위한 방책으로 고급 성인 교양교육기관을 표방한 문화센터가 점차 언론에 노출되거나 유행에 민감하게 반응하는 강좌를 개설하여 수강생들의 호응을 유도하였다. 게다가 '잘 팔리는 아동강좌까지 상품화하는 전략'을 채택하여 문화센터의 초기 성인교육기관이라는 표방을 무색하게 하였다.

이 과정에서 백화점 측이 채택한 시각은 '문화상품론'으로 모든 문화센터의 강좌들을 상품으로 보는 시각이다. 이제 문화는 교육내용을 구성하는 요소일 뿐 아니라 종국에는 잘 포장하여 시장에 팔아야 하는 상품이다. 그리고 상품의 소비자인 문화센터 수강생들에게 호소력 있는 매력적인 상품이라야 한다는 것이다. 이제 문화센터 강좌가 가진 교육이나 학습의 내용적 측면보다는 강좌의 상품성이 강좌 개설의 중요한 기준이 되며 강사 초빙 시에도 마찬가지 기준을 적용한다. 백화점 문화센터는 유행하는 문화를 강좌로 구성해 내는 아주 빠른 조직 능력을 가지고 있고 수강생들은 백화점 문화센터의 이런 신속한 조직력을 인정한다.

그러나 백화점 문화센터를 학습공간으로 이용하는 학습자들의 의도는 백화점의 의도와는 사뭇 다르다. 이들은 백화점 문화센터의 문화강좌들을 수강함으로써 세련된 교양인이 되고자 하는 목표를 가지고 수강을 시작한다. 물론, 이들은 문화의 개념 중 좁은 의미의 문화 개념으로 '발전되고 개화된 것으로서 문명'을 수용한다. 그러나 후기 산업사회에 접어들면서 점차 학습자들의 요구가 강좌구성에 개입되면서 다양한 강좌가 개발되고 자연스럽게 문화의 범주가 넓어진다. 물론 그 가운데, 중산층 주거지인 강남이나 분당의 문화센터에서는

'고급 문화'에 해당하는 강좌들이 차별화되어 제공되는 사례들도 찾아볼 수 있다. 그러나 백화점 문화센터를 이용하는 '학습소비자'들은 강좌를 상품으로 보는 시각을 기본적으로 채택하지만, 강좌의 구체적 내용을 꼼꼼히 따진다는 점에서 교육적 기준을 중시한다.[77]

내가 연구한 중산층 전업주부들은 평생교육기관이라는 백화점 문화센터와 자본주의의 첨병이라는 백화점을 모두 자신들의 친숙한 생활의 장으로 편입시켜 활용하고 있다. 백화점에 문화센터가 병설되어 있다는 것이 백화점의 이용을 활성화시키는 요인이면서 동시에 백화점을 이용하는 것이 그 부속기관인 백화점 문화센터를 선택하게 만드는 원인이기도 하다. 백화점과 백화점 문화센터가 동일한 이용주체에 의해 상호 강화되는 방식이다. 그러나 학습자는 이 양자에 대해 다른 평가 기준을 갖고 있다. 이런 점에서 문화센터에서 교육은 학습의 주체인 학습소비자들에 의해 감시되고 유지되는 체제를 갖는 것으로 정리할 수 있다.

백화점 측은 문화센터를 평생교육기관으로 명명하였지만, 운영과 관련해서는 교육적 요소보다 오히려 운영이라는 현실적인 요소를 더욱 중시한다. 그러나 학습자들의 입장에서는 그렇지 않다. 이들이 백화점 문화센터에 오는 목적은 분명히 백화점에 오는 것과는 다르다. 동일 백화점 건물의 매장을 거닐 때와 문화센터에 들어설 때 이들은 자신의 정체성을 달리한다. 문화센터에 들어서는 순간 백화점의 매장은 이들에게 의미를 갖지 않는다. 백화점 문화센터가 이들에게 '공간'

---

77) '학습소비자'라는 용어는 백화점 문화센터를 이용하는 학습자들의 성향을 고려하여 연구자가 만든 용어이다. 이들은 특정 백화점 문화센터를 자신의 학습공간으로 선정하는 과정에서 강좌가 가진 상품으로서 외양과 평가를 고려할 뿐 아니라, 강좌의 내용적 측면을 중시하여 선택한다는 점에서 학습자이면서 동시에 소비자의 행동양식을 보이고 있다.

이 되는 순간, 매장은 그냥 '장소'일 뿐이다. 문화센터 강의실은 이들에게 더 이상 낯설고 추상적인 '공간(space)'이 아닌 의미가 가득 찬 구체적이고 친숙한 '장소(place)'로 다가온다. 이 푸 투안(Yi-Fu Tuan, 1995)에 의하면, "공간은 움직임이며, 자유이며 위협이다. 장소는 정지이며 개인들이 부여하는 가치들의 안식처이며, 안정과 애정을 느낄 수 있는 고요한 중심이다. 인간은 직접적으로 간접적으로 다양한 경험을 하며, 이러한 경험을 통하여 미지의 공간은 친밀한 장소로 바뀐다(구동회 · 심승희 역, p.8)."

이처럼 동일한 백화점이라 해도 문화센터 회원과 비회원의 경우 느끼는 '장소감(sense of place)'이 다를 수밖에 없고, 문화센터 회원의 경우에도 매장과 문화센터 강의실에서 느끼는 장소감이 차이가 있을 수밖에 없다. 의미를 부여받은 '공간'인 문화센터는 수강생들에게 학습의 공간이며 이들은 이곳에 무엇인가를 배우기 위해 수강료를 지불하고 시간을 내어 참석하는 것이다. 따라서 이곳에서 학습이 무의미하다면 이제 더 이상 그 학습을 지속시킬 이유가 없다.

사실, 앞에서 살펴본 많은 중간 낙오생들이 발생하는 문제를 단지 개인적 차원의 이유로 돌리는 것은 문제가 있다. 다른 차원에서 보면 그만큼 학습자들에게 유의미한 학습 경험을 제공하지 못하는 상황에서 발생하는 '제도적 낙오'일 수 있기 때문이다. 이런 점에서 문화센터에 단기간 참여하고 떠나는 학습자들의 낙오를 '개인적 낙오'와 '제도적 낙오'로 구분해 볼 필요가 있다. 특히 제도적 낙오는 평생교육기관으로서 백화점 문화센터의 지향과 관련하여 논의할 문제이다.

끝으로 백화점 문화센터에서 중산층 전업주부들의 학습에 관한 연구를 수행한 후 논의하고자 하는 문제들을 정리해 보았다.

첫째, 중산층 전업주부들은 자신의 '여건'에 맞는 '일'을 원하고 있다. 전업주부들이 원하는 사회활동 중 직업을 갖는 것이 제일 높은 비율[78]을 차지하고 있다. 중산층 전업주부들이 문화센터에서 강좌를 수강하는 것은 '직업'에 대한 대안이 될 수 있는가? 획일적 답변은 불가능하다. 중산층 전업주부라 해도 처한 상황과 성향, 가치관 등에 따라 취업을 보는 시각이 상이하기 때문이다(김선미, 2004). 전업주부로 살면서 만족하는 사람들은 별문제가 없다. 문제가 제기되는 상황은 일을 해야 될 필요가 있고, 일을 하고 싶은 의지가 있는 사람들에게 기회가 차단되어 있는 현실이다. 그때 '일'이라는 것이 사람에 따라 직업이 될 수도 있고, 그것이 아닌 다양한 활동[79]에 참여하는 것일 수도 있다.

앞의 제5장에서 문화센터에서의 학습 유형을 '일' 삼아 다니는 사람들과 '취미' 삼아 다니는 사람들로 구분하였다. 백화점 문화센터는 "신규회원보다 기존회원들의 재접수로 운영된다."는 문화센터 담당자의 말처럼, 지속적으로 재접수를 하면서 '일' 삼아 백화점 문화센터를 다니는 회원들이 상당하다. 그들은 일단 백화점 문화센터를 다니는 동안에는 그것을 하나의 삶의 대안으로 삼는다. 취업을 대신하는 하나의 대안으로 종교활동, 봉사활동을 택하듯이, 백화점 문화센터 수강도 그중 하나가 된다.

---

78) ① 경제적 여유로 인해 취업할 필요성도 없고, 관심도 없는 유형
② 현재 전업주부의 삶에 만족하지 않지만, 취업에도 관심이 없는 유형
③ 취업을 원하지만, 실제로 적극적으로 취업을 하려는 노력은 없는 유형
④ 취업할 필요성이 절실하고, 실제로 취업을 위해 노력하고 실현하는 유형

79) 선행 연구와 나의 연구에서 밝히고 있듯이 여가활동 공동체, 종교활동(김은실, 2001; 이상희, 2000; 강정희, 1994), 자원봉사활동(김소영, 2001), 사회단체참여(염영미, 1998), 백화점이나 방송국의 문화센터(김명혜, 2000) 참여 등이 주부들이 선택할 수 있는 특정 활동들로 연구되었다.

'취미'로 문화센터 강좌를 수강하는 일군의 주부들은 일회성으로 이곳을 거쳐 간다. '삶의 의미'를 부여하는 '일'로 문화센터를 다니는 주부들은 문화센터를 삶의 터전으로 삼고, 자기발전의 공간으로 활용한다. 설사 5,000명의 문화센터 회원 중 적극적인 문화센터 활동을 통해 학습동아리를 만들어나가는 사람들이 비록 소수라 해도 문화기술적 연구에서는 그들에게 주목한다. 질적 연구에서 추구하는 '전형성'을 갖고 있기 때문이다.

교육 장면에서도 마찬가지이다. 현재 우리 사회 학교교육의 문제점에 대한 대안으로 등장한 대안학교나 홈스쿨은 비율로 보면 여전히 소수이다. 그러나 그와 같은 방식의 교육의 장면에 관한 연구의 필요성을 폄하할 사람은 없다. 결국, 문화센터를 잠깐 거쳤다 가는 사람들보다, 비록 소수라 해도 이곳을 적극적으로 활용하는 학습자들의 활동을 통해 '전업주부'들의 문화센터에서 학습에 대한 교육학적 의미를 탐색을 할 수 있었다. 더 나아가 권주희와 서정인처럼 '생산활동'이라는 사회의 공적 영역에 참여하고 싶어 하는 여성들의 다양한 목소리를 들을 수 있었다.

백화점 문화센터에서 학습은 개인의 의도에 따라 '일'이건, '취미'로건 간에 개인의 삶에 유의미하게 작용한다. 이제 백화점 문화센터는 '썩 괜찮은 평생교육기관'이며 비록 그곳을 이용하는 주부들 전부는 아니지만, 일군의 주부들은 그 공간을 학습공간화하여 잘 이용하고 있으며 그곳에서 일어나는 학습의 장면들은 학교교육의 장면에 비교해도 뒤지지 않을 만큼 오히려 더 교육적인 면이 있다는 것을 보여주는 것으로 이 연구는 의의를 갖는가?

백화점 문화센터에서 주부들의 배움과 활동에 대한 긍정적 결론을 도출한 나의 주장이 결코 전업주부를 미화하려는 미봉책도 아니며 우리나라 여성 인력 고용 정책의 발전적인 변화의 필요성을 부인하는 것도 아니다. 교육받은 사람이 가진 자기계발의 욕구를 펼칠 수 있는 최소한의 기회는 허용되어야 한다. 사회 전체 통계치[80]가 아니라 각 개개인에게 '최소한의 기회' 보장이라는 현실적인 대안이 더 필요하다. 문제는 법적이고 제도적인 허용을 넘어서서 주부들이 체감할 수 있는 현실적인 허용이다. 먼저 주부들이 접근 가능한 다양한 '일'의 종류가 열려 있어야 하고 공평한 기회가 부여되어야 하고 일을 원하는 주부들이 가정과 병행할 수 있는 제도적 조건이 형성되어야 한다.

둘째, 평생교육의 장으로서 백화점 문화센터의 교육적 지향에 관한 논의이다.

백화점 문화센터는 '이윤' 추구가 목표인 백화점에 설치된 '교육' 기관이라는 성격을 갖는다. 기업과 교육, 이윤 창출과 교육의 상충된 논리가 혼재되어 있다는 점에서 혹자는 '장삿속'으로 또는 '학습의 장'으로 백화점 문화센터를 규정한다. 처음 백화점에서 문화센터를 설립할 당시 천명했던 부분이 바로 '백화점 고객에 대한 서비스 차원'에서 시설과 프로그램 제공이었다. 물론 '잠정고객 확보'라는 백화점 운영을 위한 계산도 포함되어 있었다.

사랑문화센터 담당자는 입사 전 "백화점 문화센터가 이윤추구를

---

80) 통계청(1998)에서 발행한 〈취업주부의 경제적 기여도 측정 및 맞벌이 요인 – 1996년 가구소비실태조사 종합분석 사업보고서〉에 의하면, 맞벌이 비율이 30.1%로 보고되었다. 여성의 교육수준이 높을수록 전체 평균에 비해 맞벌이 가구는 줄어든 것을 볼 수 있다. 우리나라 가구들은 맞벌이 여부에 따른 결정이 계층에 따라 이중적이다. 즉, 저소득층의 경우 자녀교육비 등 경제적 필요에 의해 주부가 경제 활동을 결정하는 경향을 보이는 반면, 고소득층은 자아실현성 주부취업 경향을 보이는 것으로 나타났다.

더 내세울 것으로 생각했었는데 실제로 접해보니 그렇지 않았다."고 평가했다. 오히려 본인도 스스로 참석해 보고 싶을 정도로 교육적 측면이 강한 것을 알게 되었다고 했다. 이처럼 밖에서 보는 문화센터와 내부자들이 보는 문화센터는 차이가 있다. 특히 문화센터를 이용하는 회원들과 강사들은 문화센터의 상업성이 더 앞선다고 생각하고, 문화센터 담당자들은 오히려 교육적 요소가 앞선다는 상반된 평가를 내리고 있다. 실제로 소망 백화점 문화센터는 2000년 당시 회원이 6,000명이고 사랑문화센터 역시 2000년 여름학기 356개 강좌에 4,500명 5,000강좌가 개설되었다. 이 규모를 전국 백화점과 할인점 문화센터 111곳에 적용하여 계산해 보면 그 이용 현황은 절대 무시할 수 있는 규모가 아니다.

이 연구를 수행하면서 현재 우리 사회에서 백화점 문화센터가 성인여성 특히 중산층 전업주부들과 아동들에게 중요한 평생교육의 장이 되고 있다는 사실을 확인할 수 있었다. 그런데 백화점 문화센터의 교육철학이 백화점의 경영철학에 종속되는 현상을 볼 수 있었다. 백화점이나 할인점 문화센터의 경우, 경영주의 경영철학에 따라 존폐가 갈리기도 한다. 할인점 이마트의 경우, 2001년 3,500명의 회원들이 있던 분당점을 비롯하여 6곳의 문화센터를 폐쇄하는 조치를 취했다. 문화센터 공간을 매장으로 만들기 위해서였다. MBC 문화센터의 경우, 위탁경영 체제로 이윤추구 극대화를 추구하면서 많은 문제점이 도출되었다. 보통 수강료의 50~60%를 강사료[81]로 사용하는 다른 문화센

---

81) 강사료 50~60% 이외에 광고비 10%, 이벤트나 문화행사·예술제 관련 비용이 40%를 차지한다. 기존의 평생교육시설에 대한 등록을 할 때에는 수익자 부담금에 대한 언급이 있었다. 그래서 운영에 관한 수지 예산서를 제출해야 했다. 그런데 법이 개편되면서 이 신고 의무가 없어졌고 이 점을 위탁 문화센터나 이윤 추구에만 관심이 있는 문화센터에서는 악용할 가능성이 있다.

터와 달리 40%만 책정한 결과 강사들의 질이 저하되고 교육의 질이 떨어지는 현상이 나타난 것이다.

백화점 문화센터는 백화점 부설 기관이지만, 성인 여성 학습자들에게 아주 친숙하고 일반화된 학습공간이다. 이제 이곳의 운영이 보다 더 교육적인 지향을 갖고 운영될 수 있도록 학습자들은 철저한 '소비자' 정신에 입각하여 감시하고 자신들의 역할을 잘하고 있다. 평생교육에 대한 엄격한 제도화를 요구하는 것은 아니지만, 교육이 있는 곳에 교육에 대한 잘잘못을 가리는 평가는 필수적이라고 생각한다. 특히, 백화점 문화센터에서 학습자들의 학습을 계속해 나가도록 책려하는 데 중요한 역할을 하는 강사들의 자질 문제나 충원 문제에 대해서도 좀 더 엄격한 기준을 가지고 평가할 필요가 있다. 교육은 '가르치고 배우는 과정'으로 구성된 상호 작용이기 때문이다.

셋째, 평생교육기관의 학습에 대한 사회적 인정의 필요성을 제기할 수 있다.

백화점 문화센터에 오는 중산층 전업주부들의 학습에 대해 연구한 결과 평생교육과 제도교육의 간극을 논의할 필요를 느꼈다. 평생교육기관의 수료증은 영원히 학교 졸업장에 대해 2등의 자리를 가지는가 하는 문제이다. 제도 교육 기관의 졸업장의 위력은 시대가 변하고 탈학교론자들의 비판에도 불구하고 위세가 더욱 강해졌다. 이런 사회분위기 속에서 학교 졸업장의 위력을 뛰어 넘을 방법은 없는가? 이 둘 사이에 흐르는 '레테의 강'을 메울 수 있는 방법이 없는가? 메우지 못한다면 좀 더 자유롭게 넘나들 수 있는 배편이라도 좀 증대되어야 하는 것 아닌가?

평생교육 기관에서 미술을 전공 삼아 7년째 하고 있던 권주희는 비전공자인 자신이 영원히 '주변인'으로 머물러야 하는 한계를 깨닫고 미술을 전문적으로 하고자 하는 생각을 접었다. 한국 사회에서 미술대학을 졸업하지 않고 화가라는 이름을 얻기가 거의 불가능하다는 것을 알게 된 것이다. 물론 국전 입상과 같은 공식적인 통로는 개방되어 있으나 단지 '기회의 균등'을 평등의 의미로 받아들이기는 어렵다. "비전공자의 그림이 국전에서 입상 이상 수상은 거의 불가능하며 이마저도 음성적 거래가 전제된 경우가 많다."는 사실을 이미 간파했다.

인간이 가진 학습에 대한 요구를 평생에 걸쳐 실현하고자 하는 평생교육의 이상(理想)은 가치 있다. 그런데 그것을 실현하는 기관들은 평생교육을 받고 학습을 하는 학습자들에게 다른 측면에서 좌절을 준다. 아무리 열심히 그림을 그려도 미술대학 졸업장이 없으면, 평생교육기관에서의 학습 경력이 전혀 인정받지 못하기 때문이다. 평생교육기관에서의 학습 경험 역시, 대학 졸업장과 동일한 전공일 경우에만 가치를 인정받는다. 평생교육기관에서 대학에서 전공과 상이한 학습을 선택한 학습자에게는 오히려 좌절의 계기가 된다.

학습자들의 평생교육기관에서 학습경험에 대해 공적인 인정을 주기 위해 1999년 국회를 통과한 평생교육법에서는 각종 사회교육활동을 정규 고등교육학위과정으로 인정하려는 움직임(학점은행제, 독학사 학위제, 문하생 학력인정, 시간제 등록 등)이 있었고 실제로 이런 제도[82])가 운영되고 있다. 그러나 이 제도들이 원래 취지와 달리, 우리 사회의 '학벌 지향주의'에 편승하는 역기능 문제가 새롭게 제기되기도 하였다.

---

82) 1992년부터 2000년까지 총 5,383명의 독학학위제에 의한 학위수여자가 있고, 학점은행제 학습자 등록은 1999년부터 2001년까지 40,982명으로 집계되었다(한국교육개발원 내부자료).

평생교육기관에서 학습 경력에 대해 제대로 인정받지 못하는 현실이 문화센터나 대학 평생교육원 학습자들의 학습의지를 꺾는 부정적인 역할을 하기도 한다. 역으로, 제도권으로 편입을 부추기는 측면도 있다. 평생교육기관에서 학습에 대한 사회적 인정을 위해 만든 '교육계좌제'는 학교 졸업장에 준하는 효력을 가지게 될 수 있을까? 발상의 대전환을 거쳐 '평생교육은 제도화될 수 없는 성질의 것'으로 규정해야 하는 것인가? 한숭희(2004)는 평생교육의 핵심이 '학습'에서 '자격증'으로 전환되고 있고 "평생교육이 확장된 형태의 학교태를 베끼는 결과를 초래하고 있다."고 비판한다.

'제도화의 모순'을 극복하기 위한 노력이 필요하다. 학교의 문제점이 극명하게 노출되었을 때 '탈학교 사회'를 외친 탈학교론자들의 주장처럼, 평생교육기관은 제도권의 진입을 유예해야 하는 것인가? 박성정(2001)은 여성평생교육 활성화 방안에 관한 연구에서 공공기관과 민간기관의 역할 분담을 제안하고 있다. 이 문제는 특히 평생교육의 주체가 어느 집단으로 설정되느냐에 따라 유연하게 결정될 문제인 것 같다. 예를 들면, 사회적 소외집단이라 할 수 있는 장애인이나 저소득층 유아나 청소년, 여성의 경우 공공 기관의 활용도를 높이는 방향으로 가는 것이 바람직할 수 있다.

넷째, 백화점 문화센터가 중산층 주부들을 선호하는 이면에 저소득층 여성들을 배제하는 상황에 대한 문제제기이다.

저소득층 여성들의 평생교육 기회 보장에 관한 문제제기는 일종의 후속연구에 대한 촉구이다. 본 연구의 범위 한정으로 다루지 못한 '저소득층' 여성들의 평생교육 기회 보장의 문제는 교육복지 차원에서 평생교육의 공공성 문제로 검토해 볼 필요가 있다. 생계형 취업을 해야 하는 하층 여성들은 여가를 즐기기 위한 인문교육보다는 취업을 위한 특정 기능 개발 관련 강좌를 희망한다. 실제로 여성개발센터에서 저소득층 여성에게 제공하는 교육 강좌들의 성격이 구직에 유리한 강좌들로 구성되어 있다. 그러나 저소득층 여성들 역시 생존을 위한 취업의 기회 제공을 넘어서서 실존적 요구에서 제기되는 학습 욕구를 충족시킬 수 있는 기회 또한 제공받을 권리가 있다. 교육복지 배분에 관한 이돈희(1992)의 논의를 따르면, '투자적 동기'로서의 교육 기회 외에 '복지적 동기'[83]로서 교육기회에 대한 사회적 약자로서 권리이다.

실제로 하층 여성들이 백화점 문화센터를 학습공간으로 이용하지 못하는 현실에서 백화점의 '암묵적 배제'도 중요한 이유가 된다. 백화점 측에서 선호하는 수강생의 수준은 문화센터 회원으로 백화점의 고정 고객이 될 수 있는 계층의 사람들로 한정 짓는다. 판촉물 발송 시 우수회원에게 집중한다. 백화점 경영주 입장에서는 "저소득층을 끌어들여 바닥 지저분하게 하고 사람이 너무 많아 시설을 보강해야 하는 것은 별 재미가 없는 일"이다. 따라서 저소득층 주부들이 백화점 문화센터를 이용하는 것에 대해서 우호적이지 않다. 중산층 주부가 주류를 이루는 문화센터의 특성은 하층 여성들의 '자발적 낙오'를 부추긴다.

백화점이라는 후기 자본주의 시대 대표적인 소비공간은 분명히 사고, 가치, 몸짓 등 인간들이 지닌 다양한 성향, 경향, 취향들을 차별화하고 인구를 적소화하며, 경제적·문화적 배제 전략을 구사한다. 그

---

83) 이돈희(1992)는 국가의 인력개발 차원의 교육지원을 '투자적 동기'로, 개인의 자아실현 차원의 교육을 '복지적 동기'로 구분하였다.

런데 이 논리가 백화점 부설 문화센터에도 그대로 적용된다는 점에 주목해야 한다. 실제로 백화점 문화센터에서는 하층 여성들을 찾아보기란 쉽지 않다. 백화점을 자주 이용하면서 자연스럽게 문화센터 수업에 참여할 수 있는 '자유로운 시간'과 수강료를 부담할 수 있는 '경제적 여유'가 있는 중산층 주부들이 문화센터의 주된 고객이기 때문이다. 생존을 위해 노동을 해야 하는 하층 여성들에게 문화센터 수강은 '일종의 사치'이다.

물론 하층 여성들이 백화점 문화센터를 이용하지 못했을 때, 이를 대신할 수 있는 기관을 이용할 수 있다면 상관없다. 그런데 현실에서 백화점 문화센터 수준의 서비스와 양질의 교육프로그램을 공급받을 수 있는 기관이 부재하다. 여성회관, 여성인력 개발센터, 문화원, 문화의 집, 복지관과 같은 공기관에서 실시하는 프로그램은 무료이거나 저렴한 수강료를 유지하여 복지 기준을 만족시키지만, 프로그램이나 강사의 질 면에서 현격히 떨어진다. 박성정(2001)은 여성 평생교육 기관별 지원정책을 연구한 결과 대학 평생교육원과 문화원, 여성회관 모두 전문인력 부족이라는 문제를 공통적으로 갖고 있다고 밝혔다. 특히, 여성회관의 경우 일반 행정직원에 의한 운영으로 전문성 부족이 문제가 되므로 전문가 확보의 필요성을 강조하였다.

우리나라는 교양교육과 여가교육 프로그램을 중심으로 운영되는 백화점 문화센터, 대학부설 평생교육원에 중산층이 포진하고 있다. 하류층 여성들은 구직과 관련된 교육 프로그램을 선호하고 교육장소로도 보다 비용이 저렴한 사회복지 기관들을 이용한다. 평생교육 내에 존재하는 계층 간의 불평등 현상 또한 연구해 볼 가치가 있는 주제이다.

# 참고문헌

곽삼근 · 이해주(1999), "여성의 자아개발과 자원활동", **여성사회교육** 제4집, 한국여성사회교육연구회.

권두승(1991), 한국 사회교육의 변천에 관한 사회학적 분석, 고려대학교 박사학위 논문.

강내희(1994), **공간/육체/권력**, 서울: 문화과학사.

강내희(1995) 백화점과 근대적 지식체계, 〈이론〉 1995년 봄/여름.

강신주(2003), **페미니스트 홈메이커 Ph. D.** 서울: 문예당.

강홍구(1995), **미술관 밖에서 만나는 미술 이야기**, 서울: 내일을 여는 책.

권두승(1999), "일본의 지역사회 여성교육 요구변화 동향과 사회교육 프로그램 사례분석", **여성사회교육** 제4집, 한국여성사회교육회.

교육부(1997), **평생교육백서.**

김득영(1995), 일본 평생교육정책의 변천에 관한 연구, 단국대학교 대학원 박사학위논문.

김미경(2000), **여성주의적 유토피아, 그 대안적 미래**, 서울: 책세상.

김명혜(2002), "백화점 문화센터와 소비문화시대의 주부 정체성", **한국방송학보**, 16권 2호, pp.7 – 40

김신일 · 한숭희(2000), 평생교육학, 서울: 교육과학사

김선미(2004), '가사노동 전담자'인 전업주부에게 취업은 대안인가 아닌가?, **한국가정관리학회지**, 22권 5호, pp.29 – 46.

김안중(1997), 플라톤의 철인왕, 청뢰 한기언 박사 고희 기념 논문집 <교육국가의 건설>.

김안중(1982), <메논>의 요약 및 해설, **한국교육** 제9권 제1호, 서울: 한국교육개발원.

김양희(2002), 여성사회교육 요구도 조사, **한국가정관리학회지** 제20권 6호.

김영천(1997), **네 학교 이야기: 한국 초등학교의 교실생활과 수업**, 서울: 문음사.

김영찬(1994), 교육인류학의 성격과 과제, 서울: 서울대학교 사범대학 교육연구소.

김영찬(1980), **생활 · 문화 · 교육**, 서울: 교육과학사.

김은실(2001), **여성의 몸, 몸의 문화정치학**, 서울: 도서출판 또하나의문화.

김인숙(1996), 문화센터 여가교육에 참여하는 여성학습자의 요구와 학습장애 요인에 관한 연구, 중앙대학교 사회개발대학원 석사논문.

김인숙(2000), "평생교육기관으로서의 백화점 문화센터 현황과 발전방안", **학연** 4월호 기획 기사.

김지자(2000), "문화센터강좌의 사회교육적 의의", **학연** 4월호 기획기사.

김재인(1999), "아시아 · 태평양 연안국의 여성사회교육 비교연구", **여성사회교육** 제4집, 한국여성사회교육회.

김재인(2000), "평생교육활성화를 위한 문화학교 및 문화센터의 현황과 발전방향", **학연** 4월호 기획기사.

김창남(1998), **대중문화의 이해**, 서울: 한울 아카데미.

남궁혜영(2001), 백화점 문화센터의 아동미술 프로그램에 대한 현황 분석 및 활성화 방안 연구: 서울 및 신도시 백화점 문화센터를 중심으로, 이화여자대학교교육 대학원 석사학위논문.

두경자(1995), "기혼여성의 생활시간 사용에 대한 한 · 미 · 일 비교", **상명여자대학교 사회과학연구** 7(1995. 2): pp.297 - 320.

문옥표(1992), "도시중산층의 가족생활과 주부의 역할", 문옥표 외, 도시중산층의 생활문화, **한국정신문화연구원 연구논총** 92 - 10.

문옥표(1995), "일본의 사회교육과 여성의 사회참여", **한국문화인류학** 제28집, 한국문화인류학회편.

박민정(1998), 열린교실의 교육공간 구성에 관한 참여관찰 연구, 서울대학교 석사학위논문.

박복선(1994), "중국 여성 교육의 현황과 과제", **여성사회교육** 제1집, 한국여성사회교육회.

박선양(2002), 인천지역 문화센터의 성인미술교육 실태조사 연구, 인천대학교 교육 대학 논문.

박상충(1996), 백화점 문화센터회원의 구매행태에 관한 연구, 영남대학교 경영대학원 석사학위논문.

박성정(2001), 여성의 평생교육 활성화 지원정책 개발, 한국여성개발원.

박은주(1986), 사회교육 측면에서 본 여가교육 필요성에 관한 연구', 연세대학교 대학원 석사학위논문.

박현준(2002), 여성교육과 첫 직업성취: 연관성의 시계열적 변화양상. **여성의 생애와 취업: 여성의 취업실태조사 학술세미나 논문집.** 한국여성개발원. 2002. 11.

변종임(1995), 문화센터 성인 여가교육 프로그램의 유형과 만족도 분석, 중앙대학교 대학원 석사학위논문.

배영주(2003), 성인의 자기주도학습 과정에 대한 사례 연구, 서울대학교 박사학위논문.

배은주(2004), 청소년 센터에서의 대안적 학습에 관한 문화기술적 연구, 서울대학교 박사학위논문.

배수옥(1991), 재수생들의 배움과 삶, 서울대학교 석사학위 논문.

백선종(2003), 방송사 부설 문화센터의 경영성과에 미치는 요인에 관한 연구: MBC 문화센터를 중심으로, 연세대학교 언론홍보학과 대학원.

백은순(1992), 성인기의 여가특성과 여가교육에 관한 연구, 중앙대학교 대학원 박사학위논문.

백은순(1994), "영국 여성 사회교육의 최근 동향", **여성사회교육** 제2집, 한국여성사회교육회.

서광원(2004), 백화점의 대반격: 백화점들 생존을 위해 대변신, **이코노미스트** 6/29, 743호.

서수정(2002), 사업장부설 평생교육 시설 운영에 관한 연구: 백화점 문화센터를 중심으로, 단국대학교교육 대학원 석사학위논문.

송미영(1998), 우리나라 여성인력의 활용방안에 관한 연구, 숙명여자대학교 정책대학원 석사논문.

송병순·이영호 공저(2000), **평생교육의 이론과 실제**, 서울: 원미사.

안상헌(1999), "한국 평생교육 체제의 사회적 기능", **사회교육학연구** 제5권 1호, pp.245 – 269.

안진모(1995), 기업과 문화센터의 전략적 제휴에 관한 연구: 예술의 전당을 중심으로, 중앙대학교 사회개발대학원 석사학위논문.

안혜련(2001), **페미니즘의 거울**, 서울: 인간사랑

여성을 위한 모임(1999), **제3의 성: 중년여성 바로보기**, 서울: 현암사.

윤경란(1997), 기혼여성의 취업확대를 위한 방안, 부산여성회 1997년 10월 고용평등의 달 기념토론회 기념자료집.

윤여각(2002), 평생학습 활성화를 위한 학교교육 방법 개선 방향, 한국평생교

육학회, **평생학습시대 교육패러다임의 대전환**(pp.35 – 56), 2002년도 한국평생교육학회 추계학술대회 자료집.

윤창국(2002), 학습공동체 논의의 유형과 특성에 관한 연구, 서울대학교 석사학위논문.

윤택림(1996), 생활문화 속의 일상성의 의미: 도시 중산층 전업주부의 일상생활과 모성 이데올로기, **한국여성학** 제12권 2호.

윤택림(2002), 질적 연구방법과 젠더: 여성주의 문화기술지의 정립을 향하여, **한국여성학** 제18권 2호.

이돈희(1992), **교육정의론**, 서울: 교육과학사.

이돈희(1993), **교육적 경험의 이해**, 서울: 교육과학사.

이진경(2002), **근대적 시·공간의 탄생**, 서울: 푸른숲.

이명숙·이정우(1997), "도시 전업주부의 가치지향성·가정관리 전략·가정관리만족도", **한국가정관리학회지** 33: pp.111 – 127.

이미란(1999), 고학력 여성인력의 효율적 활용에 관한 연구, 단국대 정책경영대학원 석사학위논문.

이삼아(1998), 문화센터 교육 참여자의 요구분석, 이화여대 사회복지대학원 석사학위논문.

이상오(1994), "통독 후 독일의 여성정책과 여성사회교육의 동향 분석", **여성사회교육** 제2집, 한국여성사회교육회.

이상오(1996), "구동독 지역의 가정문화 분석과 통독 후 사회교육의 과제", **여성사회교육** 제3집, 한국여성사회교육회.

이윤미(2004), "대졸 여성의 사회적 정체성에 관한 질적 연구: 여성교육정책에의 함의", **한국교육**, 한국교육개발원.

아야베 쓰네오(이종원 역, 1987), **문화를 보는 열다섯 이론**, 서울: 인간사랑.

이용숙·김영천 편(1998), **교육에서의 질적연구: 방법과 적용**, 서울: 교육과학사.

이연정(1995), 여성의 시각에서 본 모성론, **여성과 사회**, 제6호, 한국여성학회.

이지혜(2001), 성인여성의 학습동아리 활동 시범지원방안에 관한 연구, 한국방송통신대학교, 교육인적자원부.

이종각(1995), **교육인류학의 탐색**, 서울: 하우.

이희봉 역(1988), **문화탐구를 위한 참여관찰 방법**, 서울: 대한교과서주식회사.

이해영(1993), 대학부설 평생교육기관의 학습자 특성과 교육욕구에 대한 연구, 중앙대학교 대학원 석사학위논문.

이혜성(1985), 현대 산업사회에 있어서 여가의 평생교육적 의의, 서울대학교 석사학위논문.

이혜숙(2004), 학부모 운동 참여자들의 활동과 갈등에 대한 교육학적 해석, 서울대학교 박사학위논문.

장상호(1986), "교육학의 비본질성", **교육이론** 제1권 제1호, pp.5 - 53, 서울: 서울대학교 사범대학 교육학과.

장상호(1994), **인격적 지식의 확장**, 서울: 교육과학사.

장상호(1997a), **학문과 교육(상)**, 서울: 서울대학교 출판부.

장상호(1997b), 교육의 재개념화에 따른 10가지 새로운 탐구영역, **교육원리연구** 제2권 제1호. 교육원리연구회.

장상호(2000), **학문과 교육(하)**, 서울: 서울대학교 출판부.

정갑영(1996), "독일 사회문화센터 운동의 전개와 그 의의", **문화정책논총** 8: 71 - 91.

정민승(1999), "학습집단의 두경향: 학습조직과 학습공동체", **평생교육연구** 제5권 제1호.

정현희 · 구혜령(2001), "도시 전업주부의 사회활동 참여 실태에 관한 연구", 21세기주부문화연구소 내부자료.

조미옥(1983), 사회교육이론과 실태에 관한 연구: 교육 내용 분석을 중심으로, 숙명여자대학교 석사학위논문.

이연정(1995), 여성의 시각에서 본 모성론, **여성과 사회** 제6호, 한국여성학회.

조순경 편(2000), **노동과 페미니즘**, 서울: 이화여자대학교 출판부.

조용환(1997a), 평생교육과 교육생애사, **평생교육연구** 제3권 제1호, 서울대학교 사범대학 교육연구소.

조용환(1997b), 사회화와 교육: 부족사회 문화전승 과정의 교육학적 재검토, 서울: 교육과학사.

조용환(1998), "교육학에서의 문화연구", 김광억 외, **문화의 다학문적 접근**, 서울: 서울대학교 출판부.

조용환(1999a), **질적연구: 방법과 사례**, 서울: 교육과학사.

조용환(1999b), 질적 연구 동향과 과제. **교육인류학연구** 2(1), pp.91 - 121, 한국교육인류학회

조용환(2001), "교육적 존재론", **교육인류학 소식** 7(1), pp.1 - 2, 한국교육인류학회.

조한혜정(1998), **성찰적 근대성과 페미니즘**, 한국의여성과남성 2, 서울: 또하나의 문화.

최순금(1994), 백화점 문화센터의 필요성과 운영방법, **백화점 시대** 1994년 2월호.

최운실 외(1993), 한국 사회교육의 과거, 현재, 미래 탐구, 연구보고 PR92 - 23, PR93 - 26 합본, 한국교육개발원.

통계청(1998), 취업주부의 경제적 기여도 측정 및 맞벌이 요인, 1996 가구소비
　　실태조사 종합분석사업보고서(5 - 5).
한경구 · 김성례 역(1996), **문화인류학 현지조사 방법**, 서울: 일조각.
한국여성개발원(1995), 여성 사회교육 교육프로그램의 개발 및 지원에 관한 연구.
한국여성정책연구회(2002), **한국의 여성정책**, 서울: 미래인력연구원.
한준상(2001), **평생교육의 쟁점**, 서울: 교육과학사.
한상진(1984), **계급 이론과 계층 이론**, 서울: 문학과 지성사.
한숭희(1997), 전환기에 선 한국성인교육연구, **평생교육연구** 제3권 제1호.
한숭희(1999), 학습생태학적 입장에서 바라본 성인 학습, **사회교육학 연구** 제5
　　권 1호.
한숭희(2001), **평생학습과 학습생태계**, 서울: 학지사.
한숭희(2004), **평생교육론**, 서울: 학지사.
함인희 · 이동원 · 박선웅(2001), **중산층의 정체성과 소비문화**, 서울: 집문당, 아
　　산재단 연구총서 제80집.
허숙 · 유혜령 편(1997), **교육현상의 재개념화**: 현상학, 해석학, 탈현대주의적
　　이해, 서울: 교육과학사.
현유경(1995), 백화점 문화센터의 마케팅전략에 관한 연구: H백화점 문화센터
　　의 사례를 중심으로, 서강대학교 경영대학원 석사학위논문.
홍성희(1991), 주부활동과 여가제약 요인에 관한 연구, 이화여자대학교 박사학
　　위논문.
황동일(1995), "백화점 문화센터", **뉴스플러스** 8, pp.64 - 67.
Baritt, L. et. al.(1983), A Handbook of Phenomenological Research in Education, Ann
　　Arbor, MI: University of Michigan Press. 홍기형역(1995), **교육연구와 현상
　　학적 접근**, 서울: 문음사.
Bourdieu. P(1984), La Distinction: critique social du jugement. 최종철 역(1995), **구별
　　짓기: 문화와 취향의 사회학**, 서울: 새물결.
Bogdan, R. & Biklen, S.(1982), Qualitative Research for Education: An Introduction to
　　Theory and Methods, Boston: Allyn & Bacon. 신옥순 역(1991), **교육연구의
　　새 접근**, 서울: 교육과학사.
Camus, Albert(1943), Le Mithe de Sisyphe. 민희식 역(1992), **시시포스의 신화**, 서
　　울: 육문사.
Denzin, N. & Lincoln, Y. Eds.(1994), Handbook of Qualitative Research, London:
　　SAGE.
Denzin, N.(2003), Performance Ethnography, London: SAGE.

Elizabeth W · Amelia W. T(2003), The Two Income Trap. 주익종(2004), **맞벌이의 함정: 중산층 가정의 위기와 그 대책**, 서울: 필맥.

Eisenhart, M. & Borko, H.(1993), Designing Classroom Research: Themes, Issues, and Struggles, Boston: Allyn & Bacon.

Eisner, E. & Peshkin, A.(1990), Qualitative Inquiry in Education: The Continuing Debate, New York: Teachers College Press.

Garbarino, M. S(1977), Sociocultural Theory in Anthropology: A Short History, Holt, Rinehart and Winston. 한경구 · 임봉길 역(1994), **문화인류학의 역사**, 서울: 일조각.

Geertz, C.(1973), The Interpretation of Cultures, New York: Basic Books. 문옥표 역(1998), **문화의 해석**, 서울: 까치.

Georges, R. & Jones, M.(1980), People Studying People: The Human Element in Fieldwork, Berkeley, CA: University of California Press.

Gelpi. E(1979), A Future For Lifelong Education. 정우현 · 권두승 역(1990), **평생교육의 미래**, 서울: 교육과학사.

Glesne, C. & Peshkin, A.(1992), Becoming Qualitative Researchers: An Introduction, London: Longman.

Goetz, J. & Le Compte, M.(1984), Ethnography and Qualitative Design in Educational Research, New York: Academic Press.

Harris, M.(1974), Cows, Pigs, Wars and Witches: The Riddles of Culture, New York: Vintage Books. 박종열 역(1982), **문화의 수수께끼**, 서울: 한길사.

Hilger, M.(1966), Field Guide to the Ethnological Study of Child Life, New Haven, CT: Human Relations Area Files.

Kadushin, A.(1983), The Social Work Interview(2nd Ed.), New York: Columbia University Press. 문인숙 · 김만두 역(1986), **면접의 기법**, 서울: 홍익재.

Kaplan, D. & Manners, R.(1972), Culture Theory, New York: Holt, Rinehart and Winston. 최협 역(1994), **인류학의 문화이론**, 서울: 나남.

Keesing, R.(1981), Cultural Anthropology: A Contemporary Perspective(2nd Ed.), New York: Holt, Rinehart and Winston. 전경수 역(1984), **현대문화인류학**, 서울: 현음사.

LeCompte, M., Millroy, W., & Preissle, J. Eds.(1992), The Handbook of Qualitative Research in Education, New York: Academic Press.

Lewis, O.(1961), The Children of Sanchez: Autobiography of a Mexican Family, New York: Random House. 박현수 역(1978), **산체스네 아이들**, 서울: 청년사.

Levinas, E.(1993), Outside the Subject. Stanford, CA: Standard University Press.

Marshall, C. & Rossman, G.(1995), Designing Qualitative Research(2nd Ed.), Thousand Oaks, CA: Sage.

Merton T(1965), The Way of Chuang Tzu. 황남주 역(1991), 장자의 길, 서울: 고려원 미디어.

Merriam, S.(1988), Case Study Research in Education: A Qualitative Approach, San Francisco: Jossey-Bass. 허미화 역(1994), 교육학에서의 질적 사례 연구법, 서울: 양서원.

McCkraclen G(1988), Culture and Consumtion. 이상률 역 (1996), 문화와 소비, 서울: 문예출판사.

Murdock, G. P. et al. (Eds.) (1982), Outline of Cultural Materials(5th Ed.), New Haven, CT: Human Relations Area Files.

Niebuhr, R(1932), Moral Man And Immoral Society. 이한우 역(1992), 도덕적 개인과 비도덕적 사회, 서울: 문예출판사.

Ogbu, J(1981), School Ethnography: A Multilevel Approach. Anthropology and Education Quarterly 12(1): 3 – 29.

Ryle. G(1949), The Concept of Mind, New York: Barnes and England.

Ronald J. Manheimer(2003), Kierkegaard As Educator. 이홍우 · 임병덕 역(2003), 키에르케고르의 교육이론, 서울: 교육과학사.

Royal Anthropological Institute of Great Britain and Ireland(1967), Notes and Queries on Anthropology(6th Ed.), London: RKP.

Sanders, W.(1974), The Sociologist as Dective: An Introduction to Research Methods, New York: Praeger.

Sherman, R. & Webb, R. Ed.(1988), Qualitative Research in Education: Focus and Methods, London: The Falmer Press.

Spradley, J.(1979), The Ethnographic Interview, New York: Holt, Rinehart and Winston.

Spradley, J. & McCurdy D.(1972), Cultural Experience: Ethnography in Complex Society, Chicago: Science Research Associates, Inc.

Stocking, G.(Ed.)(1983), Observers Observed: Essays on Ethnographic Fieldwork, Madison, WI: The University of Wisconsin Press.

Strauss, A.(1990), Basics of Qualitative Research: Grounded Theory Procedures and Techniques, London: Sage. 김수지 · 신경림 역(1996), 근거이론의 이해: 간호학의 질적 연구 수행을 위한 방법론, 서울: 한올아카데미.

Tesch, R.(1990), Qualitative Research: Analysis Types and Software Tools, London: The Falmer Press.

Tuan, Y-F.(1977), Space and Place: The Perspective of Experience, Minneapolis: University of Minnesota Press. 구동회 · 심승희 역(1995), **공간과 장소**, 서울: 대윤.

van Gennep, A.(1960), The Rites of Passage, Chicago: The University of Chicago Press. 전경수 역(1992), **통과의례: 태어나면서 죽은 후까지**, 서울: 을유문화사.

van Manen, M.(1990), Researching Lived Experience: Human Science for an Action Sensitive Pedagogy, Canada: The University of Western Ontario Press. 신경림 · 안규남 역(1994), **체험연구: 해석학적 현상학의 인간과학 연구방법론**, 서울: 동녘.

Wolcott, H. F(1994), Transforming Qualitative Data: Description, Analysis, and Interpretation, London: Sage.

## 기타 자료

조용환(2004a), 기오재 공동학습자료 jyh040510, http://plaza.snu.ac.kr/~jyh0909/

조용환(2004b), 기오재 공동학습자료 jyh041018, http://plaza.snu.ac.kr/~jyh0909/

미술교실넷의 미술용어사전 www.iartedu.com

한국일보 2001년 6월 28일자

배수옥 ───────────────────────────────────────────────

1967년 3월 21일생
홍익대학교 사범대학 부속여자고등학교 졸업
이화여자대학교 사범대학 사회생활학과 졸업
서울대학교 사범대학 교육학 석사
서울대학교 사범대학 교육학 박사

서울 명덕여자고등학교 사회교사(1992~2000)
서울대학교, 숙명여자대학교, 숭실대학교, 성신여자대학교, 인하대학교 강사
서울대학교 교육연구소 객원연구원
현) 경기도의회 교육위원회 입법전문위원 재직(2006~)

「재수생들의 생활과 배움」
「중산층 전업주부들의 학습공간으로서 백화점 문화센터에 관한 문화기술적 연구」

E-mail: sobae67@gg.go.kr

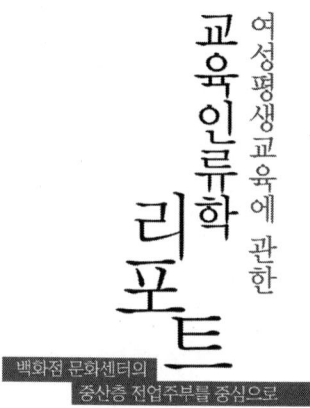

여성평생교육에 관한

교육인류학

리포트

백화점 문화센터의
중산층 전업주부를 중심으로

초판인쇄 | 2011년 6월 17일
초판발행 | 2011년 6월 17일

지 은 이 | 배수옥
펴 낸 이 | 채종준
펴 낸 곳 | 한국학술정보㈜
주    소 | 경기도 파주시 교하읍 문발리 파주출판문화정보산업단지 513-5
전    화 | 031) 908-3181(대표)
팩    스 | 031) 908-3189
홈페이지 | http://ebook.kstudy.com
E-mail | 출판사업부 publish@kstudy.com
등    록 | 제일산-115호(2000. 6. 19)

ISBN    978-89-268-2302-6 93330 (Paper Book)
        978-89-268-2303-3 98330 (e-Book)

이담 는 한국학술정보㈜의 지식실용서 브랜드입니다.